1

2024

Wagner José Penereiro **Armani**
Rodrigo Eduardo **Ferreira**
Diogo Cressoni **Jovetta**

DIREITO EMPRESARIAL
TEORIA GERAL DA EMPRESA

Dados Internacionais de Catalogação na Publicação (CIP) de acordo com ISBD

A727d   Armani, Wagner
        Direito empresarial: teoria geral da empresa / Wagner Armani, Rodrigo Eduardo Ferreira, Diogo Cressoni Jovetta. - Indaiatuba, SP : Editora Foco, 2024.
       192 p. : 16cm x 23cm.

        Inclui bibliografia e índice.
        ISBN: 978-65-6120-062-2

        1. Direito. 2. Direito empresarial. I. Ferreira, Rodrigo Eduardo. II. Jovetta, Diogo Cressoni. III. Título.

2024-374   CDD 346.07   CDU 347.7

Elaborado por Vagner Rodolfo da Silva - CRB-8/9410
Índices para Catálogo Sistemático:
    1. Direito empresarial 346.07
    2. Direito empresarial 347.7

1

Wagner José Penereiro **Armani**
Rodrigo Eduardo **Ferreira**
Diogo Cressoni **Jovetta**

DIREITO EMPRESARIAL

TEORIA GERAL DA **EMPRESA**

2024 © Editora Foco
Autores: Wagner José Penereiro Armani, Rodrigo Eduardo Ferreira e Diogo Cressoni Jovetta
Diretor Acadêmico: Leonardo Pereira
Editor: Roberta Densa
Assistente Editorial: Paula Morishita
Revisora Sênior: Georgia Renata Dias
Capa Criação: Leonardo Hermano
Imagens: Márcio Abreu e Catherine de Paula Sellan
Diagramação: Ladislau Lima e Aparecida Lima
Impressão miolo e capa: META BRASIL

DIREITOS AUTORAIS: É proibida a reprodução parcial ou total desta publicação, por qualquer forma ou meio, sem a prévia autorização da Editora FOCO, com exceção do teor das questões de concursos públicos que, por serem atos oficiais, não são protegidas como Direitos Autorais, na forma do Artigo 8º, IV, da Lei 9.610/1998. Referida vedação se estende às características gráficas da obra e sua editoração. A punição para a violação dos Direitos Autorais é crime previsto no Artigo 184 do Código Penal e as sanções civis às violações dos Direitos Autorais estão previstas nos Artigos 101 a 110 da Lei 9.610/1998. Os comentários das questões são de responsabilidade dos autores.

NOTAS DA EDITORA:

Atualizações e erratas: A presente obra é vendida como está, atualizada até a data do seu fechamento, informação que consta na página II do livro. Havendo a publicação de legislação de suma relevância, a editora, de forma discricionária, se empenhará em disponibilizar atualização futura.

Erratas: A Editora se compromete a disponibilizar no site www.editorafoco.com.br, na seção Atualizações, eventuais erratas por razões de erros técnicos ou de conteúdo. Solicitamos, outrossim, que o leitor faça a gentileza de colaborar com a perfeição da obra, comunicando eventual erro encontrado por meio de mensagem para contato@editorafoco.com.br. O acesso será disponibilizado durante a vigência da edição da obra.

Impresso no Brasil (3.2024) – Data de Fechamento (3.2024)

2024
Todos os direitos reservados à
Editora Foco Jurídico Ltda.
Rua Antonio Brunetti, 593 – Jd. Morada do Sol
CEP 13348-533 – Indaiatuba – SP

E-mail: contato@editorafoco.com.br
www.editorafoco.com.br

SOBRE OS AUTORES

Wagner José Penereiro Armani – Doutor em Direito Comercial pela Pontifícia Universidade Católica de São Paulo. Mestre em Direito Civil pela Universidade Metodista de Piracicaba. Professor de Direito Comercial, Processual Civil e Prática Jurídica pela Pontifícia Universidade Católica de Campinas. Escolhido como um dos advogados mais admirados pela Revista Análise: Advocacia 500. Advogado.

Rodrigo Eduardo Ferreira – Mestre em Direito Administrativo pela Pontifícia Universidade Católica de São Paulo. Especialista em Direito Tributário pela Universidade Gama Filho. Especialista em Direito Processual Civil pela Escola Paulista da Magistratura. Extensão Universitária em Contratos pela Pontifícia Universidade Católica de Campinas e em Direito Tributário pela Fundação Getúlio Vargas. Professor de Direito Constitucional, Administrativo e Tributário da Universidade São Francisco. Advogado.

Diogo Cressoni Jovetta – Doutor em Direito Comercial pela Pontifícia Universidade Católica de São Paulo. Mestre em Direito Civil pela Universidade Metodista de Piracicaba. Especialista em Direito Tributário pela Pontifícia Universidade Católica de Campinas. Professor de Direito Comercial e Direito Econômico. Advogado.

AGRADECIMENTOS

A Deus, em nome do Senhor Jesus Cristo.

A nossos pais, Wagner Sotello Armani e Marinilce Penereiro Armani, Eduardo Ferreira e Izilda B. Tonolli Ferreira, Isabel Maria Cressoni Jovetta e João Luiz Jovetta.

Aos nossos irmãos Walter José Penereiro Armani e Wictor José Penereiro Armani, Renato Ferreira e Ricardo Ferreira e Danilo Jovetta.

As mulheres que impulsionam nossas vidas, Bárbara Lima dos Anjos Armani, Ariane Miola Gonçalves Ferreira e Mariana Sinatura Bassan Jovetta.

A nossos filhos Joaquim dos Anjos Armani, João Vitor Bassan Jovetta, Maria Eduarda Bassan Jovetta e Laís Catherine Gonçalves Ferreira.

Aos demais familiares que, embora sejam muitos para se nomear neste momento, sempre nos apoiaram e estão sempre presentes.

Agradecemos especialmente aos professores Dr. Paulo de Tarso Barbosa Duarte, pelas belas palavras de apresentação dos autores e o Livre-Docente Dr. Ivo Waisberg pelo prefácio.

Aos sócios do escritório Sartori Advogados, Dr. Flávio Sartori, Dr. Marcelo Sartori, Dr. Gustavo Sartori, Dr. Bruno Yohan Souza Gomes e Dr. Lucas Cesar Rossi, pela companhia e apoio na advocacia diária, agradecemos muito a parceria.

A nossa *alma mater* PUC-Campinas, a PUC-São Paulo e a Universidade São Francisco, assim como aos professores e aos funcionários dessas instituições, na qual temos muitos amigos a agradecer. Entre os tantos amigos, professores da PUC-Campinas, expressamos agradecimento especial aos que foram nossos professores e que nos inspiraram a seguir a carreira acadêmica: Professores: Dr. Francisco Vicente Rossi, Dr. Luis A. Feriani, Dr. Luis A. Feriani Filho, Dr. Daniel Blikstein, Dr. Fabrício Pelóia Del'Alamo, Dr. Marcelo Hilkner Altieri, Dr. Denis Paulo Rocha Ferraz, Dr. Nivaldo Dóro Junior, Dr. André Nicolau Heinemann Filho, Dra. Lúcia Avary de Campos, Dr. José Henrique Specie, Dr. Silvio Beltramelli Neto, Dra. Maria Helena Campos de Carvalho, Dr. José Antônio Minatel, Dr. Heitor Regina, Dr. José Eduardo Queiroz Regina, Dr. Pedro Santucci, Dra. Fabiana Barros de Martins e Dr. Peter Panutto. Não temos como descrever a honra que sentimos ao coadjuvá-los.

Ao professor Dr. José Eduardo Figueiredo de Andrade Martins pela leitura e críticas que foram essenciais para aperfeiçoar esta obra.

Não podemos deixar de agradecer aos nossos orientadores de mestrado, Professores Dr. José Luiz Gavião de Almeida e Prof. Dr. Maurício Zockun.

Aos demais amigos que, de alguma forma, contribuíram para que este trabalho se tornasse realidade.

Agradecemos a Editora Foco por acreditar neste projeto e por lavá-lo a todo Brasil de forma extraordinária.

E, por fim, aos nossos queridos alunos, com quem aprendemos e nos divertimos muito, vocês são a razão de existir dessa obra.

A todos, nosso sincero muito obrigado!

Os autores,

Armani, Ferreira e Jovetta.

APRESENTAÇÃO DOS AUTORES

Entre as várias alegrias que os meus já muitos anos de docência na Faculdade de Direito da Pontifícia Universidade Católica de Campinas têm-me constantemente propiciado, a proveitosa convivência com jovens colegas de magistério, como eu do mesmo modo formados nessa tradicional instituição de ensino superior e com ela também comprometidos, é das mais significativas para mim.

Quer porque haja desfrutado da ventura de quiçá ter-lhes acompanhado os estudos de graduação, regozijando-me contemporaneamente com o seu desabrochar para o Direito, quer porque tantas vezes compartilharam comigo seus estudos e pesquisas mais recentes, abrindo-me assim interessantes perspectivas de compreensão do jurídico, esses novos e promissores cultores da Ciência Jurídica propiciam leveza e entusiasmo ao ambiente acadêmico de que desfrutamos em comum.

Honrou-me, por isso, o generoso convite dos autores desta pequena grande obra de Direito Empresarial para que respondesse por sua apresentação ao público leitor.

Nela, a singeleza e a síntese reclamadas por seu propósito de servir predominantemente aos estudantes do Curso de Graduação não sacrificam a riqueza de conteúdo e o abrangente cuidado da exposição, os quais a tornam de análoga utilidade para os Operadores do Direito que acaso careçam de orientação rápida, porém precisa, para o encaminhamento das soluções que porventura persigam.

Pós-graduados em senso estrito pela Pontifícia Universidade Católica de São Paulo e igualmente experientes na regência de aulas da matéria objeto da publicação que vem agora a lume, Diogo, Rodrigo e Wagner lograram abrir espaço em meio às suas múltiplas incumbências para rapidamente dedicar-se, com o afinco de mister, ao desenvolvimento desse louvável trabalho.

Que não se deem, porém, por satisfeitos com os resultados ora alcançados, mas busquem seguir na tarefa de sistematizar e divulgar os temas próprios da área da Ciência Jurídica que elegeram para a ela dedicar-se. Todos teremos muito que agradecer.

Paulo de Tarso Barbosa Duarte
Professor da Faculdade de Direito da PUC-Campinas.

PREFÁCIO

Fiquei feliz pelo convite dos autores – Diogo Cressoni Jovetta, Rodrigo Eduardo Ferreira e Wagner José Penereiro Armani para escrever a apresentação do livro Direito Empresarial: Teoria Geral da Empresa.

Não há dúvida de que nos últimos 15 anos assistimos a um renascimento acadêmico do Direito Empresarial. Embora sua importância prática jamais tenha sido reduzida, até pela influência do Direito Empresarial na vida cotidiana da empresa e do empresário e, por consequência, de todos os agentes envolvidos na atividade empresarial direta ou indiretamente, o direito comercial assistiu a longo período de estagnação na parte editorial, ficando restrito a publicações mais clássicas e livros monotemáticos.

Tanto em razão da efervescência trazida pelas discussões sobre um eventual novo Código Comercial brasileiro, quanto pela organização de eventos nacionais, como o tradicional Congresso Brasileiro de Direito Comercial realizado anualmente em São Paulo e outros eventos regionais de grande importância, uma previsível oxigenação tomou conta das publicações desta área do Direito.

Em adição a esses fatores, as graves crises econômicas que assolaram o país neste período auxiliaram também a jogar luz em questões jurídicas relevantes do ponto de vista macro ou microeconômico. Leis importantes como a de insolvência e a de antitruste foram reformuladas, além de várias alterações no regramento das sociedades comerciais, especialmente do ponto de vista regulatório.

Neste cenário, foi possível observar um relevante aumento nas publicações monográficas advindas dos cursos de mestrado e doutorado bem como uma nova safra de livros didáticos para graduação e para consulta profissional.

O livro ora apresentado pode ser inserido neste contexto. Os professores de direito comercial e advogados dedicaram-se a escrever em conjunto uma obra que traz sua experiência docente e profissional advocatícia para o público dos operadores do direito.

A obra cobre partes relevantes do direito de empresa: sua teoria geral, incluindo as regras básicas e conceituação do empresário e do estabelecimento empresarial e a propriedade intelectual.

A parte da teoria geral traz importantes questões científica como suas conceituações básicas e o exame de sua história e autonomia para localizar o operador no ambiente do direito empresarial. Também trabalha seus conceitos básicos de empresário, registro e estabelecimento, sem os quais o contato como Direito Empresarial seria inviável. Também traz ao leitor questões de âmbito prático importantes como a locação empresarial e de *shopping centers*.

Após o estudo da teoria geral e institutos básicos do direito empresarial, o livro aborda a propriedade industrial, tema relevantíssimo para o desenvolvimento do mercado e proteção de investimentos, examinando as modalidades básicas da patente, marca e desenho industrial, já num ambiente modernizado pelas novas tecnologias.

A obra é importante na medida em que cursos mais amplos desta natureza são fundamentais para a divulgação do Direito Empresarial e ampliação de suas fontes.

O livro trará boa contribuição a estudantes e profissionais e brinda a dedicação docente dos seus autores. Parabenizo os autores e a editora pela iniciativa.

Ivo Waisberg
Professor Livre-Docente de Direito Comercial do Mestrado e Doutorado da PUC/SP.

PRINCIPAIS ABREVIATURAS

C/A – Sociedade em Comandita por Ações
CC – Código Civil
CC/1916 – Código Civil de 1916
CCom – Código Comercial
CDC – Código de Defesa do Consumidor
CF – Constituição Federal
CLT – Consolidação das Leis do Trabalho
CNAE –1 Classificação Nacional de Atividades Econômicas
C/S – Sociedade em Comandita Simples
CNPJ – Cadastro Nacional da Pessoa Jurídica
CTN – Código Tributário Nacional
CVM – Comissão de Valores Mobiliários
DNRC – Departamento Nacional de Registro do Comércio
DREI – Departamento de Registro Empresarial e Integração
EAOAB – Estatuto da Advocacia e a Ordem dos Advogados do Brasil
EIRELI – Empresa individual de responsabilidade limitada
EPP – Empresa de Pequeno Porte
I.E. – Inscrição Estadual
I.M. – Inscrição Municipal
INSS – Instituto Nacional de Seguridade Social
LFRE – Lei de Falência e Recuperação de Empresas
LL – Lei de Locação
LPI – Lei de Propriedade Industrial
LSA – Lei das Sociedades por Ações
LRE – Lei de Registro de Empresas
Ltda – Sociedade Limitada
ME – Microempresa
MEI – Microempreendedor individual

N/C – Sociedade em Nome Coletivo

NIC.Br – Núcleo de Informação e Coordenação do Ponto BR

NIRE – Número de Identificação do Registro de Empresas

OAB – Ordem dos Advogados do Brasil

RE – Recurso Extraordinário

REsp – Recurso Especial

SINREM – Sistema Nacional de Registro de Empresas Mercantis

S/A – Sociedade Anônima

S/C – Sociedade Civil

S/S – Sociedade Simples

STF – Supremo Tribunal Federal

STJ – Superior Tribunal de Justiça

SUSEP – Superintendência de Seguros Privados

TJ – Tribunal de Justiça

INTRODUÇÃO

Essa obra é fruto de um desafio. Durante os anos que passaram em sala de aula, os autores foram constantemente desafiados a pensar o Direito, principalmente por terem de responder aos questionamentos inusitados de seus alunos.

Um desses desafios foi uma pergunta feita por uma aluna de um curso preparatório para a prova da Ordem dos Advogados do Brasil ao autor Wagner:

– *Qual o motivo para se estudar o Direito Empresarial?*

A pergunta foi feita no meio do curso preparatório e como uma espécie de reclamação pelo fato do Direito Empresarial ser, para aquela aluna, uma matéria "chata", sem sentido, complicada e cheia de exceções (palavras da aluna na época).

Para responder essa questão o professor, ainda inexperiente e pego de "calça curta", reproduziu o que a doutrina diz ser o objeto do Direito Empresarial. A aluna, evidentemente, não ficou satisfeita. Fez cara de poucos amigos, parecia incomodada de estar ali ouvindo sobre o conceito de empresário, empresa, estabelecimento etc., mesmo que isso fosse necessário para sua aprovação no exame da OAB.

A resposta, meio robótica, com certeza não foi a melhor forma de motivar aquela aluna a se interessar pela matéria e incomodou ainda mais o professor.

Decerto, o Direito Empresarial vai além de seus institutos consagrados (empresário, empesa, estabelecimento, sociedades, títulos de crédito, falência, recuperação de empresas etc.), pois trata da atividade e dos agentes econômicos que constitucionalmente foram encarregados de prover a sociedade dos bens e serviços que necessitam para viver ou, simplesmente, que deseja. O Direito Empresarial e seus institutos são, também, o principal foco de outros tantos ramos do Direito, como o do Trabalho (empregador), do Consumidor (fornecedor), Tributário (contribuinte) etc.

A partir dessa situação, surge a necessidade de ensinar o Direito Empresarial além da técnica, mediante explanação didática para compreensão dos seus institutos e a relação com a realidade em que o leitor vive, com exemplos práticos, quadros, imagens etc.

Na parte técnica, os autores foram, muitas vezes, na contramão da doutrina clássica, buscando analisar de forma crítica os principais institutos da Teoria Geral da Empresa, inclusive apresentando as opiniões divergentes existentes entre os próprios autores da obra sobre os temas abordados, com as inúmeras discussões que tiveram para o desenrolar do trabalho. Essa obra busca aproximar a técnica e a prática em uma forma diversa de compreensão do Direito Empresarial.

Durante nossa carreira como professores e advogados aprendemos que o Direito é muito mais do que aquilo que está escrito, sem vida, na folha de papel. Portanto, entendemos que a vida do Direito estampada em um livro se traduz no pensar, na interpretação e crítica àquilo que está posto.

Apesar deste livro estar em papel, ele está vivo!

"Always pass on what you have learned." – mestre Yoda

Os autores,

Armani, Ferreira & Jovetta.

"O mundo não está em seus livros e mapas. Ele está lá fora!" - Gandalf

SUMÁRIO

SOBRE OS AUTORES V

AGRADECIMENTOS VII

APRESENTAÇÃO DOS AUTORES IX

PREFÁCIO XI

PRINCIPAIS ABREVIATURAS XIII

INTRODUÇÃO XV

LIVRO I
TEORIA GERAL DA EMPRESA

CAPÍTULO I – INTRODUÇÃO AO DIREITO EMPRESARIAL 1
   A. Objeto do Direito Empresarial 1
      1. Unidade do direito 1
      2. Direito Comercial (Empresarial) 2
      3. O Direito Empresarial e outros ramos 4
   B. Autonomia do Direito Empresarial 5
      1. Unificação do direito privado 5
      2. Autonomia do Direito Empresarial 5
   C. Fontes do Direito Empresarial 7
      1. Fenômeno econômico 7
      2. Legislação 7
      3. Regras subsidiárias 7

D. Evolução histórica do Direito Comercial 8
    1. Idade Antiga 8
    2. Idade média – Fase corporativista... 8
    3. Sistema francês – Teoria dos Atos do Comércio 9
        3.1 Código Comercial brasileiro 10
    4. Sistema italiano – Teoria da Empresa 11
        4.1 Código Civil de 2002 11
E. Fundamentos do Direito Empresarial 12
    1. Fundamentos do Direito Empresarial.. 12
    2. Livre-iniciativa 12
F. Direito Mercantil, Comercial ou Empresarial? 14
    1. Nomenclatura.. 14
G. Os princípios do Direito Empresarial 15
    1. Princípios.. 15
    2. Princípios do Direito Empresarial.. 16

CAPÍTULO II – TEORIA DA EMPRESA NO BRASIL 29

A. Agente econômico empresário 29
    1. Teoria da Empresa 29
    2. Perfis da empresa na Itália... 29
    3. Perfis da empresa no Brasil 30
    4. Agente econômico 31
    5. Atividade econômica e o empresário.. 32
    6. Agente econômico empresário 32
        6.1 Profissionalismo... 33
        6.2 Atividade (empresa) 34
        6.3 Atividade organizada... 35
        6.4 Produção ou circulação de bens ou de serviços 38
        6.5 Mercado... 38
    7. Caracterização... 39
B. Agente econômico não empresário 39

1.	Agentes econômicos	39
2.	Atividade econômica e o não empresário	39
3.	Atividade futebolística	44

C. A principal distinção entre os agentes econômicos: empresários e não empresários ... 44

1.	Lei de Falência e Recuperação de Empresas	44

D. Espécies de empresário ... 45

1.	Sujeitos de direito	45
2.	Espécies de empresários	46
3.	Estatística	46

E. Empresário individual ... 47

1.	Empresário individual	47
2.	Exercício regular	47
3.	Responsabilidade patrimonial	49
4.	Empresário individual casado	50

F. Espécies de pessoas jurídicas ... 51

1.	Pessoa jurídica	51
2.	Pessoas jurídicas de direito privado	52
3.	Registro	53

G. Sociedade empresária ... 54

1.	Contrato de sociedade	54
2.	Espécies de sociedades	56
3.	Registro	58
4.	Personalidade jurídica	58
5.	Tipos societários (art. 983, CC)	59

H. Ente despersonalizado ... 60

1.	Ente despersonalizado	60

I. Microempresa e Empresa de Pequeno Porte ... 61

1.	Microempresa (ME) e Empresa de Pequeno Porte (EPP)	61
2.	Estatuto Nacional da Microempresa e Empresa de Pequeno Porte	61
3.	Qualificação em ME e EPP	62

4. Microempreendedor Individual (MEI)	63
5. Simples nacional	63
CAPÍTULO III – OBRIGAÇÕES COMUNS AOS EMPRESÁRIOS	**65**
A. Introdução – Obrigações comuns aos empresários	65
1. Obrigações comuns	65
B. SINREM	66
1. Obrigação de registro	66
2. Lei de Registro de Empresas	66
3. SINREM	66
4. Atos de registro	69
5. Prazo de apresentação para arquivamento	70
6. Exame das formalidades	71
C. Registro	72
1. Empresário regular	72
2. Natureza jurídica do ato de registro	73
3. Empresário sem registro	74
D. Livros empresariais	75
1. Escrituração	75
2. Livros do empresário	75
3. Livros empresariais	76
4. Microempresa (ME) e Empesa de Pequeno Porte (EPP)	78
5. Livro empresarial comum obrigatório	79
E. A regularidade da escrituração	79
1. Regularidade escritural	79
2. Livro Diário	80
3. Dever de guarda	81
F. Exibição e eficácia probatória	81
1. Princípio do sigilo	81
2. Exibição judicial	82
3. Eficácia probatória	83

4.	Recusa de exibição..	83
5.	Exibição administrativa	84
G. Irregularidade da escrituração...		84
1.	Irregularidade..	84
2.	Ineficácia probatória	85
3.	Crime falimentar	85
H. Levantamento de balanços...		85
1.	Levantamento de balanços	85
2.	Balanço patrimonial...	86
3.	Balanço de resultado econômico..	86
4.	Crime falimentar	86

CAPÍTULO IV – ESTABELECIMENTO 87

A. Conceito e natureza jurídica		87
1.	Perfis da empresa...	87
2.	Conceito de estabelecimento	87
3.	Natureza jurídica	90
B. Estabelecimento e patrimônio do empresário.................................		91
1.	Patrimônio x estabelecimento...	91
C. Descentralização do estabelecimento		94
1.	Descentralização do estabelecimento	94
2.	Matriz e estabelecimento principal	94
3.	Estabelecimento filial, agência e sucursal.........................	95
D. Atributos e elementos do estabelecimento......................................		96
1.	Elementos do estabelecimento...	96
2.	Atributos do estabelecimento	96
E. Atributos do estabelecimento		96
1.	Atributos do estabelecimento	96
2.	Clientela..	97
3.	Aviamento...	98

F. Alienação do estabelecimento 99
    1. Negócios jurídicos do estabelecimento 99
    2. Alienação do estabelecimento – Contrato de trespasse 99

G. O usufruto e o arrendamento do estabelecimento 106
    1. Outros negócios jurídicos do estabelecimento 106
    2. Usufruto 106
    3. Arrendamento 107

H. Formação do nome empresarial 107
    1. Nome empresarial 107
    2. Firma e denominação 108
        2.1 CNPJ 111
    3. Princípios do nome empresarial 111
    4. Proteção ao nome empresarial 111
    5. Alteração do nome empresarial 112

I. Título do estabelecimento 113
    1. Título do estabelecimento 113
    2. Título do estabelecimento x nome empresarial 113
    3. Proteção ao título do estabelecimento 113

J. Domínio eletrônico 114
    1. Domínio eletrônico 114
    2. Registro 114
    3. Proteção ao domínio eletrônico. 115

K. Ponto 115
    1. Ponto 115
    2. Proteção ao ponto 115
    3. Ação renovatória 116
    4. Requisitos da ação renovatória (art. 51, LL) 116
    5. Petição inicial da ação renovatória (art. 71, LL) 117
    6. Direito relativo 118
    7. Matérias de defesa (art. 72, LL) 118
    8. Não renovação por determinação do Poder Público (art. 52, LL) 119

9. Não renovação por determinação para uso próprio	120
10. Discussão do valor da locação	121
11. Sentença da ação renovatória	121
L. *Shopping center*	122
1. Locação de espaço em shopping center	122
2. Especificidades da locação de *shopping center*	123
CAPÍTULO V – PROPRIEDADE INDUSTRIAL	**125**
A. Introdução – Propriedade industrial	125
1. Propriedade intelectual	125
2. Propriedade Industrial	126
3. Uso exclusivo	126
4. Bens imateriais	127
5. INPI	127
B. Patente	127
1. Espécies de patente	127
2. Requisitos da patente	128
3. Carta patente	130
4. Prazo de duração	130
5. Uso exclusivo	131
6. Cessão da patente	131
7. Licença da patente	132
8. Extinção da patente	134
9. Segredo industrial	135
C. Marca	136
1. Marca	136
2. Espécies de marca	138
3. Registro de marca	138
4. Princípios relacionados à marca	139
5. Uso exclusivo	141
6. Cessão e licença de marca	141

    7. *Trade Dress* 142

    8. Extinção da marca 144

  D. Desenho industrial 145

    1. Desenho industrial 145

    2. Requisitos do desenho industrial 145

    3. Extinção do desenho industrial 146

CAPÍTULO VI – DIREITO CONCORRENCIAL 149

  A. Introdução – Direito concorrencial 149

    1. Princípio da livre concorrência 149

    2. Direito Concorrencial 149

  B. Concorrência 150

    1. Livre concorrência 150

    2. Elementos da concorrência 151

    3. Elementos da livre concorrência 151

  C. Concorrência desleal 151

    1. Concorrência desleal 151

    2. Crime de concorrência desleal 152

    3. Repressão civil à concorrência desleal 153

    4. Proteção judicial 155

REFERÊNCIAS 157

LIVRO I
TEORIA GERAL DA EMPRESA

Capítulo I
INTRODUÇÃO AO DIREITO EMPRESARIAL

A. OBJETO DO DIREITO EMPRESARIAL

1. UNIDADE DO DIREITO

O Direito é uno, indivisível, uma ciência que estuda, dentre outros elementos, um sistema de normas para disciplinar a vida em sociedade, constituído por princípios e regras que se caracterizam pelo caráter genérico e abstrato concernente à indistinta aplicação a todos os indivíduos, e jurídico, que as diferencia das demais regras de comportamento social e lhes confere eficácia garantida pelo Estado.[1] Didaticamente, porém, a doutrina o divide entre Direito Privado e Direito Público,[2] subdividindo-se, ainda, estes em diversos ramos do Direito como o Civil, Empresarial, Trabalhista, Agrário, Marítimo, Consumidor, Constitucional, Administrativo, Penal, Processual, Tributário etc.[3]

Pelo Direito Privado se estudam as relações jurídicas entre particulares, excetuando-se os entes da Administração Pública direta e indireta, enquanto pelo

---
1. Podemos dizer, nesse sentido, que a ciência dogmática do direito costuma encarar seu objeto, o direito posto e dado previamente, como um conjunto compacto de normas, instituições e decisões que lhe compete sistematizar, interpretar e direcionar, tendo em vista uma tarefa prática de solução de possíveis conflitos que ocorram socialmente. O jurista contemporâneo preocupa-se, assim, com o direito que ele postula ser um todo coerente, relativamente preciso em suas determinações, orientado para uma ordem finalista, que protege a todos indistintamente. (FERRAZ JÚNIOR, Tercio Sampaio. *Introdução ao estudo do direito*: técnica, decisão, dominação. 4. ed. São Paulo: Atlas, 2003, p. 81).
2. Essa dicotomia teve sua origem no direito romano.
3. Destarte, o todo e a parte são indissociáveis e possuem, dentro de si, o fundamento um do outro. Em sua substância e conteúdo, cada qual pressupõe o outro numa circularidade onde tudo se torna, simultaneamente, público e privado, onde tudo, até mesmo a vida, define-se pela participação no todo, porém através da consciência de si. Em outras palavras, público e privado são, na unidade teleológica dos interesses universalizáveis, uma mesa e única realidade, nascida dos mesmos princípios e voltada aos mesmos fins: um é a vida do outro. (PASQUALINI, Alexandre. *O público e o privado*. In: SARLET, Ingo (Org.). *O direito público em tempos de crise*. Porto Alegre: Livraria do Advogado, 1999, p. 36).

Direito Público se estudam as relações jurídicas de um ente da Administração Pública com outro ente ou com um particular.[4]

Como exemplo, tomamos do lado do Direito Privado o Direito Civil, que tem como objeto o estudo das relações entre particulares (casamento, filiação, herança, doação, posse, direito de propriedade etc.). Do lado do Direito Público, citamos o Direito Tributário como ramo pelo qual se estuda a relação jurídica entre o Estado e o contribuinte (impostos, taxas, isenções etc.).

2. DIREITO COMERCIAL (EMPRESARIAL)

Num dia qualquer, o jovem Anthony Stark é acordado pelo despertador do celular. Antes mesmo de se levantar, ele confere as novidades nas redes sociais, sendo logo convidado a visitar uma loja de departamento com uma mega promoção: Smart TV; Resolução 8k; 60" e uma série de outros benefícios apareceram na tela. Sem pensar muito, Tony clica e compra, usando seu cartão de crédito virtual, a desejada Smart TV, com frete grátis e entrega no mesmo dia.

Anthony Stark um toma banho aquecido graças a um eficiente sistema de distribuição de gás. De banho tomado, ele escolhe as melhores vestes, todas da marca do momento, coloca um perfume importado e sai de casa em seu carro esportivo, último modelo.

No caminho para o escritório, Anthony Stark para em uma padaria para tomar um café da manhã reforçado, responder mensagens e ler algumas notícias ou fuçar, novamente, em suas redes sociais.

Ao chegar no escritório, Anthony se senta em sua cadeira *gamer*, diante de uma tela de monitor *gamer*, *laptop* de última geração e começa sua rotina.

Entre erros e acertos, o dia foi agitado e absolutamente maravilhoso, todos os compromissos foram cumpridos, e muitas oportunidades surgiram. Missão cumprida!

Ao final do expediente, Anthony Stark pega seu carro e segue em direção à sua casa. O veículo já mostra o trajeto antes mesmo de ser ligado ou do motorista dizer para onde vai. Mas convenhamos, a esta hora "qualquer um" sabe que é hora de ir para casa.

Chegando em casa, Anthony Stark se prepara para fazer exercícios, na "força do ódio". Ele se matriculou em uma rede de academias que possui uma franqueada

---

4. LISBOA, Roberto Senise. *Manual de Direito Civil*. 6. ed. São Paulo: Saraiva, 2010, v. 1: Parte Geral do Direito Civil, p. 122-124.

na rua da sua casa. Durante o treino, ele aproveita para ouvir seu *podcast* favorito naquele mesmo aparelho celular que o acordou.

Após o treino, Anthony Stark volta para casa, faz o pedido de refeição via aplicativo, toma banho e se prepara para assistir alguns episódios atrasados de sua série favorita.

Após colocar sua série em dia, Anthony Stark ajusta o despertador, responde as últimas mensagens pelo celular, dá aquela passada de olho nas redes sociais e dorme.

A despeito de hipotética, a história não está nada distante da nossa realidade.

Perceba que em todos os momentos de nossa história, o protagonista se relaciona com diversos agentes econômicos, adquirindo bens e serviços.

Cada participante do sistema econômico possui sua própria função e participação que, em conjunto, faz com que o mercado funcione.

O mercado é uma das formas de organização econômica e, consequentemente, de alocação de recursos na sociedade. Através dos mercados, bens são distribuídos ou alocados entre os indivíduos.[5]

E é exatamente neste panorama que o Direito Empresarial se torna protagonista.

O Direito Empresarial, portanto, tem como objeto o estudo das relações jurídicas ligadas à empresa e ao mercado em que os produtos e serviços são negociados, enquadrando-se no ramo do Direito Privado, ainda que seja possível em alguns casos haver no Direito Empresarial relações de Direito Público. Todavia, tal ramo não se resume a estudar tão somente as relações jurídicas ligadas à empresa, dedicando-se também ao estudo de institutos conexos, tais como os títulos de crédito, os contratos mercantis, os contratos de sociedade e a relação de poder entre os sócios, a relação dos sócios entre si e destes com a sociedade que formaram, as questões envolvendo a oferta pública de ações no mercado mobiliário, a situação de crise que pode levar uma empresa à falência, as questões concorrências e antitruste etc.[6]

---

5. FORGIONI, Paula A. *A evolução do direito comercial brasileiro*: da mercancia ao mercado. São Paulo: Ed. RT, 2009. p. 194.
6. De nossa parte, embora atentos à advertência aristotélica, de que definir é sempre perigoso, e tendo em conta as peculiaridades da matéria, devemos concluir que o Direito Comercial, ao menos no Brasil, como complexo normativo positivo, focaliza as relações jurídicas derivadas do exercício da atividade empresarial. Disciplina a solução de pendências entre empresários, bem como os institutos conexos à atividade econômica organizada de produção e circulação de bens (contrato, títulos de crédito, insolvência etc.). Tem por objeto a empresa, como unidade serviçal do mercado cuja existência está amarrada ao intuito do lucro (FAZZIO JÚNIOR, Waldo, *Manual de Direito Comercial*. 8. ed. São Paulo: Atlas, 2007, p. 10).

Evidente a importância dos agentes econômicos em nossa sociedade de consumo, pois eles são responsáveis por colocar à disposição do mercado bens e serviços essenciais para a sociedade.

Daí a importância do Direito Empresarial – em estudar as relações jurídicas ligadas à empresa e ao mercado – permitindo o acesso da sociedade aos bens e serviços.

3. O DIREITO EMPRESARIAL E OUTROS RAMOS

Evidentemente que a empresa, foco do Direito Empresarial, não se relaciona tão somente com os institutos deste ramo do Direito, pois ela é tão importante para a sociedade que grande parte dos demais ramos do Direito também acabam estudando e se relacionando com a empresa.

Veja, por exemplo, o Direito do Trabalho, cujo objeto é o estudo das relações de trabalho, que ao conceituar empregador utiliza a palavra "empresa" (art. 2º,[7] CLT[8]), demonstrando que a relação de emprego está intimamente ligada ao Direito Empresarial, pois o sujeito que explora empresa é, em regra, empresário.

No Direito do Consumidor, cuja finalidade é a proteção das relações de consumo, também há referência à empresa ao conceituar o fornecedor (art. 3º,[9] CDC) como o agente responsável em fornecer ou circular, produtos ou serviços, ao mercado, pois é o empresário que exerce exatamente as atividades dispostas no Código de Defesa do Consumidor.[10]

O Direito Empresarial está enraizado nos ramos de Direito Público como, por exemplo, no Direito Tributário, já que o empresário é o principal contribuinte de tributos, ou no Direito Administrativo em que há sua participação em contratos com o Poder Público (p.ex. licitações). No Direito Penal, cada vez mais

---
7. Art. 2º Considera-se empregador a empresa, individual ou coletiva, que, assumindo os riscos da atividade econômica, admite, assalaria e dirige a prestação pessoal de serviço.
8. Decreto-Lei 5.452, de 1º de maio de 1943 – Consolidação das Leis do Trabalho.
9. Art. 3º Fornecedor é toda pessoa física ou jurídica, pública ou privada, nacional ou estrangeira, bem como os entes despersonalizados, que desenvolvem atividade de produção, montagem, criação, construção, transformação, importação, exportação, distribuição ou comercialização de produtos ou prestação de serviços. § 1º Produto é qualquer bem, móvel ou imóvel, material ou imaterial. § 2º Serviço é qualquer atividade fornecida no mercado de consumo, mediante remuneração, inclusive as de natureza bancária, financeira, de crédito e securitária, salvo as decorrentes das relações de caráter trabalhista.
10. Lei 8.078, de 11 de setembro de 1990.

em voga a importância de compreender os institutos de Direito Comercial para verificação de crimes praticados por empresários (vide a Operação Lava Jato[11]).

Assim, é essencial a qualquer operador do Direito a compreensão do Direito Empresarial, pois necessária não só para atuação neste ramo específico, mas também com o fito de utilizar-se de seus institutos como forma de maior aprofundamento nas demais áreas jurídicas.

B. AUTONOMIA DO DIREITO EMPRESARIAL

1. UNIFICAÇÃO DO DIREITO PRIVADO

O Código Civil além de incorporar ao direito brasileiro a Teoria da Empresa, substituindo o caráter objetivo da Teoria dos Atos do Comércio, unificou parcialmente o Direito Privado disciplinando no mesmo corpo legislativo as obrigações e os contratos civis e mercantis.[12] Em que pese essa parcial unificação do direito privado no Código Civil, as regras de Direito Comercial (Empresarial) não estão dispostas apenas nesse diploma, existindo tantas outras normas jurídicas que tratam de temas de Direito Comercial como, por exemplo, o Código Comercial de 1850, a Lei de Duplicatas, a Lei das Sociedades por Ações, o Estatuto da Microempresa e Empresa de Pequeno Porte, a Lei de Propriedade Industrial, a Lei de Falência e Recuperação de Empresas etc.

2. AUTONOMIA DO DIREITO EMPRESARIAL

Mesmo com a reunião em um só texto legal das disposições sobre o Direito das obrigações e os contratos civis e comerciais, a parcial unificação do Direito Privado ensejada pela positivação do Código Civil não foi capaz de suprir a autonomia formal (critério material e não científico) do Direito Comercial em relação ao Direito Civil, uma vez que ainda em vigor parte do Código Comercial de 1850, além da manutenção de uma quantidade muito expressiva de leis cujo objeto de regulação são as relações jurídicas mercantis. Em outras palavras: o fato de parte das normas jurídicas importantes ao Direito Empresarial constarem do Código Civil não afasta a circunstância de ser ele um ramo autônomo do Direito.

---

11. Operação realizada pela Polícia Federal que recebeu forte divulgação e apelo popular por envolver lideranças políticas e empresas grandes e famosas no país.
12. GONÇALVES, Carlos Roberto. *Direito Civil Brasileiro*. 7. ed., rev. e atual. São Paulo: Saraiva, 2009, v. I: Parte Geral, p. 13.

Também a Constituição da República manteve a autonomia do Direito Comercial em seu artigo 22 que trata da competência privativa da União legislar sobre Direito Civil, Comercial, Penal, Processual, Eleitoral, Agrário, Marítimo, Aeronáutico, Espacial e do Trabalho,[13] isto é, destacou o Direito Empresarial como um ramo autônomo.

Por fim, resta a autonomia substancial do Direito Empresarial pela existência de princípios próprios que o diferencia do Direito Civil. O Direito Empresarial é o ramo que regula as relações jurídicas ligadas ao agente econômico, à atividade empresarial e as suas consequências jurídicas e suas atuações, economicamente voltada para suprir as necessidades do mercado, enquanto o Direito Civil regula relações jurídicas referentes à família, à sucessão, ao estado da pessoa e as obrigações sob a óptica individualista.

A inclusão no Código Civil de um livro inteiro[14] dispondo sobre o Direito de Empresa, que causou a revogação parcial do Código Comercial de 1850,[15] e que antes regulava o que hoje se encontra, primordialmente, sob a égide do Código Civil, não significa que o Direito Comercial (Empresarial) deixou de existir ou que passou a ser um apenso do Direito Civil. Em termos de ciência jurídica, a diferença entre as duas áreas continua grande e bem delimitada pelos princípios que as norteiam.[16]

Temos de ter em mente que o Direito Empresarial tem como finalidade a proteção da atividade econômica, lastreada nos princípios da liberdade econômi-

---

13. Art. 22. Compete privativamente à União legislar sobre:
    I – direito civil, comercial, penal, processual, eleitoral, agrário, marítimo, aeronáutico, espacial e do trabalho.
14. A Parte Especial do Código Civil. Seu Livro II dispõe sobre o Direito de Empresa, do artigo 966 até o 1.195.
15. Art. 2.044. Revogam-se a Lei 3071, de 1º de janeiro de 1916 – Código Civil e a Parte Primeira do Código Comercial, Lei 556, de 25 de junho de 1850.
16. O fato acima constatado [a unificação das obrigações civis e comerciais no mesmo Código Civil], em nossa visão, não irá alterar a autonomia do Direito Comercial, sob a nova veste de Direito de Empresa, embora tenha ocorrido a sua unificação legislativa com o Direito Civil. A uma, porque a Constituição Federal de 1988, ao dispor sobre as matérias de competência privativa da União, ainda se refere autonomamente ao Direito Comercial (artigo 22, I). A duas, porque a autonomia didática e científica não vem afetada pelo tratamento em um único diploma legal. A três, porque a adoção da teoria da empresa não compromete essa autonomia, na medida em que ao empresário e ao exercício empresarial da atividade econômica se aplica toda legislação à atividade mercantil não revogada (Código Civil, artigo 2.037).
    O que se tem é um alargamento do campo do clássico Direito Comercial que, dentro de uma nova ótica, com novo núcleo na Teoria da Empresa, propõe uma hodierna leitura das relações de direito privado. Teremos, assim, num diploma [numa lei] unificado, o regramento de relações particulares, coexistindo os empresários e os que exercem atividades não empresariais, ditas, desse modo, civis (tais como os executores de atividades profissionais intelectuais – profissionais liberais –, sociedades simples, cooperativas e empresários rurais não inscritos no registro de empresa). (CAMPINHO, Sérgio. O Direito de Empresa à Luz do Novo Código Civil. Rio de Janeiro: Renovar, 2002, p. 6).

ca, da livre-iniciativa e da livre concorrência, enquanto o Direito Civil não tem o escopo de tratar da atividade econômica, mas sim relações privadas entre agentes não econômicos. Para clarear, pense na distinção prática entre uma compra e venda de veículos entre dois vizinhos e a compra e venda entre uma montadora de veículos e uma concessionária.

C. FONTES DO DIREITO EMPRESARIAL

1. FENÔMENO ECONÔMICO

A principal fonte material do Direito Empresarial provém do fenômeno econômico, nascedouro das normas desta área de estudo. O costume é importante fonte uma vez que reflete a prática reiterada de determinados atos que passam a ter validade entre as partes, no caso, entre os empresários e passa a ser positivado.

2. LEGISLAÇÃO

Como visto, a Constituição dá então o norte para que o legislador infraconstitucional possa desenvolver um sistema normativo capaz de salvaguardar o empreendedor. O Direito Empresarial, assim como os diversos ramos do Direito, é composto por uma variedade de normas que se entrelaçam entre si e também com normas de outros ramos do Direito, como uma rede, cuja coesão é dada por meio das relações de calibração, em que repousa a imperatividade do ordenamento jurídico.

Formalmente o Direito Empresarial tem origem nas leis (Código Comercial, Código Civil, Lei de Duplicatas, Lei das Sociedades por Ações, Estatuto da Microempresa e Empresa de Pequeno Porte, Lei de Propriedade Industrial, Lei de Falência e Recuperação de Empresas etc.), decretos e tratados internacionais (Lei Uniforme, União de Paris etc.).

3. REGRAS SUBSIDIÁRIAS

Subsidiariamente, em caso de omissão, aplica-se a lei civil, os usos e costumes, as decisões reiteradas dos Tribunais (jurisprudência e precedentes) e os princípios gerais do direito, nos termos do artigo 4º da Lei de Introdução às Normas do Direito Brasileiro.[17]

---

17. A analogia é entendida, majoritariamente, como meio de autointegração do ordenamento jurídico, e não fonte do direito, em que pese a redação do artigo 4º da Lei de Introdução às Normas do Direito Brasileiro.

D. EVOLUÇÃO HISTÓRICA DO DIREITO COMERCIAL

1. IDADE ANTIGA

O comércio é da essência da convivência em grupo, sendo que, no início da civilização conhecida, a troca se fazia de bens por bens. A necessidade de facilitar a valoração das coisas ocasionou a troca de um determinado bem pela moeda, para isso servindo, inicialmente, um bem qualquer (conchas, gado, certos metais raros) e, depois, algumas mercadorias determinadas, com valor intrínseco. Com a evolução dos tempos, essas simples mercadorias foram sendo sucessivamente substituídas por outras de maior valia (cobre, prata, ouro), até chegar, nos dias atuais, à sua emissão pelo Estado, com a progressiva substituição de seu valor intrínseco por outro, a pensar-se em substitui-la por um valor não intrínseco, mas fictício, mas dependendo de certos fatores de garantia do Estado emissor. Essa garantia pode ter por fundamento a riqueza potencial do Estado emissor e não a existência, em espécie, de certa quantidade de metais, em depósito, equivalente ao valor atribuído às moedas emitidas.[18]

Os comercialistas divergem quanto à origem do Direito Comercial, porém afirmam que, na Idade Antiga, não havia distinção entre o que hoje conhecemos como Direito Civil e Direito Comercial, pois ambos estavam incorporados no conceito de Direito Privado Comum.[19]

2. IDADE MÉDIA – FASE CORPORATIVISTA

A doutrina tem pontuado ser a Idade Média o despertar da força do Direito Comercial como regime jurídico autônomo ao Civil, garantindo certos privilégios àqueles que buscavam empreender-se por meio de atividade mercantil. Por

---

18. MARTINS, Fran. *Curso de direito comercial*: empresa comercial, empresários individuais microempresas, sociedades empresárias, fundo de comércio. 35. ed. ver. atual. e ampl. Rio de Janeiro: Forense, 2012, p. 1-2.
19. Os grandes historiadores do Direito Comercial, versando sobre aquela época, são praticamente unânimes em afirmar que a disciplina da atividade comercial em Roma estava submetida ao Direito Privado Comum, ou seja, ao Direito Civil (*ius privatorum*). Havendo necessidade, o conteúdo deste Direito era alargado pelos poderes do pretor, elaborado e adaptado sobre a base do princípio da equidade. Nas circunstâncias sob as quais se desenvolvia o comércio na sociedade romana, tal sistema revelou-se suficientemente adequado. Anota Angelo De Martini que o comércio em Roma apresentava um caráter tipicamente externo, ou seja, regulado pelo *jus gentium* e aplicado pelo *praetor peregrinas* ou pelo *praetor urbanus*, tutelando o comércio exercitado por estrangeiros (VERÇOSA, Haroldo Malheiros Dulclerc. *Curso de Direito Comercial*: Teoria Geral do Direito Comercial e das Atividades Empresariais Mercantis. Introdução à Teoria Geral da Concorrência e dos Bens Imateriais. 2. ed. São Paulo: Malheiros Editores, 2008, p. 35).

conta da fragilidade do Estado à época e de não existir um poder centralizado, mas pulverizado em feudos, a burguesia, a então classe social em ascendência, cujo principal ofício era o comércio, criou a denominada Corporações de Ofício que tinham como função regular as relações entre comerciantes.[20] O Direito Comercial, nessa época, tem como marca o corporativismo, sendo considerado comerciante quem estivesse inscrito em uma corporação de ofício. Surgem nessa fase a matrícula dos comerciantes, o regime dos livros comerciais, as instituições financeiras, a letra de câmbio etc.[21]

3. SISTEMA FRANCÊS – TEORIA DOS ATOS DO COMÉRCIO

Passada a fase corporativista – subjetiva, de proteção de classe –, iniciou-se na França, com a promulgação do Código Napoleônico de 1807, a fase objetiva do Direito Comercial, com a adoção da Teoria dos Atos de Comércio, pela qual era considerado comerciante quem habitualmente, com intuito de lucro, praticasse os chamados Atos de Comércio,[22] uma série de condutas constantes da legislação

---

20. Desta feita, o direito comercial surgiu na Idade Média, "como um fenômeno histórico, cuja origem é ligada à afirmação de uma civilização burguesa e urbana, na qual se desenvolve um novo espírito empreendedor e uma nova organização dos negócios. Essa nova civilização urge, justamente, nas comunas italianas" (FINKELSTEIN, Maria Eugênia. *Manual de direito empresarial*. 8. ed. rev., ampl. e reform. São Paulo: Atlas, 2016, p. 4).
21. Na Idade Média, houve um deslocamento do centro econômico do campo para as cidades, que passaram a desempenhar um papel econômico, político e social contrastante com o regime até então existente. A burguesia nascente contrapôs-se ao feudo. Classes de profissionais (mercadores e artesãos) passaram a exercer as atividades negociais sob o manto de associações profissionais – as corporações de artes e de ofícios. A par do papel relevante exercido pelas cidades medievais, as feiras e os mercados contribuíram decisivamente para o desenvolvimento de um forte comércio interno e internacional na Europa. (VERÇOSA, Haroldo Malheiros Dulclerc. *Curso de Direito Comercial*: Teoria Geral do Direito Comercial e das Atividades Empresariais Mercantis. Introdução à Teoria Geral da Concorrência e dos Bens Imateriais. 2. ed. São Paulo: Malheiros Editores, 2008, p. 36).
22. Um fenômeno social e político, todavia, próprio da época de Bonaparte, provocou nova orientação, essa arraigadamente objetivista. O Código Napoleônico de 1807 adotou declaradamente o conceito objetivo, estruturando-o sobre a Teoria dos Atos de Comércio. Agindo assim, os legisladores do Império punham-se a serviço dos ideais da Revolução Francesa, de igualdade de todos perante a lei, excluindo o privilégio de classe. Não se concebia, diante dessa filosofia política, um código destinado a garantir, numa sociedade fundada sobre o princípio da igualdade de todos perante a lei, prerrogativas e privilégios dos mercadores. É de se recordar que "todas as espécies de corporações de cidadãos do mesmo estado e profissão", resquícios da organização feudal, haviam sido proibidas pela Lei de 14 de junho de 1791, a célebre Lei *Le Chapelier*, "sob qualquer forma que seja...". Com isso pretendia a Convenção assegurar a plena liberdade profissional, extinguindo todos os privilégios que as corporações acumularam através de séculos a favor dos comerciantes. O Código de Comércio passava a ser, destarte, em 1807, um estatuto disciplinador dos atos de comércio, a que estavam sujeitos todos os cidadãos. (REQUIÃO, Rubens, *Curso de Direito Comercial*. 31. ed. São Paulo: Saraiva, 2012, v. 1, p. 14).

mercantil em uma lista taxativa. Nessa fase não era levada em consideração a pessoa que exercia a atividade, mas, sim, a atividade por ela exercida.[23]

No Brasil colônia, as primeiras regras comerciais foram as ditadas por Portugal, que continuaram vigendo mesmo após a Declaração de Independência, em 1822, até a vigência do Código Comercial de 1850.[24]

3.1   Código Comercial brasileiro

Após essa fase inaugural, foi promulgada a Lei 556, de 25 de junho de 1850, que instituía o Código Comercial do Império do Brasil, com forte influência dos códigos francês, espanhol e português. Diferentemente do que se poderia imaginar, o Código Comercial de 1850 não adotou a Teoria dos Atos de Comércio, uma vez que, em seu artigo 4º, conceituou como comerciante aquele que tivesse matrícula em algum dos Tribunais do Comércio do Império e que fizesse da mercancia sua profissão habitual.[25] Todavia, como o conceito de comerciante trazido pelo código gerava dificuldade sobre o que vinha a ser mercancia, foi editado o Regulamento 737[26] do mesmo ano, norma de direito processual, que, em seu artigo 19,[27] definiu o conceito de mercancia, integrando o conceito de comerciante do Código Comercial de 1850 e, assim, introduzindo o caráter objetivo da Teoria dos Atos de Comércio.

O Código Comercial de 1850 tratava do comerciante individual e também das Companhias e Sociedades Comerciais (art. 287 e seguintes, CCom.), destinadas à prática habitual de atos de comércio, vindo o Código Civil de 1916 a chamá-las de Sociedades Mercantis (art. 16, II, CC/1916), reservando para as que não exercessem os atos de comércio de forma habitual a denominação de Sociedades Civis (art. 16, I, CC/1916), figurando entre elas, por exemplo, as prestadoras de serviços e, pois, as sociedades profissionais dedicadas a medicina, enfermagem, engenharia, advocacia etc.

---

23. [...] a grande inovação do Código francês foi o caráter objetivo que imprimiu ao direito comercial. Rompendo com a tradição que via nele o direito de uma classe – o direito dos comerciantes –, o Código francês quis ser unicamente o direito dos atos de comércio. (BORGES, João Eunápio. *Curso de direito comercial terrestre*. 5. ed. Rio de Janeiro: Forense, 1971, p. 32).
24. BERTOLDI, Marcelo M.; RIBEIRO, Marcia Carla Pereira. *Curso avançado de Direito Comercial*. 4. ed., atual. e rev. São Paulo: Ed. RT, 2008, p. 29.
25. Artigo 4º do Código Comercial de 1.850. "Ninguém é reputado comerciante para efeito de gozar da proteção que este Código liberaliza em favor do comércio, sem que tenha matriculado em algum dos Tribunais do Comércio do Império, e faça da mercancia profissão habitual".
26. Decreto 737, de 25 de novembro de 1850. Determina a ordem do Juízo no Processo Commercial.
27. Artigo 19. Considera-se mercancia: § 1º A compra e venda ou troca de effeitos moveis ou semoventes para os vender por grosso ou a retalho, na mesma especie ou manufacturados, ou para alugar o seu uso. § 2º As operações de cambio, banco e corretagem. § 3º As empresas de fabricas; de com missões; de depositos; de expedição, consignação e transporte de mercadorias; de espectaculos publicos. § 4º Os seguros, fretamentos, risco, e quaesquer contratos relativos ao cornmercio maritimo. § 5º A armação e expedição de navios.

A extinção dos Tribunais do Comércio em 1875 e a consequente unificação da jurisdição civil e comercial em uma só minimizaram a importância da distinção entre a condição jurídica do comerciante e a do não comerciante, e o elenco do art. 19 do Regulamento 737 acabou por tornar-se mero indicativo para a definição da atividade mercantil, perdendo sua força legal imperativa. Comerciante deixa de ser aquele que pratica determinados atos delimitados pela lei e passa a ser aquela pessoa que, profissionalmente, pratica a mercancia considerada como a atividade de intermediação entre o produtor e o consumidor, exercida com fim lucrativo.[28]

4. SISTEMA ITALIANO – TEORIA DA EMPRESA

A Teoria da Empresa foi adotada pelo Código Civil Italiano de 1942,[29] que alterou o foco do Direito Comercial, antes de caráter objetivo, realçando-lhe o aspecto subjetivo. Nessa nova perspectiva, o que importa é a atividade e quem a realiza, o sujeito de direito que exerce profissionalmente atividade econômica organizada com o fim da produção ou troca de bens ou de serviços, vale dizer, o empresário.

A evolução ocorrida a partir da Teoria dos Atos do Comércio para a Teoria da Empresa está relacionada à distinção entre ato e atividade. Enquanto ato é cada parte de uma peça, significa algo que se exaure, que é completo e alcança o resultado pretendido, que atinge a finalidade para a qual foi praticado sem a necessidade de outro ato; a atividade é o conjunto de atos coordenados para alcançar um fim comum. Não é uma mera sequência de atos, é necessária a coordenação, como ocorre, por exemplo, com as linhas de produção de automóveis.[30]

4.1 Código Civil de 2002

Com a entrada em vigor da Lei 10.406, de 10 de janeiro de 2002, que instituiu o Código Civil,[31] foi revogada a primeira parte da Lei 556, de 25 de junho de 1850 (Código Comercial de 1850),[32] e deixado de lado o modelo francês da Teoria dos Atos de Comércio, adotando-se o modelo italiano da Teoria da Empresa, positivado em seu Livro II – Do Direito de Empresa.[33] Com a parcial revogação do Código Comercial de 1850, restou, todavia, em plena vigência, a sua segunda parte (arts. 457 a 796), que trata do direito marítimo.

---

28. BERTOLDI, Marcelo M.; RIBEIRO, Marcia Carla Pereira. *Curso avançado de Direito Comercial*. 4. ed. atual. e rev. São Paulo: Ed. RT, 2008, p. 30.
29. ITÁLIA. Regio decreto-legge 16 marzo 1942, n. 262. Codice Civile Italiano Del 1942.
30. TEIXEIRA, Tarcisio. *Direito Empresarial Sistematizado*. São Paulo: Saraiva, 2011, p. 32.
31. O Projeto de Código Civil tramitou nas casas legislativas desde 1975.
32. Art. 2.045. Revogam-se a Lei no 3.071, de 1º de janeiro de 1916 – Código Civil e a Parte Primeira do Código Comercial, Lei 556, de 25 de junho de 1850.
33. Art. 966 a 1.195 do Código Civil.

E. FUNDAMENTOS DO DIREITO EMPRESARIAL

1. FUNDAMENTOS DO DIREITO EMPRESARIAL

Verificada a origem histórica do Direito Comercial, sua evolução no Brasil, seu objeto e sua autonomia, necessária, então, a feitura de breve análise de sua base constitucional com o fito de justificar sua importância perante a norma fundamental.

2. LIVRE-INICIATIVA

A Constituição Federal optou por fundar a ordem econômica na livre-iniciativa (art. 170, CF[34]), afastando o Estado da exploração direta da atividade econômica, pois caberia ao Estado a exploração econômica somente quando necessária aos imperativos da segurança nacional ou a relevante interesse coletivo (art. 173, CF[35]).

Nesses termos, é de competência da iniciativa privada exercer livremente a atividade econômica, sendo que para isso caberia ao Estado o dever de manter

---

34. Art. 170. A ordem econômica, fundada na valorização do trabalho humano e na livre-iniciativa, tem por fim assegurar a todos existência digna, conforme os ditames da justiça social, observados os seguintes princípios: I – soberania nacional; II – propriedade privada; III – função social da propriedade; IV – livre concorrência; V – defesa do consumidor; VI – defesa do meio ambiente, inclusive mediante tratamento diferenciado conforme o impacto ambiental dos produtos e serviços e de seus processos de elaboração e prestação; VII – redução das desigualdades regionais e sociais; VIII – busca do pleno emprego; IX – tratamento favorecido para as empresas de pequeno porte constituídas sob as leis brasileiras e que tenham sua sede e administração no País. Parágrafo único. É assegurado a todos o livre exercício de qualquer atividade econômica, independentemente de autorização de órgãos públicos, salvo nos casos previstos em lei.
35. Art. 173. Ressalvados os casos previstos nesta Constituição, a exploração direta de atividade econômica pelo Estado só será permitida quando necessária aos imperativos da segurança nacional ou a relevante interesse coletivo, conforme definidos em lei. § 1º A lei estabelecerá o estatuto jurídico da empresa pública, da sociedade de economia mista e de suas subsidiárias que explorem atividade econômica de produção ou comercialização de bens ou de prestação de serviços, dispondo sobre: I – sua função social e formas de fiscalização pelo Estado e pela sociedade; II – a sujeição ao regime jurídico próprio das empresas privadas, inclusive quanto aos direitos e obrigações civis, comerciais, trabalhistas e tributários; III – licitação e contratação de obras, serviços, compras e alienações, observados os princípios da administração pública; IV – a constituição e o funcionamento dos conselhos de administração e fiscal, com a participação de acionistas minoritários; V – os mandatos, a avaliação de desempenho e a responsabilidade dos administradores. § 2º As empresas públicas e as sociedades de economia mista não poderão gozar de privilégios fiscais não extensivos às do setor privado. § 3º A lei regulamentará as relações da empresa pública com o Estado e a sociedade. § 4º lei reprimirá o abuso do poder econômico que vise à dominação dos mercados, à eliminação da concorrência e ao aumento arbitrário dos lucros. § 5º A lei, sem prejuízo da responsabilidade individual dos dirigentes da pessoa jurídica, estabelecerá a responsabilidade desta, sujeitando-a às punições compatíveis com sua natureza, nos atos praticados contra a ordem econômica e financeira e contra a economia popular.

e permitir que os empreendedores tenham condições de explorar sua atividade como bem entenderem dentro da legalidade. Como função estatal competiria ser agente normativo e regulador da atividade econômica, exercendo as funções de fiscalização, incentivo e planejamento, sendo este determinante para o setor público e indicativo para o setor privado (art. 174, CF[36]).

A ingerência estatal na atividade privada tem como foco permitir a exploração privada dos meios de produção mediante os princípios norteadores estabelecidos na Constituição Federal. Convém analisar no artigo 170 da Carta Maior, ponderando-se que a livre-iniciativa encontra-se inserta como fundamento da ordem econômica tanto quanto a valorização do trabalho humano, cuja finalidade de ambos seria assegurar a todos existência digna, conforme os ditames da justiça social, observados os princípios da (i) soberania nacional; (ii) propriedade privada; (iii) função social da propriedade; (iv) livre concorrência; (v) defesa do consumidor; (vi) defesa do meio ambiente, inclusive mediante tratamento diferenciado conforme o impacto ambiental dos produtos e serviços e de seus processos de elaboração e prestação; (vii) redução das desigualdades regionais e sociais; (viii) busca do pleno emprego; (ix) tratamento favorecido para as empresas de pequeno porte constituídas sob as leis brasileiras e que tenham sua sede e administração no país.

Como foi entregue à iniciativa privada o ônus de promover a ordem econômica, surge a necessidade de proteger àqueles que se arriscariam nessa tortuosa missão. E é exatamente neste ponto que nasce o fundamento primordial do Direito Empresarial como disciplina que tem como foco as relações jurídicas derivadas da atividade empresarial, atividade está responsável pela promoção da ordem econômica.

A proteção da empresa é uma salvaguarda para própria sociedade que depende dos bens e serviços que são produzidos e circulados por meio da atividade econômica explorada pela iniciativa privada. Ninguém em sã consciência se arriscaria em uma aventura suicida, necessário seria a garantia de segurança para que fosse possível essa peleja. E, assim, é necessária a proteção, por meio do

---

36. Art. 174. Como agente normativo e regulador da atividade econômica, o Estado exercerá, na forma da lei, as funções de fiscalização, incentivo e planejamento, sendo este determinante para o setor público e indicativo para o setor privado. § 1º A lei estabelecerá as diretrizes e bases do planejamento do desenvolvimento nacional equilibrado, o qual incorporará e compatibilizará os planos nacionais e regionais de desenvolvimento. § 2º A lei apoiará e estimulará o cooperativismo e outras formas de associativismo. § 3º O Estado favorecerá a organização da atividade garimpeira em cooperativas, levando em conta a proteção do meio ambiente e a promoção econômico-social dos garimpeiros. § 4º As cooperativas a que se refere o parágrafo anterior terão prioridade na autorização ou concessão para pesquisa e lavra dos recursos e jazidas de minerais garimpáveis, nas áreas onde estejam atuando, e naquelas fixadas de acordo com o art. 21, XXV, na forma da lei.

direito, dos empreendedores para que esses se sintam confortáveis em iniciar a exploração da atividade econômica pretendida.[37]

F. DIREITO MERCANTIL, COMERCIAL OU EMPRESARIAL?

1. NOMENCLATURA

A questão do nome da disciplina, se Direito Mercantil, Comercial ou Empresarial, é discutida pela doutrina, tanto que os autores dessa obra divergem sobe o tema.

Os autores Diogo e Rodrigo entendem que a substituição da Teoria dos Atos de Comércio pela Teoria da Empresa, na qual se compreende maior abrangência das atividades que são protegidas pelo Direito Comercial do que aquelas contidas nos atos do comércio, tornaria mais técnico o uso da expressão Direito Empresarial.[38]

---

37. De início, além de assegurar livre-iniciativa, colocada ao lado da valorização do trabalho humano, e a propriedade privada dos meios de produção, adotou, pela primeira vez em texto constitucional, o constituinte, o princípio da livre concorrência, sobre não permitir a participação do Poder Público, na exploração da atividade econômica se não em caso de relevante interesse coletivo ou dos imperativos da segurança nacional. Tornou, por outro lado, o planejamento econômico apenas indicativo para o segmento privado da economia. E quando o Estado atua na atividade econômica, dentro da permissão constitucional, esforça-se o sistema jurídico para que o faça em pé de igualdade com o particular, sem a possibilidade de ostentar a sua condição de poder público sob pena de causar no caso concreto uma hipótese de concorrência desleal com o particular. Nesse ponto é que se tem o regime jurídico híbrido das empresas públicas e sociedades de economia mista (regime jurídico parte de direito privado com autonomia da vontade e parte de direito público com sujeições públicas ou indisponibilidade do interesse público). É por isso que essas entidades, embora formadas sob uma estrutura de direito privado, integram a Administração Pública, além do que, por exemplo, quando contratam trabalhadores, o fazem por meio de concurso público (sujeição ou indisponibilidade do interesse público), não obstante o vínculo com esses trabalhadores seja regido pela CLT (igual à iniciativa privada).
Partiram os constituintes do princípio de que a sociedade é aquela que sabe conduzir a economia e gerar empregos e desenvolvimento (MARTINS, Ives Gandra da Silva. A economia e a Constituição Federal. *Revista de Direito Bancário e do Mercado de Capitais*, v. 60, p. 249, abr. 2013).
38. A denominação deste ramo do direito ("comercial") explica-se por razões históricas, examinadas na sequência; por tradição, pode-se dizer. Outras designações têm sido empregadas na identificação desta área do saber jurídico (por exemplo: direito empresarial, mercantil, dos negócios etc.), mas nenhuma ainda substituiu por completo a tradicional. Assim, embora seu objeto não se limite à disciplina jurídica do comércio, Direito Comercial tem sido o nome que identifica – nos currículos de graduação e pós-graduação em Direito, nos livros e cursos, no Brasil e em muitos outros países – o ramo jurídico voltado às questões próprias dos empresários ou das empresas; à maneira como se estrutura a produção e negociação dos bens e serviços de que todos precisamos para viver. (COELHO, Fabio Ulhoa. *Manual de Direito Comercial*. São Paulo: Saraiva, 2003. p. 23).

Wagner compreende que os termos são sinônimos, pois em todas as suas fases sempre disciplinou a atividade dos agentes econômicos encarregados da geração de riquezas e, portanto, a distinção é inócua.[39]

Diante da divergência entre os autores, nesta obra, as nomenclaturas "Direito Comercial" e "Direito Empresarial" serão utilizadas como sinônimas.

G. OS PRINCÍPIOS DO DIREITO EMPRESARIAL

1. PRINCÍPIOS

Princípio pode ser visto como a base da ciência que, neste caso, é a ciência jurídica.[40] Princípio é o mandamento nuclear de um sistema, verdadeiro alicerce dele, disposição fundamental que se irradia sobre diferentes normas, compondo--lhes o espírito e servindo de critério para sua exata compreensão e inteligência exatamente por definir a lógica e a racionalidade do sistema normativo, no que lhe confere a tônica e lhe dá sentido harmônico.[41] Esse conceito de princípio, extraído de notável doutrina a respeito do assunto, embora não contemple o caráter normativo de princípio, traduz a essência do que se procura entender por princípio, pois expõe a sua característica de informar, inspirar, outras normas jurídicas – as regras.[42]

Os princípios são, assim como as regras, normas jurídicas.[43] A distinção entre ambos está numa questão qualitativa, no qual os princípios se apresentam com a extensa proporção de seu âmbito de incidência e aplicação, servindo também de

---

39. No Brasil, alguns acreditam que as expressões *direito mercantil, direito comercial e direito empresarial* assumiram significados diversos. O *direito mercantil* designaria a matéria em sua primeira fase, ligada à disciplina da atividades dos mercadores medievais; *direito comercial* estaria relacionado ao segundo período, em que os atos de comércio definem os limites da disciplina, e, por fim, *direito empresarial* seria o nome atualmente correto, porque empresa é o centro do debate. Contudo, essa distinção é estéril, pois as três expressões são sinônimas. Em todas as fases de sua evolução esse ramo especial do direito *sempre* disciplinou a atividade dos agentes econômicos encarregados da geração de riqueza, fossem eles chamados mercadores, comerciantes ou empresários. O traço diferenciador dessa área do direito, que identifica seus protagonistas, *sempre* foi marcado escopo de lucro. (FORGIONI, Paula A. *Contrato empresariais*: teoria geral e aplicação. São Paulo: Ed. RT, 2015, p. 24).
40. CRETELLA JÚNIOR, José. Os cânones do direito administrativo. *Revista de Informação Legislativa*, Brasília, ano 25, n. 97, p. 5, 1988.
41. BANDEIRA DE MELLO, Celso Antônio. *Curso de direito administrativo*. 22. ed. São Paulo: Malheiros, 2007, p. 922-923.
42. FERREIRA, Rodrigo Eduardo. *A segurança jurídica no processo administrativo tributário*: decisões conflitantes à luz dos princípios da Administração Pública e do Código de Processo Civil. Dissertação de Mestrado. Pontifícia Universidade Católica de São Paulo. São Paulo. 2016.
43. COELHO, Fabio Ulhoa. *Princípios do direito comercial*: com anotações ao projeto de código comercial. São Paulo: Saraiva, 2012, p. 13.

elementos informadores da interpretação das demais normas jurídicas (regras) e a solução de lacunas.[44]

2. PRINCÍPIOS DO DIREITO EMPRESARIAL

Como ramo autônomo, o Direito Empresarial é norteado por princípios próprios, que funcionam como seu alicerce, e que auxiliam sua compreensão pela dinâmica econômica que desenvolve a empresa.

Por isso é de suma importância trabalharmos brevemente os princípios do Direito Empresarial que norteiam a teoria geral deste ramo do Direito, isso antes do aprofundamento dos institutos consagrados do Direito Empresarial como a empresa, o ponto comercial, as marcas e patentes (propriedade industrial), a sociedade limitada, a sociedade anônima, os títulos de crédito, os contratos empresariais, a falência, a recuperação de empresas etc.

Todos esses institutos seriam ocos sem o espírito por trás do corpo. Por isso se faz oportuno trabalhar, ainda que brevemente, os princípios do Direito Empresarial. O rol que a partir de agora se apresenta não é exaustivo e nem de longe pode ser considerada sua definição rígida, mas tão somente um modesto caminho a trilhar rumo ao conhecimento dos institutos de Direito Empresarial.

a) Livre-iniciativa

A livre-iniciativa está prevista expressamente na Constituição Federal como um de seus princípios fundamentais (art. 1º, IV, CF[45]), bem como fundamento da ordem econômica (art. 170, CF[46]). A Constituição adotou o perfil neoliberal

---

44. O ponto decisivo na distinção entre regras e princípios é que princípios são normas que ordenam que algo seja realizado na maior medida possível dentro das possibilidades jurídicas e fáticas existentes. Princípios são, por conseguinte, mandamentos de otimização, que são caracterizados por poderem ser satisfeitos em graus variados e pelo fato de que a medida devida de sua satisfação não depende somente das possibilidades fáticas, mas também das possibilidades jurídicas. O âmbito das possibilidades jurídicas é determinado pelos princípios e regras colidentes.
    Já as regras são normas que são sempre ou satisfeitas ou não satisfeitas. Se uma regra vale, então, deve se fazer exatamente aquilo que ela exige; nem mais, nem menos. Regras contêm, portanto, determinações no âmbito daquilo que é fática e juridicamente possível. Isso significa que a distinção entre regras e princípios é urna distinção qualitativa, e não urna distinção de grau. Toda norma é ou urna regra ou um princípio (ALEXY, Robert. *Teoria dos direitos fundamentais*. São Paulo: Malheiros, 2008, p. 89-90).
45. Art. 1º A República Federativa do Brasil, formada pela união indissolúvel dos Estados e Municípios e do Distrito Federal, constitui-se em Estado Democrático de Direito e tem como fundamentos: IV – os valores sociais do trabalho e da livre-iniciativa;
46. Art. 170. A ordem econômica, fundada na valorização do trabalho humano e na livre-iniciativa, tem por fim assegurar a todos existência digna, conforme os ditames da justiça social, observados os seguintes princípios: I – soberania nacional; II – propriedade privada; III – função social da propriedade; IV – livre

para implantação do sistema capitalista, esclarecendo desde o início a valorização social do trabalho e da livre-iniciativa, que expressa o desdobramento de liberdade. A livre-iniciativa é expressão de liberdade titulada não apenas pelo capital, mas também pelo trabalho e daí decorre a importância do princípio da livre concorrência, da liberdade de concorrer.[47]

Tem-se, assim, que a regra geral da Constituição Federal é o modo privado de produção, permitindo-se o livre acesso à propriedade particular e sendo a exploração estatal da atividade econômica uma exceção à regra constitucional que somente se materializará quando presentes as exigências estampadas na própria norma constitucional (art. 173, CF[48]).

O Estado brasileiro delegou, portanto, à iniciativa privada, o ônus e o bônus de desenvolver plenamente a atividade econômica, reservando a si o papel de agente normativo e regulador da atividade econômica (art. 174, CF[49]) – para

---

concorrência; V – defesa do consumidor; VI – defesa do meio ambiente, inclusive mediante tratamento diferenciado conforme o impacto ambiental dos produtos e serviços e de seus processos de elaboração e prestação; VII – redução das desigualdades regionais e sociais; VIII – busca do pleno emprego; IX – tratamento favorecido para as empresas de pequeno porte constituídas sob as leis brasileiras e que tenham sua sede e administração no País. Parágrafo único. É assegurado a todos o livre exercício de qualquer atividade econômica, independentemente de autorização de órgãos públicos, salvo nos casos previstos em lei.

47. Vê-se para logo, destarte, que se não pode reduzir a livre-iniciativa, qual consagrada no art. 1, IV do texto constitucional, meramente à feição que assume como liberdade econômica ou liberdade de iniciativa econômica. Dir-se-á, contudo, que o princípio enquanto fundamento da ordem econômica, a tanto se reduz. Aqui também, no entanto, isso não ocorre. Ou, dizendo-o de modo preciso: livre-iniciativa não se resume, aí, a "princípio básico do liberalismo econômico" ou a "liberdade de desenvolvimento da empresa" apenas – à liberdade única do comércio, pois, em outros termos: não se pode visualizar no princípio tão somente uma afirmação do capitalismo. (GRAU, Eros Roberto. *A ordem econômica na Constituição de 1988: interpretação e crítica*. São Paulo: Ed. RT, 1990. p. 222-223).

48. Art. 173. Ressalvados os casos previstos nesta Constituição, a exploração direta de atividade econômica pelo Estado só será permitida quando necessária aos imperativos da segurança nacional ou a relevante interesse coletivo, conforme definidos em lei. § 1º A lei estabelecerá o estatuto jurídico da empresa pública, da sociedade de economia mista e de suas subsidiárias que explorem atividade econômica de produção ou comercialização de bens ou de prestação de serviços, dispondo sobre: I – sua função social e formas de fiscalização pelo Estado e pela sociedade; II – a sujeição ao regime jurídico próprio das empresas privadas, inclusive quanto aos direitos e obrigações civis, comerciais, trabalhistas e tributários; III – licitação e contratação de obras, serviços, compras e alienações, observados os princípios da administração pública; IV – a constituição e o funcionamento dos conselhos de administração e fiscal, com a participação de acionistas minoritários; V – os mandatos, a avaliação de desempenho e a responsabilidade dos administradores. § 2º As empresas públicas e as sociedades de economia mista não poderão gozar de privilégios fiscais não extensivos às do setor privado. § 3º A lei regulamentará as relações da empresa pública com o Estado e a sociedade. § 4º lei reprimirá o abuso do poder econômico que vise à dominação dos mercados, à eliminação da concorrência e ao aumento arbitrário dos lucros. § 5º A lei, sem prejuízo da responsabilidade individual dos dirigentes da pessoa jurídica, estabelecerá a responsabilidade desta, sujeitando-a às punições compatíveis com sua natureza, nos atos praticados contra a ordem econômica e financeira e contra a economia popular.

49. Art. 174. Como agente normativo e regulador da atividade econômica, o Estado exercerá, na forma da lei, as funções de fiscalização, incentivo e planejamento, sendo este determinante para o setor público e indicativo para o setor privado.

que esta seja exercida pelo empreendedor privado nos moldes capitalistas e em atendimento aos princípios trazidos pelo (art. 170, CF).

Ao reservar ao Estado papel meramente regulador ou de agente supletivo, cuja atuação só é permitida em hipóteses excepcionais, a Constituição expressamente optou pelo sistema de produção de bens e serviços necessários à vida das pessoas individualmente consideradas, denominado capitalista.[50]

Como, portanto, a regra é a atividade econômica sob a responsabilidade da iniciativa privada, o Estado precisa fornecer meios para que os particulares possam exercer suas atividades de forma plena, seja pela não intervenção do Estado na atividade de forma indevida (ilegal), seja por regras capazes de inibir práticas incompatíveis com a livre-iniciativa, como, por exemplo, coibição da concentração de mercado ou uso abusivo do poder econômico. Cabe ao Direito Comercial tratar quais práticas são incompatíveis com a livre-iniciativa e como se dará as penalidades cometidas pelo infrator da norma.[51]

Sendo o empresário o principal agente responsável pela atividade econômica, há para este particular a transferência do risco empresarial,[52] pois com grandes poderes vêm grandes responsabilidades e, portanto, é necessária a proteção dada pelo Direito Empresarial, pois é por meio da empresa que produtos e serviços são postos no mercado, garantindo não apenas os bens de consumo, mas também o pleno emprego, o pagamento de tributos etc. A opção da ordem constitucional foi pelo prestígio à livre-iniciativa, de forma que passa a ser função do Estado garantir um ambiente propício para o desempenho da atividade econômica, revelando-se inconstitucional soluções jurídicas que violem essa máxima.

---

50. Ao atribuir à iniciativa privada papel de tal monta, a Constituição torna possível, sob o ponto de vista jurídico, a previsão de um regime específico pertinente às obrigações do empreendedor privado. Não poderia, em outros termos, a ordem jurídica conferir uma obrigação a alguém, sem, concomitantemente, prover os meios necessários para o integral e satisfatório cumprimento desta obrigação. Se, ao capitalista, a ordem reserva a primazia na produção, deve cuidar para que ele possa desincumbir-se, plenamente, dessa tarefa. Caso contrário, ou seja, se não houvesse um regime jurídico específico para a exploração econômica, a iniciativa privada permaneceria inerte e toda a sociedade sofreria com a estagnação da produção dos bens e serviços indispensáveis à satisfação de suas necessidades (COELHO, Fabio Ulhoa. *Manual de Direito Comercial*. São Paulo: Saraiva, 2003. p. 26).
51. Quatro desdobramentos podem ser extraídos do princípio da liberdade de iniciativa: (a) imprescindibilidade, no capitalismo, da empresa privada para o atendimento das necessidades de cada um e de todos; (b) reconhecimento do lucro como principal fator de motivação da iniciativa privada; (c) importância, para toda a sociedade, da proteção jurídica do investimento; (d) importância da empresa na geração de postos de trabalho e tributos, bem como no fomento da riqueza local, regional, nacional e global. (COELHO, Fábio Ulhoa, *Curso de direito Comercial; Direito de Empresa*. 13. ed. São Paulo: Saraiva, 2012, v. 1, p. 53).
52. Por todos: COELHO, Fábio Ulhoa. A alocação de riscos e a segurança jurídica na proteção do investimento privado. *Revista de Direito Brasileira*, São Paulo, v. 16, n. 7, p. 291-304. jan./abr. 2017.

Nessa linha, foi editada a Medida Provisória 881 (MP 881), convertida na Lei 13.784/2019, que instituiu a Declaração de Direitos de Liberdade Econômica e estabeleceu garantias de livre mercado, conforme determina o artigo 170 da Constituição Federal.[53]

A forma de Medida Provisória utilizada pelo Poder Executivo recebeu críticas por não se enquadrar nos critérios de relevância e urgência previstos no artigo 62 da Constituição Federal, o que não impediu o Congresso Nacional em convertê-la em Lei Ordinária.

A Declaração de Direitos de Liberdade Econômica trouxe como princípios norteadores: (i) a liberdade como uma garantia no exercício de atividades econômicas; (ii) a boa-fé do particular perante o poder público; (iii) a intervenção subsidiária e excepcional do Estado sobre o exercício de atividades econômicas; e (iv) o reconhecimento da vulnerabilidade do particular perante o Estado.[54]

Para assegurar a liberdade econômica, o legislador ordinário trouxe um rol (Art. 3º, Lei 13.784/2019[55]), não taxativo, de direitos, o que permitiria, em

---

53. (....) fica evidente a intenção liberal do atual governo ao editar esta Medida Provisória, favorecendo a atividade empresarial, sem que haja um controle ou fiscalização excessivas do Estado, almejando que hajam maiores investimentos no país, o que efetivamente acaba por gerar riquezas, empregos e o fomento mercantil. (ROVAI, Armando Luiz. *Aplicação dos princípios da liberdade econômicas no Brasil*, Belo Horizonte: Editora D'Plácido, 2019, p. 28).
54. Art. 2º São princípios que norteiam o disposto nesta Lei: I – a liberdade como uma garantia no exercício de atividades econômicas; II – a boa-fé do particular perante o poder público; III – a intervenção subsidiária e excepcional do Estado sobre o exercício de atividades econômicas; e IV – o reconhecimento da vulnerabilidade do particular perante o Estado. Parágrafo único. Regulamento disporá sobre os critérios de aferição para afastamento do inciso IV do caput deste artigo, limitados a questões de má-fé, hipersuficiência ou reincidência.
55. Art. 3º São direitos de toda pessoa, natural ou jurídica, essenciais para o desenvolvimento e o crescimento econômicos do País, observado o disposto no parágrafo único do art. 170 da Constituição Federal: I – desenvolver atividade econômica de baixo risco, para a qual se valha exclusivamente de propriedade privada própria ou de terceiros consensuais, sem a necessidade de quaisquer atos públicos de liberação da atividade econômica; II – desenvolver atividade econômica em qualquer horário ou dia da semana, inclusive feriados, sem que para isso esteja sujeita a cobranças ou encargos adicionais, observadas: a) as normas de proteção ao meio ambiente, incluídas as de repressão à poluição sonora e à perturbação do sossego público; b) as restrições advindas de contrato, de regulamento condominial ou de outro negócio jurídico, bem como as decorrentes das normas de direito real, incluídas as de direito de vizinhança; e c) a legislação trabalhista; III – definir livremente, em mercados não regulados, o preço de produtos e de serviços como consequência de alterações da oferta e da demanda; IV – receber tratamento isonômico de órgãos e de entidades da administração pública quanto ao exercício de atos de liberação da atividade econômica, hipótese em que o ato de liberação estará vinculado aos mesmos critérios de interpretação adotados em decisões administrativas análogas anteriores, observado o disposto em regulamento; V – gozar de presunção de boa-fé nos atos praticados no exercício da atividade econômica, para os quais as dúvidas de interpretação do direito civil, empresarial, econômico e urbanístico serão resolvidas de forma a preservar a autonomia privada, exceto se houver expressa disposição legal em contrário; VI – desenvolver, executar, operar ou comercializar novas modalidades de produtos e de serviços quando as normas infralegais se tornarem desatualizadas por força de desenvolvimento tecnológico consolidado internacionalmente, nos termos estabelecidos em regulamento, que disciplinará os requisitos para aferição

da situação concreta, os procedimentos, o momento e as condições dos efeitos; VII – (Vetado); VIII – ter a garantia de que os negócios jurídicos empresariais paritários serão objeto de livre estipulação das partes pactuantes, de forma a aplicar todas as regras de direito empresarial apenas de maneira subsidiária ao avençado, exceto normas de ordem pública; IX – ter a garantia de que, nas solicitações de atos públicos de liberação da atividade econômica que se sujeitam ao disposto nesta Lei, apresentados todos os elementos necessários à instrução do processo, o particular será cientificado expressa e imediatamente do prazo máximo estipulado para a análise de seu pedido e de que, transcorrido o prazo fixado, o silêncio da autoridade competente importará aprovação tácita para todos os efeitos, ressalvadas as hipóteses expressamente vedadas em lei; X – arquivar qualquer documento por meio de microfilme ou por meio digital, conforme técnica e requisitos estabelecidos em regulamento, hipótese em que se equiparará a documento físico para todos os efeitos legais e para a comprovação de qualquer ato de direito público; XI – não ser exigida medida ou prestação compensatória ou mitigatória abusiva, em sede de estudos de impacto ou outras liberações de atividade econômica no direito urbanístico, entendida como aquela que: a) (Vetado); b) requeira medida que já era planejada para execução antes da solicitação pelo particular, sem que a atividade econômica altere a demanda para execução da referida medida; c) utilize-se do particular para realizar execuções que compensem impactos que existiriam independentemente do empreendimento ou da atividade econômica solicitada; d) requeira a execução ou prestação de qualquer tipo para áreas ou situação além daquelas diretamente impactadas pela atividade econômica; ou e) mostre-se sem razoabilidade ou desproporcional, inclusive utilizada como meio de coação ou intimidação; e XII – não ser exigida pela administração pública direta ou indireta certidão sem previsão expressa em lei. § 1º Para fins do disposto no inciso I do caput deste artigo: I – ato do Poder Executivo federal disporá sobre a classificação de atividades de baixo risco a ser observada na ausência de legislação estadual, distrital ou municipal específica; II – na hipótese de ausência de ato do Poder Executivo federal de que trata o inciso I deste parágrafo, será aplicada resolução do Comitê para Gestão da Rede Nacional para a Simplificação do Registro e da Legalização de Empresas e Negócios (CGSIM), independentemente da aderência do ente federativo à Rede Nacional para a Simplificação do Registro e da Legalização de Empresas e Negócios (Redesim); e III – na hipótese de existência de legislação estadual, distrital ou municipal sobre a classificação de atividades de baixo risco, o ente federativo que editar ou tiver editado norma específica encaminhará notificação ao Ministério da Economia sobre a edição de sua norma. § 2º A fiscalização do exercício do direito de que trata o inciso I do caput deste artigo será realizada posteriormente, de ofício ou como consequência de denúncia encaminhada à autoridade competente. § 3º O disposto no inciso III do caput deste artigo não se aplica: I – às situações em que o preço de produtos e de serviços seja utilizado com a finalidade de reduzir o valor do tributo, de postergar a sua arrecadação ou de remeter lucros em forma de custos ao exterior; e II – à legislação de defesa da concorrência, aos direitos do consumidor e às demais disposições protegidas por lei federal. § 4º Para fins do disposto no inciso VII do *caput* deste artigo, entende-se como restrito o grupo cuja quantidade de integrantes não seja superior aos limites específicos estabelecidos para a prática da modalidade de implementação, teste ou oferta, conforme estabelecido em portaria do Secretário Especial de Produtividade, Emprego e Competitividade do Ministério da Economia. § 5º O disposto no inciso VIII do *caput* deste artigo não se aplica à empresa pública e à sociedade de economia mista definidas nos arts. 3º e 4º da Lei 13.303, de 30 de junho de 2016. § 6º O disposto no inciso IX do caput deste artigo não se aplica quando: I – versar sobre questões tributárias de qualquer espécie ou de concessão de registro de marcas; II – a decisão importar em compromisso financeiro da administração pública; e III – houver objeção expressa em tratado em vigor no País. § 7º A aprovação tácita prevista no inciso IX do *caput* deste artigo não se aplica quando a titularidade da solicitação for de agente público ou de seu cônjuge, companheiro ou parente em linha reta ou colateral, por consanguinidade ou afinidade, até o 3º (terceiro) grau, dirigida a autoridade administrativa ou política do próprio órgão ou entidade da administração pública em que desenvolva suas atividades funcionais. § 8º O prazo a que se refere o inciso IX do caput deste artigo será definido pelo órgão ou pela entidade da administração pública solicitada, observados os princípios da impessoalidade e da eficiência e os limites máximos estabelecidos em regulamento. § 9º (Vetado). § 10. O disposto no inciso XI do caput deste artigo não se aplica às situações de acordo resultantes de ilicitude. § 11. Para os fins do inciso XII do caput deste artigo, é ilegal delimitar prazo de validade de certidão emitida sobre fato imutável, inclusive sobre óbito.

tese, o particular explorar sua atividade com mínima intervenção estatal. Tal medida colocaria o foco da Administração Pública em situações de risco real à coletividade. Pela exposição de motivos da MP 881: "Não convém que o Estado dispenda seus escassos recursos controlando situações consideradas, unanimemente, de baixo risco, conforme classificação existente na legislação atual, definidas pelos próprios entes da federação em suas esferas de atuação. Assim, quando o particular está produzindo com o intento de seu próprio sustento, ou de sua família, e também está a conduzir tão somente uma atividade econômica de baixo risco, conforme critérios possibilitados nacionalmente na REDESIM, não cabe ao Estado exigir atos de liberação para ele. A liberdade de trabalho e produção deve ser em seu favor. Esse inciso é, sobretudo, uma garantia para os mais vulneráveis, especialmente para os micros e pequenos empreendedores. Não está no espírito da Constituição, nem na lógica da prática administrativa mundial, que o Estado trate como iguais a abertura de funcionamento de uma banca de fotocópia e uma boate sujeita a incêndios. O risco, conforme será aferido por cada ente federativo, precisa ser diferenciado para que a coletividade esteja ciente de que o Estado está, de fato, preocupado com o que pode causar danos significativos e irremediáveis".

Atenta aos impactos dos atos regulatórios do Estado, a lei, no artigo 4º, estabelece requisitos objetivos que visam a garantir que o exercício regulador pelo Estado, conforme determina o artigo 174 da Constituição Federal, não atuará em sentido contrário ao da liberdade econômica.[56]

No aperfeiçoamento de normas, estabelece-se a obrigatoriedade de, quando alcançados determinados critérios, a edição de uma regulação que limitar a liberdade do cidadão será precedida por Análise de Impacto Regulatório, que consiste em um processo sistemático baseado em evidências, que busca avaliar, a partir da definição de um problema, os possíveis impactos das

---

56. Art. 4º É dever da administração pública e das demais entidades que se vinculam a esta Lei, no exercício de regulamentação de norma pública pertencente à legislação sobre a qual esta Lei versa, exceto se em estrito cumprimento a previsão explícita em lei, evitar o abuso do poder regulatório de maneira a, indevidamente: I – criar reserva de mercado ao favorecer, na regulação, grupo econômico, ou profissional, em prejuízo dos demais concorrentes; II – redigir enunciados que impeçam a entrada de novos competidores nacionais ou estrangeiros no mercado; III – exigir especificação técnica que não seja necessária para atingir o fim desejado; IV – redigir enunciados que impeçam ou retardem a inovação e a adoção de novas tecnologias, processos ou modelos de negócios, ressalvadas as situações consideradas em regulamento como de alto risco; V – aumentar os custos de transação sem demonstração de benefícios; VI – criar demanda artificial ou compulsória de produto, serviço ou atividade profissional, inclusive de uso de cartórios, registros ou cadastros; VII – introduzir limites à livre formação de sociedades empresariais ou de atividades econômicas; VIII – restringir o uso e o exercício da publicidade e propaganda sobre um setor econômico, ressalvadas as hipóteses expressamente vedadas em lei federal; e IX – exigir, sob o pretexto de inscrição tributária, requerimentos de outra natureza de maneira a mitigar os efeitos do inciso I do caput do art. 3º desta Lei.

alternativas de ação disponíveis para o alcance dos objetivos pretendidos (Art. 5º, Lei 13.784/2019[57]).

b) Livre concorrência

A proteção da livre concorrência está intimamente ligada ao princípio da livre-iniciativa e também é considerado fundamento da ordem econômica (art. 170, IV, CF). O fato é ainda reforçado pelo artigo 1º da Lei 12.529/2011[58] que estrutura o Sistema Brasileiro de Defesa da Concorrência. A livre-iniciativa não implica uma liberdade plena e sem finalidade, ao contrário, essa liberdade deve buscar sempre a justiça social e o bem-estar social, nos termos do próprio comando imposto pela Constituição Federal.

Tal princípio assegura o direito constitucional aos indivíduos de explorarem atividades empresárias, mas não se restringe a esta garantia constitucional de liberdade de início de empresa, mas também de proteção a concorrência desleal e atos antitruste.[59] Assim, há duas vertentes do princípio da livre concorrência: (i) enquanto liberdade de comércio e indústria e; (ii) enquanto liberdade de concorrência.

Quanto a liberdade entre liberdades públicas e privadas o princípio da liberdade de concorrência se desdobra em três aspectos (i) faculdade de conquistar a clientela, desde que não através de concorrência desleal – liberdade privada; (ii) proibição de formas de atuação que deteriam a concorrência – liberdade privada

---

57. Art. 5º As propostas de edição e de alteração de atos normativos de interesse geral de agentes econômicos ou de usuários dos serviços prestados, editadas por órgão ou entidade da administração pública federal, incluídas as autarquias e as fundações públicas, serão precedidas da realização de análise de impacto regulatório, que conterá informações e dados sobre os possíveis efeitos do ato normativo para verificar a razoabilidade do seu impacto econômico. Parágrafo único. Regulamento disporá sobre a data de início da exigência de que trata o caput deste artigo e sobre o conteúdo, a metodologia da análise de impacto regulatório, os quesitos mínimos a serem objeto de exame, as hipóteses em que será obrigatória sua realização e as hipóteses em que poderá ser dispensada.
58. Art. 1º Esta Lei estrutura o Sistema Brasileiro de Defesa da Concorrência - SBDC e dispõe sobre a prevenção e a repressão às infrações contra a ordem econômica, orientada pelos ditames constitucionais de liberdade de iniciativa, livre concorrência, função social da propriedade, defesa dos consumidores e repressão ao abuso do poder econômico. Parágrafo único. A coletividade é a titular dos bens jurídicos protegidos por esta Lei.
59. Há duas formas de concorrência que o direito repudia, para fins de prestigiar a livre-iniciativa: a desleal e a perpetrada com abuso de poder. A primeira é reprimida em nível civil e penal, e envolve penas os interesses particulares dos empresários concorrentes; a segunda, reprimida também em nível administrativo, compromete as estruturas do livre mercado e são chamadas de infração à ordem econômica. São modalidades diferentes de repressão a práticas concorrenciais. (COELHO, Fábio Ulhoa. *Curso de direito Comercial; Direito de Empresa*. 13. ed. São Paulo: Saraiva, 2012, v. 1, p. 207).

e; (iii) neutralidade do Estado diante do fenômeno concorrencial, em igualdade de condições dos concorrentes – liberdade pública.[60]

A concorrência é um fenômeno econômico positivo e necessário para o mercado uma vez que é por meio dela que há progresso, foçando os agendes econômicos a perseguir a evolução e melhorias de seus produtos e serviços para estar à frente de seus concorrentes que, de igual modo, estão na mesma busca,[61] gerando ao final um mercado mais aperfeiçoado, produtos melhores, preços vantajosos entre outros aspectos que favorecem o interesse público (bem comum).

c) Princípio da função social da empresa[62]

No Brasil, a conversão da função social em princípio jurídico deu início à discussão, que persiste até hoje, sobre a possibilidade de que, juntamente com os poderes e faculdades que caracterizam os direitos subjetivos, coexistam igualmente deveres positivos em favor da coletividade.[63] Deve-se mencionar também que o princípio da função social da empresa não é exatamente idêntico à função social da propriedade, assim como não pode ser confundido com o conceito de responsabilidade social da empresa.[64]

O debate sobre o conteúdo jurídico da função social é bastante acirrado e, não desejando nos prolongar neste ponto, explanaremos rapidamente as duas principais correntes doutrinárias sobre o tema.

---

60. GRAU, Eros Roberto. *A ordem econômica na Constituição de 1988*: interpretação e crítica. São Paulo: Ed. RT, 1990. p. 224.
61. A regra básica da competição empresarial, que decorre do princípio constitucional da livre concorrência, implica a premiação das decisões empresarialmente "acertadas" (com o lucro) e a penalização das "equivocadas" (com o prejuízo, ou, se o caso, a falência).

    Esta regra básica não pode ser neutralizada por nenhuma norma jurídica, para que todos possam se beneficiar dos resultados esperados da livre concorrência: melhoria da qualidade e redução dos preços de produtos e serviços. (COELHO, Fábio Ulhoa. *Curso de direito Comercial; Direito de Empresa*. 13. ed. São Paulo: Saraiva, 2012, v. 1, p. 55).
62. JOVETTA, Diogo Cressoni. *A natureza jurídica do poder de controle de sociedade anônima*. Tese de Doutorado em Direito Comercial. Faculdade de Direito da Pontifícia Universidade Católica de São Paulo. São Paulo. 2016.
63. FRAZÃO, Ana. *Função social da empresa*: repercussões sobre a responsabilidade civil de controladores e administradores de SAs. Rio de Janeiro: Renovar, 2011, p. 100.
64. Do exposto neste trabalho, conclui-se, em primeiro lugar, que o conceito de função social possui contornos e aplicações distintas daqueles concernentes à função social da propriedade, mantendo com esta, porém, vários pontos de contato, principalmente no que se refere aos bens de produção. Outrossim, ainda se demonstra relevante a diferenciação entre as noções de função social e de responsabilidade social da empresa, especialmente devido à falta de coercibilidade dessa última, de modo a que se reforce a imperatividade do respeito à primeira (GAMA, Guilherme Calmon Nogueira da e BARTHOLO, Bruno Paiva. Função Social Da Empresa. *Revista dos Tribunais*, v. 857, p. 11-28, mar. 2007, Doutrinas Essenciais de Direito Empresarial, v. 2, p. 101-124, dez. 2010, DTR\2007\202, p. 8).

A primeira corrente, que Ana Frazão[65] denomina *dimensão funcional ativa*, enfatizaria o compromisso positivo do proprietário com o entendimento dos interesses sociais. Veja-se que nos Estados Unidos se buscou uma ampliação do conceito de função social para permitir que atos de benemerência fossem realizados pelas sociedades, atos estes que *a priori* contrariam sua função de gerar valor aos acionistas; já no Brasil essa parte da doutrina jurídica se desenvolveu no sentido de criar um dever do empresário de orientar a atividade empresarial conforme um interesse público superior e predominante em relação ao seu próprio interesse. Frazão, inclusive, entende que todos os direitos subjetivos devem possuir essa dimensão ativa.

Já para a segunda corrente, que Frazão denomina de *dimensão funcional passiva*, a função social seria uma limitação negativa ao exercício de propriedade, a fim de coibir abusos. Para essa corrente, o fim público e a função social da empresa são atingidos em nível macroeconômico, por meio da busca dos interesses privados em nível microeconômico.

Como afirma Ricardo Negrão: *"A função social da empresa é, portanto, inerente ao objeto social da empresa, e não a interesses voltados ao bem comum"*.[66] Tal corrente advoga que os empresários devem conduzir a atividade empresarial no sentido do desenvolvimento da empresa para obtenção de valor ou lucro, respeitando, na prática das atividades sociais e as balizas legais e contratuais às quais está sujeita a sociedade.[67]

---

65. FRAZÃO, Ana. *Função social da empresa*: repercussões sobre a responsabilidade civil de controladores e administradores de SAs. Rio de Janeiro: Renovar, 2011, p. 103-104.
66. NEGRÃO, Ricardo. *Preservação da empresa*: princípio? Tese de Doutorado em Direito Comercial. Pontifícia Universidade Católica de São Paulo, 2016, p. 86.
67. A empresa, como atividade, também está pautada pela função social, havendo norma que o preceitua, embora isto não se evidencie em uma análise apenas superficial, já que falta dispositivo explícito. Inúmeros argumentos, porém, favorecem tal compreensão, inclusive em direção mais ampla do que simples função social da empresa. A primeira evidência decorre da presença da propriedade na esfera empresarial, pois a atividade de empresa, exercida por quem a organiza e controla, seja o empresário individual, seja a sociedade empresária, há de lidar com a propriedade em consonância com sua função social. Não bastasse isso, há também o claro comando de que a livre-iniciativa, assim compreendido o desenvolvimento de atividade econômica por particulares, há de ter valor social. É imperioso, pois, retomar a ideia da socialidade da empresa, para melhor ajustá-la ao ordenamento jurídico brasileiro, bem como aos preceitos orientadores da Economia, máxime tendo-se em vista o princípio constitucional assegurador da livre-iniciativa. Claro é que atividades econômicas não se circunscrevem à esfera da empresa, sendo possível perseguir-se a obtenção de lucro sem a complexidade daquela. Prescinde igualmente de qualquer estatística a evidência de que, entre nós, inúmeros são os profissionais intelectuais, que atuam sem o amparo da estrutura empresarial. Decerto a Constituição Federal, afeiçoada a anseios sociais até então represados ao longo do regime pouco democrático que sobreviveu até a sua promulgação, não ignorou essa mencionada realidade. Qualquer atividade econômica, por mais singela que seja a estrutura em que se desenvolve, opera em ambiente coletivo, nele produzindo repercussões maiores ou menores, o que, por óbvio, impõe que se respeite a sua função social. Descortina-se,

A crítica que esta última faz à corrente anteriormente descrita está exatamente na irrealidade da comunhão universal de interesses que a dimensão ativa propõe existir. Dentro da estrutura jurídica das empresas, esses interesses poderiam ser organizados, mas jamais compatibilizados completamente.

Embora existam opiniões divergentes, a estrutura empresarial – ou a empresa – não é o lugar onde a sociedade se harmoniza, sendo difícil a tarefa de quem defenda o perfil corporativo, da teoria de Alberto Asquini,[68] que prevê a harmonização de camadas sociais dentro da instituição empresarial.

Aliás, em nossa sociedade, cada um dos interesses envolvidos possui seu próprio "arco" protetivo. Dessa forma, por exemplo, a Lei das Sociedades por Ações busca garantir os direitos dos minoritários. Já os trabalhadores são protegidos pelos respectivos direitos trabalhistas, os consumidores pelos direitos do consumidor, assim como os do meio ambiente etc.

O empresário se encarrega de conduzir o processo econômico e produtivo, não cabendo a ele a tarefa de conduzir a necessária redistribuição de renda ou outros benefícios de ordem social.

Em que pese essa linha de pensamento, é evidente que o "*ESG*" (Environmental, Social and Governance, em português: Ambiental, Social e Governança) vem ganhando grande visibilidade, graças a uma preocupação crescente do mercado financeiro sobre a sustentabilidade.

As questões ambientais, sociais e de governança passaram a ser consideradas essenciais nas análises de riscos e nas decisões de investimentos, colocando forte pressão sobre o setor empresarial.[69]

Logo, na análise do princípio da função social é essencial relacionar e organizar cada visão, permitindo certo equilíbrio dentro e fora da empresa.

---

como comando jurídico incontornável, o do atendimento à função social da atividade econômica, e não apenas da empresa, porque é aquela muito mais ampla e ensejadora de enorme variedade de meio endereçados à conquista do lucro (HEINEMANN FILHO, André Nicolau. *Impactos das cláusulas gerais sobre o Regime Jurídico Societário Brasileiro*: boa fé e função social no Contrato de Sociedade, Dissertação (Mestrado). PUC-SP, São Paulo, 2010, p. 126-127).

68. O perfil corporativo é assim descrito por Asquini: O empresário e os seus colaboradores dirigentes, funcionários, operários, não são de fato, simplesmente, uma pluralidade de pessoas ligadas entre si por uma soma de relações individuais de trabalho, com fim individual; mas formam um núcleo social organizado, em função de um fim econômico comum, no qual se fundem os fins individuais do empresário e dos singulares colaboradores: a obtenção do melhor resultado econômico, na produção. (ASQUINI, Alberto. Perfis da empresa. Trad. Fábio Konder Comparato. *Revista de Direito Mercantil*. São Paulo, n. 104, p. 22, out./dez. 1996).

69. Disponível em: https://www.pactoglobal.org.br/pg/esg. Acesso em 03 dez. 2023.

d) Princípio da liberdade de associação

O acordo de vontade entre os contratantes para associar-se em sociedade, cuja dimensão se alastra em direito constitucionalmente garantido (art. 5º, XX, CF[70]),[71] traduz esse importante princípio do sistema.

Assumido o contrato de sociedade, inicialmente nos parece que a vontade de se associar é elemento vital às partes, pois a vontade direcionada a associar-se também se refletiria no direito de permanecer associado e no de rompimento desses vínculos entre as partes. Assim, não bastaria analisar o caráter volitivo apenas no momento da contratação, mas durante toda vida social e seu fim.

A liberdade de associação, para ser plena, deve não somente assegurar que pessoas interessadas em se unir em torno de objetivos comuns lícitos possam fazê-lo, sem encontrar óbices na ordem jurídica (inciso XVII), mas também vedar que alguém seja compelido a associar-se contra a vontade, ou que não consiga se dissociar, quando quer (inciso XX). Essa última faceta da liberdade de associação, no entanto, assume contornos específicos, quando diz respeito às sociedades empresárias.[72]

e) Princípio da preservação da empresa

Funcionando como um corolário da função social da empresa, entende-se que assumindo a empresa como o elemento central para realização da função social na exploração da atividade econômica, essa deve ser preservada para o bem geral da sociedade, independentemente do agente econômico que a desenvolve. Isso não significa dizer afastar ou ignorar a importância do empresário, mas tão somente declarar que a empresa está acima dos interesses individuais de quem a explora. Com a diferenciação entre o agente explorador (empresário), os bens usados para exploração (estabelecimento) e a atividade empresarial em si (empresa), concluímos que é, na empresa, que está localizada a mais valia, onde se desdobram os interesses públicos, econômicos e sociais.

---

70. Art. 5º, XVII – é plena a liberdade de associação para fins lícitos, vedada a de caráter paramilitar.
71. Cabe fazer menção, ainda, à *affectio societatis* como pressuposto de existência da sociedade empresária pluripessoal. Esse pressuposto diz respeito à disposição, que toda pessoa manifesta ao ingressar em uma sociedade empresária, de lucrar ou suportar prejuízos em decorrência do negócio comum. Esta disposição, este ânimo, é condição de fato da existência da sociedade pluripessoal, posto que, sem ela, não haverá a própria conjunção de esforços indispensável à criação e desenvolvimento do ente coletivo (COELHO, Fábio Ulhoa. *Manual de Direito Comercial. Direito de Empresa*, 25. ed. São Paulo: Saraiva, 2013, p. 162).
72. COELHO, Fábio Ulhoa. *Princípios do direito comercial*: com anotações ao projeto de código comercial. São Paulo: Saraiva, 2012, p. 38.

A preservação da empresa privada ou da sociedade empresária é preocupação recente no ordenamento brasileiro, pois antes da vigente Lei de Falência e Recuperação de Empresa, a função do Direito Falimentar era a de selecionar as empresas viáveis e banir da vida empresarial as empresas que revelaram incapacidade tecnológica de nela permanecer. Baseava-se a lei anterior no antigo princípio quem não tem competência não se estabelece. Permaneceriam então as multinacionais, portadoras de aperfeiçoado aviamento, ou seja, organização mais adequada para enfrentar os desafios da nova ordem econômica. No Brasil, era marcante a natureza jurídica processual e com sentido punitivo à empresa falida e aos seus dirigentes (mais à empresa do que aos dirigentes). A falência é um processo, um procedimento judicial, tanto que ela começava com a sentença decretatória de falência.[73]

Obviamente que o aspecto punitivo não atendia aos credores nem à sociedade. Um sistema jurídico meramente punitivo e altamente complexo aliado à morosidade judicial virtualmente privava os credores do produto da expropriação dos bens da massa em caso de falência, e a sociedade perdia um contribuinte de impostos, um gerador de riquezas e postos de emprego. Aliás, coletivamente consideradas, as empresas são as encarregadas da produção de bens e serviços para consumo não são apenas entes recolhedores de impostos e criadores de postos de trabalho, mas também constituem a própria economia nacional.

A empresa como elemento produtor de riquezas, sua mantença desdobra-se a favor dos consumidores, dos trabalhadores, do fisco, do meio ambiente, da economia etc. Ocorre que, diferentemente dos princípios explorados até o momento, o da preservação da empresa não está explícito no ordenamento jurídico, mas sua presença salta aos olhos nos institutos como da dissolução parcial da sociedade, da mantença provisória da atividade na falência, da recuperação de empresas, da desconsideração da personalidade jurídica etc., ou seja, deve o Direito preservar a empresa ainda que o próprio agente explorador da sua atividade tenha obstáculos para assim fazer, sendo ela mais importante que a própria figura do empresário em vista dos contornos sociais que ganha ao estabelecer relações jurídicas. O que nos parece de maior interesse é ressaltar a valoração dos interesses convergentes na empresa, e nesse sentido se entende que para a melhor compreensão do sistema legal é necessário partir do óbvio conceito de que a empresa é um organismo produtivo de fundamental importância social e portanto deve ser salvaguardado e defendido enquanto: (i) constitui o instrumento de produção de riqueza (efetivo); (ii) constitui o instrumento fundamental de ocupação e distribuição de riqueza; (iii) constitui um centro de propulsão de progresso e

---
73. ROQUE, Sebastião José. *Direito de recuperação de empresas*. São Paulo: Ícone, 1994, p. 36.

também cultural da sociedade. Em consequência implica em vários interesses: (a) dos trabalhadores dependentes; (b) dos clientes consumidores (adquirentes dos produtos, usuários dos serviços etc.); (c) dos fornecedores e, em geral, do mercado de crédito; (d) de outros empresários concorrentes.[74]

---

74. BULGARELLI, W. *A teoria jurídica da empresa*: análise jurídica da empresarialidade. São Paulo: Ed. RT, 1985.

Capítulo II
TEORIA DA EMPRESA NO BRASIL

A. AGENTE ECONÔMICO EMPRESÁRIO

1. TEORIA DA EMPRESA

O Código Civil introduziu no Direito brasileiro a Teoria da Empresa em seu Livro II – Do Direito de Empresa, reflexo do Código Civil Italiano que trata da empresa em seu Livro Quinto – Do Trabalho (*Libro Quinto – Del Lavoro*). Assim como consta no artigo 2.082 do Código Civil Italiano,[1] o artigo 966 do Código Civil[2] brasileiro conceituou o empresário como o sujeito de direito que exerce a empresa. E, em seguida, no artigo 2.555 do Código Civil Italiano,[3] o legislador conceituou a *azienda*, tratada no direito nacional no artigo 1.142,[4] como estabelecimento[5].

2. PERFIS DA EMPRESA NA ITÁLIA

Diante das disposições do editado *Codice Civile*, Alberto Asquini[6] tratou a empresa como fenômeno econômico poliédrico que se decompõe em quatro

---

1. *Art. 2.082. (Imprenditore). E' imprenditore chi esercita professionalmente una attività economica organizzata al fine della produzione o dello scambio di beni o di servizi.*
2. Art. 966. Considera-se empresário quem exerce profissionalmente atividade econômica organizada para a produção ou a circulação de bens ou de serviços.
3. *Art. 2.555. (Nozione). L'azienda è il complesso dei beni organizzati dall'imprenditore per l'esercizio dell'impresa.*
4. Art. 1.142. Considera-se estabelecimento todo complexo de bens organizado, para exercício da empresa, por empresário, ou por sociedade empresária.
5. Por influência francesa e italiana o "estabelecimento" possui como sinônimas as expressões: estabelecimento comercial, estabelecimento empresarial, fundo de comércio, fundo de negócio, azienda, fazenda etc.
6. ASQUINI, Alberto. *Perfis da empresa* (Profili dell'impresa). Trad. Fábio Konder Comparato. *Revista de Direito Mercantil, Econômico e Financeiro*, São Paulo, n. 104, p. 109-114 out./dez. 1996. A respeito da teoria de Asquini, vide também PRAGMÁCIO FILHO, Eduardo. Um breve diálogo entre a teoria da empresa e a sucessão trabalhista. In: ALMEIDA, Renato Rua de (Coord.). *Aplicação da teoria do diálogo das fontes no direito do trabalho*. São Paulo: LTr, 2015.

perfis jurídicos, os quais correspondem à noção de empresa como empresário (perfil subjetivo), de empresa como atividade empresarial (perfil funcional), de empresa como patrimônio *aziendal* ou estabelecimento (perfil patrimonial e objetivo) e, por fim, de empresa como instituição (perfil corporativo).

A Teoria da Empresa se desvencilhou de suas origens fascistas e se espalhou por outros países de tradição jurídica romana devido a seus méritos jurídicos, tecnológicos e principalmente por superar a Teoria dos Atos de Comércio, abrigando, sob suas hostes, importantes setores da economia, setores outros que não o puro comércio.[7]

3. PERFIS DA EMPRESA NO BRASIL

No Brasil, a teoria da empresa se instalou primeiramente na doutrina e na jurisprudência, sendo aos poucos exposta no ordenamento positivo por meio de leis específicas, como o Código de Defesa do Consumidor (1990), a Lei de Locação Predial Urbana (1991) e a Lei de Registro de Empresas (1994). Por fim, foi consagrada com a entrada em vigor do Código Civil de 2002.

Diferentemente do que se tem no direito italiano, no brasileiro, o perfil corporativo ou institucional da empresa, como acima citado, não é tratado pelo Direito Empresarial, mas, sim, pelo Direito do Trabalho.

---

7. Em 1942, na Itália, surge um novo sistema de regulação das atividades econômicas dos particulares. Nele, alarga-se o âmbito de incidência do Direito Comercial, passando as atividades de prestação de serviços e ligadas à terra a se submeterem às mesmas normas aplicáveis às comerciais, bancárias, securitárias e industriais. Chamou-se o novo sistema de disciplina das atividades privadas de Teoria da Empresa. O Direito Comercial, em sua terceira etapa evolutiva, deixa de cuidar de determinadas atividades (as de mercancia) e passa a disciplinar uma forma específica de produzir ou circular bens ou serviços, a empresarial. Atente para o local e o ano em que a teoria da empresa se expressou pela primeira vez no ordenamento positivo. O mundo estava em guerra e, na Itália, governava o ditador fascista Mussolini. A ideologia Fascista não é tão sofisticada como a comunista, mas um pequeno paralelo entre ela e o marxismo ajuda a entender o ambientação política do surgimento da Teoria da Empresa. Para essas duas concepções ideológicas, burguesia e proletariado estão em luta; elas divergem sobre como a luta terminará. Para o marxismo, o proletariado tomará o poder do estado, expropriará das mãos da burguesia os bens de produção e porá fim às classes sociais (e, em seguida, ao próprio Estado), reorganizando-se as relações de produção. Já para o Fascismo, a luta de classes termina em harmonização patrocinada pelo Estado nacional. Burguesia e proletariado superam seus antagonismos na medida em que se unem em torno dos superiores objetivos da nação, seguindo o líder *(duce)*, que é intérprete e guardião destes objetivos. A empresa, no ideário fascista, representa justamente a organização em que se harmonizam as classes em conflito. Vale notar que Asquini, um dos expoentes da doutrina comercialista italiana, ao tempo do governo fascista, costumava apontar como um dos perfis da empresa o corporativo, em que se expressava a comunhão dos propósitos de empresário e trabalhadores. (COELHO, Fábio Ulhoa. *Manual de Direito Comercial. Direito de Empresa*. 25. ed. São Paulo: Saraiva, 2013, p. 08).

Portanto, no sistema pátrio, os perfis da empresa se resumem a 3 (três): o subjetivo, o funcional e o objetivo,[8] fruto da conjunção dos artigos 966 e 1.142 do Código Civil, no qual o empresário é tratado como sujeito de direito (pessoa natural ou jurídica) que, por meio de seu estabelecimento, explora profissionalmente atividade econômica, organizada para produção ou circulação de bens ou de serviços.

Desse modo, o Direito de Empresa no Código Civil possui os seguintes perfis da empresa:

4. AGENTE ECONÔMICO

Antes de tratarmos do empresário, é questão de ordem tratar do agente econômico. A atividade econômica, como vimos, não é explorada exclusivamente por empresário, mas também por outros sujeitos de direito que não são considerados empresários. Preferimos compreender o Direito Empresarial sob a ótica do agente econômico, não somente e exclusivamente do empresário.

O empresário é uma espécie de agente econômico, mas é evidente que existem outros que exploram empresa. É inconcebível no atual estágio econômico que o Direito Empresarial foque apenas em um agente econômico e, por isso, de uma visão ampla da atividade econômica e daqueles que a exploram.

---

8. O professor Waldirio Bulgarelli, ao considerar o perfil corporativo, afastou-o da concepção empresarial italiana. Aqui, o mestre paulista se distância da teoria de Asquini para conceber não quatro, mas três aspectos jurídicos significativos de empresa: o empresário, o estabelecimento e a empresa: o primeiro corresponde ao perfil subjetivo; o segundo, ao objetivo ou patrimonial; e o terceiro, ao aspecto funcional, ou exercício da atividade empresarial. Relacionam-se o empresário, o estabelecimento e a empresa de forma íntima: o sujeito de direito exercita (empresário), por meio do objeto de direito (estabelecimento) e os fatos jurídicos decorrentes (empresa). A partir desses elementos, Waldirio Bulgarelli define empresa como "atividade econômica organizada de produção e circulação de bens e serviços para o mercado, exercida pelo empresário, em caráter profissional, através de um complexo de bens" (NEGRÃO, Ricardo, Manual de Direito Comercial e de Empresa. 5. ed. rev. e atual. São Paulo: Saraiva, 2007, v. 1, p. 45-46).

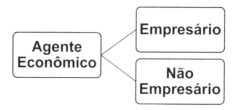

5. ATIVIDADE ECONÔMICA E O EMPRESÁRIO

O empresário *lato sensu*, ou seja, a pessoa física, jurídica ou ente despersonificado que exerce empresa, é o sujeito de direito que se submete ao regime jurídico do Direito Empresarial, enquanto os demais sujeitos de direito estariam afastados desse regime especial.

Ocorre que existem outros sujeitos de direito que exploram atividade econômica, porém não são considerados empresários, por conveniência legislativa, ou por não enquadramento no conceito legal.

Em que pese existirem agentes econômicos que não são considerados como empresários, tanto os agentes econômicos considerados como empresários quanto os não empresários, se sujeitam as regras do Direito Empresarial.

Tal destaque é preciso para, quando tratarmos do empresário, na forma da legislação, é necessário que o leitor saiba da existência e da aplicação da lei empresarial, em regra, para todos os agentes econômicos.

6. AGENTE ECONÔMICO EMPRESÁRIO

Para melhor compreender os perfis da empresa, necessário apresentar o conceito de empresário contido no *caput* do artigo 966 do Código Civil e esclarecer cada uma das expressões utilizadas pelo legislador: *Considera-se empresário quem exerce profissionalmente atividade econômica organizada para a produção ou a circulação de bens ou serviços.*[9]

---

9. Ao conceito básico de empresário se ligam as noções, também fundamentais, de empresa e de estabelecimento. São três noções distintas, mas que, na realidade, se acham estreitamente correlacionadas. O empresário, como vimos, é um sujeito de direito, e a empresa é a atividade por ele organizada e desenvolvida, através do instrumento adequado que é o estabelecimento. A figura do empresário é determinada pela natureza da atividade por ele organizada e dirigida; sob este aspecto, a noção de empresário é, logicamente, um corolário da noção de empresa. Por sua vez, o conceito de estabelecimento é correlativo ao conceito de empresa. O exercício da atividade econômica organizada pelo empresário pressupõe, necessariamente, uma base econômica, ou seja, um complexo de bens que constituem o instrumento e, de certo modo, o objeto de seu trabalho. Esse complexo de bens destinados pelo empresário ao exercício da empresa é a azienda ou o estabelecimento. Nesse sentido, pode-se dizer que o

A Indústria Stark,[10] empresa de tecnologia e armamentos, principal fornecedora de armamento para o governo, é considerada empresária pois exerce profissionalmente atividade econômica organizada para a produção e a circulação de bens ou serviços para o mercado.

6.1 Profissionalismo

Para ser considerado empresário o sujeito de direito deve exercer sua atividade de forma profissional, ou seja, com (a) habitualidade, (b) pessoalidade e (c) monopólio das informações.

a) Habitualidade

A habitualidade se caracteriza pelo exercício da atividade de forma cotidiana, reiterada e não eventual ou esporádica como ocorre nas atividades econômicas civis, adiante melhor explicadas. Trata-se de critério que leva em consideração o tempo pelo qual o empresário se dedica ao seu empreendimento. Uma pessoa que vende seu carro não atua no comércio de compra e venda de veículos com a habitualidade de uma concessionária, cuja finalidade é exatamente essa.

b) Pessoalidade

Para ser considerado profissional, o empresário deve correr o risco do negócio. Age com pessoalidade o empresário quando exerce sua empresa em nome próprio,[11] contratando mão de obra[12] e se responsabilizando pelos riscos inerentes a sua atividade. Nestes termos o empresário se relaciona ao conceito de empregador descrito no artigo 2º da Consolidação das Leis do Trabalho – CLT,[13] sendo que não se admite empresário como empregado.[14] Não se quer dizer com

---

estabelecimento representa a projeção patrimonial da empresa, ou, com precisão maior, o organismo técnico-econômico, por cujo intermédio se realiza a coordenação dos fatores de produção pela qual a empresa atua e se desenvolve (BARRETO FILHO, Oscar. *Teoria do Estabelecimento Comercial*. 2. ed. São Paulo, Saraiva, 1988, p. 115-116).
10. Marvel Studios/Fairview Entertainment. Iron Man. 2008. Direção: Jon Favreau.
11. Dizer "exercer em nome próprio" significa que a pessoa será responsável pelos atos praticados para o exercício do empreendimento (ex. responsabilidade em caso de falência).
12. Neste caso 'mão de obra' usada em sentido amplo, designando não só trabalhadores regidos pela CLT, mas qualquer prestador de serviço (ex. profissional liberal ou pessoa jurídica prestadora de serviços).
13. Art. 2º Considera-se empregador a empresa, individual ou coletiva, que, assumindo os riscos da atividade econômica, admite, assalaria e dirige a prestação pessoal de serviço.
14. Art. 3º Considera-se empregado toda pessoa física que prestar serviços de natureza não eventual a empregador, sob a dependência deste e mediante salário.

isso que todo empregador é empresário,[15] mas sim que o todo empresário é potencialmente um empregador.[16]

c) Monopólio de informações

Quanto ao monopólio de informações, o empresário detém o conhecimento em relação aos produtos ou serviços postos no mercado mediante sua atividade. Aliás, o empresário tem obrigação, conforme o Código de Defesa do Consumidor, de prestar informações precisas de seus produtos ou serviços,[17] sob pena de responder por eventuais danos causados aos seus consumidores.

6.2 Atividade (empresa)

Do termo atividade, que se refere exatamente ao perfil funcional, a empresa, extrai-se o verbo empreender, demonstrativo inequívoco da ação praticada pelo empresário. A atividade exercida pelo empresário é a empresa, que se caracteriza pela atividade econômica organizada para produção ou circulação de bens ou de serviços. É com a empresa que se define o empresário e não o inverso, como parecem fazer crer alguns.

De fato, uma teoria é considerada boa quando satisfaz dois requisitos: descrever com precisão uma grande categoria de observações, com base num modelo que contenha apenas poucos elementos arbitrários; e fazer previsões definidas quanto ao resultado de futuras observações.[18]

Se a questão é verificar o acerto da teoria mediante a observação da realidade, veja-se o que anotou o Prêmio Nobel de Literatura Elias Canetti, com seu magistral poder de observação – de que sua obra "Massa e Poder" é um verdadeiro *tour de force* – sobre o seu diálogo/embate com seu tio comerciante Solomon:

"E o que você *faz*?" Disse-me ele de repente, como se ainda não nos tivéssemos falado. A ênfase em "*faz*", o que importava era "*fazer*", tudo o mais para ele era mero palavrório. Senti que a coisa estava ficando séria e hesitei um pouco. Minha tia veio em meu auxílio, ela tinha olhos de veludo e, quando era necessário, podia falar com voz de veludo. "Você sabe", ela disse, "ele quer estudar." "Nada disso,

---

15. Até porque quando uma dona de casa contata uma trabalhadora doméstica, por exemplo, aquela não passa a ser empresária, mas tão somente empregadora nos termos da lei.
16. Veremos a seguir que nem todo empresário contrata mão de obra.
17. Art. 6º São direitos básicos do consumidor: III – a informação adequada e clara sobre os diferentes produtos e serviços, com especificação correta de quantidade, características, composição, qualidade e preço, bem como sobre os riscos que apresentem;
18. HAWKING S. W. *Uma Breve História do Tempo*: do *big ben* aos buracos negros. Rio de Janeiro: Rocco, 1988. p. 29.

ele vai ser *comerciante*." Mesclando o alemão e o inglês, e contraindo a palavra "comércio", ele se achava mais firme em sua esfera. Seguiu-se um longo sermão sobre a vocação da família para o comércio".[19]

As ênfases no texto sobre "faz", "fazer" e "comerciante" são originais. Elias Canetti, que embora seja dotado de cultura ímpar, não se tem nota que tenha se interessado pela doutrina jurídica da empresa, chegou através de sua apurada observação da realidade à mesma essência sobre a natureza da empresa a que chegaram os doutrinadores italianos.[20]

Em que pese a empresa ser um fenômeno econômico, a lei civil buscou caracterizá-la como uma atividade econômica organizada para a produção ou para a circulação de bens e de serviços.[21]

6.3 Atividade organizada

A atividade organizada centro do conceito da empresa, está caracterizada no poder diretivo do empresário que coordena os fatores de produção (capital, mão de obra, insumos e tecnologia) para produção ou circulação de bens ou de serviços, buscando a obtenção de lucro.[22]

---

19. CANETTI, Elias. *A língua absolvida*: história de uma juventude. São Paulo: Companhia das letras, 2010. p. 248.
20. E aqui gostaríamos de ressaltar o que parece ter sido o *verdadeiro achado* na teoria jurídica da empresa, embora nem sempre clara para seus cultores: a transmutação do conceito econômico de empresa como *organização da atividade econômica* em *atividade econômica organizada* (BULGARELLI, Waldírio. *A Teoria Jurídica da Empresa*: Análise jurídica da empresarialidade. 8. ed. São Paulo: Ed. RT, 1985, p. 115).
21. O que caracteriza, em termos pragmáticos, a empresa, não é a própria organização em si, mas a forma de produzir organizadamente, o que não é o mesmo que organização da atividade de produção. Em termos históricos, por exemplo, é incontestável que a perspectiva pela qual se deve ver a empresa é justamente a da evolução das técnicas de produção, portanto, forma de produzir que, de rudimentar familiar e artesanal, passou a ser mecanizada ou maquinizada, com mão de obra alheia e com maior grau de organização, já que esta última sempre existiu e existe em qualquer tipo de trabalho. A organização é termo abstrato significativo dos elementos organizados em que se concretiza. O que é importante para a Economia e a Sociologia não é a organização, mas a atividade organizacional, o produzir de forma organizada. Veja-se, por exemplo, em termos de organização técnica, que é a do estabelecimento, as discussões sobre a sua qualificação como tal, quando desativado, paralisado. Assim, também em relação à empresa, como organização: tudo é feito para que não fique estática, não se paralise, o que se justifica também, e principalmente, em relação aos trabalhadores. Ora, o aspecto dinâmico, destacado por Carnelutti e que Asquini chamou de conceito cinematográfico é o que efetivamente interessa ao Direito. E por essa perspectiva, o dinamismo da empresa significa no pleno jurídico a atividade desenvolvida (BULGARELLI, Waldírio. *A Teoria Jurídica da Empresa*: Análise jurídica da empresarialidade. 8. ed. São Paulo: Ed. RT, 1985, p. 149-150).
22. O empresário assim organiza a sua atividade, coordenando os seus bens (capital) com o trabalho aliciado de outrem. Eis a organização. Mas essa organização, em si, o que é? Constitui apenas um complexo de bens e um conjunto de pessoal inativo. Esses elementos – bens e pessoal – não se juntam por si; é necessário que sobre eles, devidamente organizados, atue o empresário, dinamizando a organização,

Dessa feita, a empresa, fenômeno econômico conhecido pelo convívio em sociedade, passou a ser, com o Código Civil, o eixo fundante do Direito Empresarial e que, portanto, acarreta no objeto de estudo desta disciplina.[23]

A empresa não existe isoladamente, é necessário que se formem relações jurídicas entre empresas e terceiros.[24]

Não se pode caracterizar empresa e, portanto, empresário e estabelecimento, sem atividade voltada para o mercado. Um empresário perde essa característica se cessarem suas atividades, se extinguirem suas relações jurídico-econômicas com os demais agentes do mercado, outros empresários e consumidores.[25] O mesmo ocorre com o estabelecimento de que, sem a empresa, perde seus atributos e, assim, a capacidade de gerar lucros.[26]

É com a empresa que se define o empresário e não o inverso. É a empresa o núcleo do Direito Empresarial na atualidade, onde se localiza o empresário, que,

---

imprimindo-lhes atividade que levará à produção. Tanto o capital do empresário como o pessoal que irão trabalhar nada mais são isoladamente do que bens e pessoas. A empresa somente nasce quando se inicia a atividade sob a orientação do empresário.

Dessa explicação surge nítida a ideia de que a empresa é essa organização dos fatores de produção exercida, posta a funcionar, pelo empresário. Desaparecendo o exercício da atividade organizada do empresário, desaparece, ipso facto, a empresa.

Daí por que o conceito de empresa se firma na ideia de que é ela o exercício de atividade produtiva. E do exercício de uma atividade não se tem senão uma ideia abstrata. (REQUIÃO, Rubens, *Curso de Direito Comercial*. 31. ed. São Paulo: Saraiva, 2012, v. 1, p. 85-86).

23. O requisito da organização se relaciona com o modo de exploração da atividade pelo empreendedor que coordena e combina, uns com os outros, os fatores de produção (capital financeira, força de trabalho, recursos naturais ou adquiridos, equipamentos), buscando como resultado o produto final. Normalmente, na verdade, o empreendedor utiliza, no exercício da sua atividade, de um complexo aparato produtivo formado por trabalhadores e bens de capital, o que distingue e justifica sua qualidade é o emprego coordenado desses fatores de produção. – Tradução livre o autor. (COSTAGLIOLA, Anna. *Compendio di Diritto commerciale*: Riferimenti dottirnali e giuriprudenziali. Santarcangelo di Romagna: Maggiola Editore, 2016, p. 26).

24. Os embates jurídicos sobre a noção de empresa deixam entrever que, em muitas situações, ela transforma-se em centro de imputação de direito, deveres e obrigações, independentemente do empresário ou da sociedade empresária.

A empresa interessa ao mundo jurídico, impactando-o independentemente de seus titulares. Há situações em que a mera existência da atividade gera a composição de suportes fáticos e produz consequências jurídicas. (FORGIONI, Paula Andrea, *A evolução do direito comercial brasileiro*: da mercancia ao mercado. 3. ed. rev. atual. e ampl. São Paulo: Ed. RT, 2016, p. 91-92).

25. FORGIONI, Paula Andrea, *A evolução do direito comercial brasileiro*: da mercancia ao mercado. 3. ed. rev. atual. e ampl. São Paulo: Ed. RT, 2016, p. 72-73.

26. Empresas são estruturas mediante as quais são ordenados, providos ou conformados os fatores de produção de molde a facilitar a coordenação das atividades econômicas voltadas para mercados. Podem ser entendidas como instituição social que, em muitas circunstancias, prescindiriam de normas positivadas, uma espécie de hierarquia socialmente aceita (SZTAJN, Raquel. *Teoria Jurídica da Empresa*: atividade empresária e mercados. 2. ed. São Paulo, Atlas, 2010, p. 52).

pela titularidade da empresa, ganha destaque e submete-se a um estatuto, a um regime jurídico especial.[27]

A atividade desenvolvida pelo empresário é por excelência econômica por ser produtora de riqueza e, por isso, de bens ou de serviços que podem ser avaliados patrimonialmente, sempre exercida com a finalidade de lucro. Não importa se o empreendimento desenvolvido efetivamente alcance lucro pretendido, mas sim se a finalidade deste for sua obtenção.

A organização da atividade desenvolvida pelo empresário se relaciona com os fatores de produção, quais sejam: (a) capital, (b) mão de obra, (c) insumos e (d) tecnologia.

a) Capital

A organização do capital próprio ou alheio refere-se aos recursos financeiros necessários para o empreendimento, uma vez que o empresário tem total liberdade para aplicar esses recursos da melhor forma para sua empresa.

b) Mão de obra

Como dito anteriormente, entendemos que a contratação mão de obra não é essencial para o desenvolvimento da empresa e, por isso, o empreendedor pode optar por utilizar mão de obra alheia (ex. trabalhadores, profissionais liberais, prestadores de serviços etc.) ou própria (quando o empresário é a única força que intervém no processo produtivo).[28] É esta opção o elemento identificador da organização deste fator de produção.

c) Insumos

Os bens de insumos são aqueles organizados pelo empresário para desenvolvimento de sua atividade durante o processo de produção. É por meio do uso dos insumos que o empresário alcança o resultado final de sua atividade. Lembre-se que para fabricação de um veículo (produto final) são necessários

---

27. LEMOS JUNIOR, Eloy Pereira. *Empresa & Função Social*. Curitiba: Juruá, 2009, p. 120-121.
28. É divergente a doutrina quanto a necessidade de mão de obra alheia no processo produtivo, porém entendemos que pela evolução da tecnologia a força produtiva do ser humano poder ser substituída por outras formas como, por exemplo, a automação industrial que vem substituindo gradativamente os empregados nas fábricas. Fator verificado na Constituição da República – Art. 7º São direitos dos trabalhadores urbanos e rurais, além de outros que visem à melhoria de sua condição social: XXVII – proteção em face da automação, na forma da lei.

Também é fato notório que existem empresas na internet operando com apenas uma pessoa, o empresário, sem necessidade de contratação de mão de obra alheia.

diversos componentes, desde aço até borracha. Bens de insumos se contrapõem aos de consumo na exata medida de sua destinação.[29]

d) Tecnologia

A tecnologia resulta no conjunto de elementos técnicos e as ferramentas necessárias para atividade empresarial. Não há necessidade de o empresário deter tecnologia de ponta, mas tão somente que esta seja útil.[30]

6.4 Produção ou circulação de bens ou de serviços

Por fim, há necessidade de conjugar as expressões produção ou circulação com bens e serviços, sendo que teremos a destinação da atividade do empresário em produzir bens (indústria, montagem, criação, construção, transformação etc.), circular bens (comércio, distribuição etc.), produzir serviços (prestação de serviços) e circular serviços (intermediação de prestação de serviços). Uma loja que comercializa varinhas em um beco diagonal seria considerada empresária, tanto quanto uma loja de venda de jogos eletrônicos.

	Bens	Serviços
Produção	Indústria	Prestação de serviços
Circulação	Comércio	Intermediação de serviços

6.5 Mercado

O entendimento do que a lei considera empresário não estaria completo se analisado a empresa apenas em si mesma, pois para compreensão do fenômeno da empesa há de se verificar suas relações com o mercado. Não há empresa sem atividade, pois é essencial o desenvolvimento de relações do agente econômico com o mercado, o empresário deve relacionar-se com consumidores e outros empresários para o desenvolvimento da sua atividade (empresa). A empresa é um *fattispecie*, não um agente.[31]

---

29. Inclusive é exatamente neste limiar que trabalham a Teoria Finalista e a Teoria Maximalista para definirem o limite da expressão 'destinatário final' usada no conceito de consumidor do artigo 2º do CDC: Consumidor é toda pessoa física ou jurídica que adquire ou utiliza produto ou serviço como destinatário final.
30. Veja que um vendedor de frutas na feira é tão empresário quanto uma sociedade que comercializa produtos denominado supermercado.
31. Fomos "do ato à atividade". Agora, passamos ao reconhecimento de que a atividade das empresas conforma e é conformada pelo mercado. Enfim: "ato, atividade, mercado". Eis a linha de evolução do direito comercial. (FORGIONI, Paula Andrea, *A evolução do direito comercial brasileiro*: da mercancia ao mercado. 3. ed. rev. atual. e ampl. São Paulo: Ed. RT, 2016, p. 73).

Como veremos noutro volume deste curso, a empresa somente faz sentido quando o agente econômico se relaciona com o mercado por meio de negócios jurídicos (contratos). Então, a compreensão da ideia de empresário depende das relações existentes com outros empresários, com o Poder Público, empregados, consumidores etc.

7. CARACTERIZAÇÃO

Vale, neste momento, apontar o fato de que o *ser* empresário não é uma opção. Enquadrando-se no conceito estabelecido pela lei, a pessoa que exerce empresa sujeitar-se-á, invariavelmente, ao regime jurídico do Direito Comercial. Apesar do artigo 967 do Código Civil dispor ser obrigatório o registro do empresário no Registro Público de Empresas Mercantis da respectiva sede, o descumprimento da referida obrigação não descaracteriza sua condição de ser empresário, mas tão somente estaremos diante de um empresário irregular por falta de registro.

B. AGENTE ECONÔMICO NÃO EMPRESÁRIO

1. AGENTES ECONÔMICOS

Reiteramos que a atividade econômica não é explorada exclusivamente por empresário! Há agentes econômicos que não são considerados empresários e, mesmo assim, são tratados pelo Direito Empresarial, por isso preferimos tratar o Direto Empresarial sob a ótica do agente econômico, não do empresário.

Feitas essas considerações, seguimos para o alto e avante!

2. ATIVIDADE ECONÔMICA E O NÃO EMPRESÁRIO

O empresário *lato sensu*, ou seja, a pessoa física, jurídica ou ente despersonificado que exerce empresa, é o sujeito de direito que se submete ao regime jurídico do Direito Empresarial, enquanto os demais sujeitos de direito estariam afastados desse regime especial.

Ocorre que existem outros sujeitos de direitos que exploram atividade econômica, porém não são considerados empresários, por conveniência legislativa, ou por não enquadramento no conceito legal. Esses agentes econômicos, que não são considerados como empresários, também se sujeitam as regras do Direito Empresarial, estando apenas afastados da aplicação da Lei de Falência e Recuperação de Empresas. Neste universo se enquadram, por exemplo, os profissionais como o arquiteto, artesão, músico ou advogado.

Pela legislação aplicável, não são considerados empresários os agentes econômicos que: (a) não se enquadram no conceito do artigo 966 do Código Civil,[32] (b) exercem atividade de profissionais intelectuais (ex. advogado, dentista, médico, engenheiro, músico, ator, escritor etc.), exceto quando caracterizado elemento de empresa (art. 966, parágrafo único, CC); (c) que exercem atividades rurais e que não estão registrados na Junta Comercial (art. 971 do, CC);[33] e (d) adotam cooperativa como tipo societário (art. 982, p. único, CC).[34]

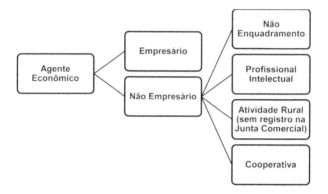

---

32. Inicialmente, não podem ser consideradas empresárias as pessoas que não exploram atividade econômica, como ocorre, por exemplo, com as pessoas assalariadas e as entidades sem fins lucrativos (associações, fundações, entidades religiosas, partidos políticos etc.).

    Nem toda atividade econômica é desenvolvida por empresários, existem pessoas que não se enquadram no artigo 966 do Código Civil, mas desenvolvem atividade econômica, como, por exemplo, uma pessoa que resolve vender o seu carro. No momento da compra e venda, ela estará praticando uma atividade econômica, porém lhe falta elemento essencial para ser considerada empresária, como o profissionalismo que não existe sem a habitualidade.

    O que pode ser definitivo para qualidade de empresário está no conceito legal que incorpora a finalidade de sua atividade, pois, em regra, obrigações civis não se relacionam a uma atividade econômica habitual, mas a um ato esporádico, acidental. Mais que isso, uma obrigação civil não é essencialmente realizada com a finalidade de obter lucro, que pode até acontecer, mas que é acidental. Na relação contratual de Direito Civil, o que importa é a realização do contrato em si, não a finalidade da obtenção de lucro. Em outras palavras, pelo Direito Civil não interessa se o ato em questão se relaciona a uma atividade profissionalmente empreendida.

    Em termos econômicos, o empresário desenvolve atividade de produção de bens ou serviços, interessado no valor de troca desses mesmos bens ou serviços, que serão adquiridos por seus clientes, segundo seu valor de uso. A importância do bem ou serviço para o cliente é diferente da importância dada a ele pelo empresário. Para este, basta que o valor de troca permita cobrir os custos de produção e garantir-lhe retorno do investimento. Para aquele, o preço é secundário, pois o bem ou serviço é necessário para a satisfação de alguma necessidade.

33. O produtor rural, ou seja, aquele que explora a atividade rural de forma organizada, é o único que tem a opção de escolher entre ser empresário ou não, devendo sua escolha ser declarada pela inscrição no Registro Público de Empresas Mercantis da respectiva sede a cargo das Juntas Comerciais, caso em que, depois de inscrito, ficará equiparado, para todos os efeitos, ao empresário sujeito a registro, conforme preceitua os artigos 971 e 984, ambos do Código Civil.

34. As sociedades cooperativas, independentemente da forma de exploração de seu objeto social, serão consideradas sociedades simples (não empresárias), por força do disposto no parágrafo único do artigo 982 do Código Civil e da Lei 5.764, de 16 de dezembro de 1971.

a) Não enquadramento

Primeiramente, como dito, nem toda atividade econômica é desenvolvida por empresários, existem pessoas que não se enquadram no artigo 966 do Código Civil, mas desenvolvem esta espécie de atividade, como, por exemplo, uma pessoa que resolve vender seu imóvel, no momento da compra e venda ela estará praticando uma atividade econômica, porém lhe falta os elementos essenciais para ser considerada empresária como o profissionalismo por falta de habitualidade, diferentemente do que ocorre com uma construtora, cuja finalidade é construção e venda constante e habitual de imóveis.

b) Profissionais intelectuais

Já pelo parágrafo único do artigo 966 do Código Civil, a lei exclui da conceituação de empresário todo aquele que exerce profissão intelectual,[35] mesmo com o concurso de auxiliares ou colaboradores, por entender "*(...) que não obstante produzir serviços, como o fazem os chamados profissionais liberais, ou bens, como o fazem os artistas, o esforço criador que implanta na própria mente do autor, de onde resultam, exclusiva e diferentemente, o bem ou o serviço, sem interferência exterior de fatores de produção, cuja eventual ocorrência é, dada a natureza do objeto alcançado, meramente acidental*".[36]

Não é considerado empresário aquele que, por força de sua mente, produz bens (artistas, escritores etc.) ou presta serviços (dentistas, médicos, engenheiros, psicólogos, advogados etc.), mesmo que de forma organizada, por exclusão legal disposta no parágrafo único do artigo 966 do Código Civil.

O profissional intelectual, também conhecido como autônomo ou liberal, apesar de explorar profissionalmente atividade econômica organizada voltada para o mercado, está excluído da caracterização de empresário, quando explorar exclusivamente sua atividade profissional, segundo o disposto no parágrafo único do artigo 966 do Código Civil,[37] mesmo que com o concurso de auxiliares ou colaboradores.[38]

---

35. Enunciado 193 do Conselho de Estudos Jurídicos do Conselho de Justiça federal. – O exercício das atividades de natureza exclusivamente intelectual está excluído do conceito de empresa.
36. BARRETO FILHO, Oscar. *Teoria do Estabelecimento Comercial*. 2. ed. São Paulo: Saraiva, 1988, p. 112.
37. Enunciado 193 do Conselho de Estudos Jurídicos do Conselho de Justiça federal. " O exercício das atividades de natureza exclusivamente intelectual está excluído do conceito de empresa".
38. [...] não obstante produzir serviços, como o fazem os chamados profissionais liberais, ou bens, como o fazem os artistas, o esforço criador que implanta na própria mente do autor, de onde resultam, exclusiva e diferentemente, o bem ou o serviço, sem interferência exterior de fatores de produção, cuja eventual ocorrência é, dada a natureza do objeto alcançado, meramente acidental (BARRETO FILHO, Oscar. *Teoria do Estabelecimento Comercial*. 2. ed. São Paulo: Saraiva, 1988, p. 112).

Considera-se profissional liberal ou autônomo aquele que exerce sua atividade profissional, porém sem subordinação, afastando assim a incidência das regras do Direito do Trabalho.[39] No caso do exercício de atividade econômica por pessoa natural que explora profissão dita intelectual, cujo resultado de sua atividade advém de sua aptidão pessoal, como engenheiros, dentistas, médicos, advogados, artistas, autores, artesões, escritores, psicólogos etc., a lei afasta a caracterização de empresário e, portanto, o profissional liberal ou autônomo, ao explorar exclusivamente sua atividade intelectual, não se sujeitaria, em regra, às normas do Direito Empresarial.

Os profissionais liberais ou autônomos não se sujeitam, desse modo, a registro na Junta Comercial, porém algumas profissões possuem regulação própria e, por conta de tratamento especial, há órgãos de classe que exigem registro para o exercício regular da profissão,[40] como é o caso de médicos,[41] engenheiros,[42] arquitetos,[43] advogados,[44] biólogos[45] etc., entretanto esse registro não os torna empresários.

---

39. O trabalhador autônomo consiste, entre todas as figuras próximas à do empregado, naquela que tem maior generalidade, extensão e importância sociojurídica no mundo contemporâneo. Na verdade, as relações autônomas de trabalho consubstanciam leque bastante diversificado, guardando até mesmo razoável distinção entre si.

    Os diversificados vínculos de trabalho autônomo existentes afastam-se da figura técnico-jurídica da relação de emprego essencialmente pela falta do elemento fático-jurídico da subordinação.

    Contudo, podem se afastar ainda mais do tipo legal celetista, em decorrência da falta de um segundo elemento fático-jurídico, a pessoalidade. Noutras palavras, o trabalhador autônomo distingue-se do empregado, quer em face da ausência da subordinação ao tomador dos serviços no contexto da prestação do trabalho, quer em face de também, em acréscimo, poder faltar em seu vínculo com o tomador o elemento da pessoalidade.

    A subordinação, como se sabe, é aferida a partir de um critério objetivo, avaliando-se sua presença na atividade exercida, no modo de concretização do trabalho pactuado. Ela ocorre quando o poder de direção empresarial exerce-se com respeito à atividade desempenhada pelo trabalhador, no *modus faciendi* da prestação de trabalho. A intensidade de ordens no tocante à prestação de serviços é que tenderá a determinar, no caso concreto, qual sujeito da relação jurídica detém a direção da prestação dos serviços: sendo o próprio profissional, desponta como autônomo o vínculo concretizado; sendo o tomador de serviços, surge como subordinado o referido vínculo. [...]

    O trabalho autônomo pode, contudo, ser pactuado com cláusula de rígida pessoalidade – sem prejuízo da absoluta ausência de subordinação. É o que tende a ocorrer com a prestação de serviços contratada a profissionais de nível mais sofisticado de conhecimento ou habilidade, como médicos, advogados, artistas etc. (DELGADO, Maurício Godinho. *Curso de direito do trabalho*. 15. ed. São Paulo: Saraiva, 2016, p. 358-360).
40. Art. 5º, XIII, CF – é livre o exercício de qualquer trabalho, ofício ou profissão, atendidas as qualificações profissionais que a lei estabelecer.
41. BRASIL. Lei 3.268/1957 – Dispõe sobre os Conselho de Medicina, e dá outras providências.
42. BRASIL. Lei 5.194/1966 – Regula o exercício das profissões de Engenheiro, Arquiteto e Engenheiro-Agrônomo, e dá outras providências.
43. BRASIL. Lei 12.378/2010 – Regulamenta o exercício da Arquitetura e Urbanismo; cria o Conselho de Arquitetura e Urbanismo do Brasil – CAU/BR e os Conselhos de Arquitetura e Urbanismo dos Estados e do Distrito Federal – CAUs; e dá outras providências.
44. BRASIL. Lei 8.906/1994 – Dispõe sobre o Estatuto da Advocacia e a Ordem dos Advogados do Brasil (OAB).
45. BRASIL. Lei 6.684, de 3 de setembro de 1979 – Regulamenta as profissões de Biólogo e de Biomédico, cria o Conselho Federal e os Conselhos Regionais de Biologia e Biomedicina, e dá outras providências.

Por exemplo, um fotógrafo *freelancer* do Clarim Diário não é considerado empresário, por se tratar de um profissional liberal.

(i) O elemento de empresa. O ponto polêmico com relação a exclusão do profissional intelectual do conceito de empresário está na parte final do parágrafo único do artigo 966 do Código Civil que trata do denominado "elemento de empresa", pois diante dessa situação seria possível reinserir aquele que exerce atividade profissional no conceito de empresário e, portanto, aplicar a ele as normas de Direito Empresarial. Ocorre que essa discussão sobre o "elemento de empresa", tão polêmica no Direito Empresarial, tem maior relevância quando tratada na compreensão das sociedades, cuja análise será feita mais à frente nesta obra e que, portanto, não será objeto neste momento.

c) Atividade rural

Já aquele que exerce atividade rural é o único que tem a opção de escolher entre ser empresário ou não, devendo sua escolha ser declara pela inscrição no Registro Público de Empresas Mercantis da respectiva sede a cargo das Juntas Comerciais, caso em que, depois de inscrito, ficará equiparado, para todos os efeitos, ao empresário sujeito a registro (art. 971, CC).[46]

Inclusive, para aplicação da Lei de Falência e Recuperação de Empresas (Lei 11.101/2005) ao empresário rural, é necessário o registro na Junta Comercial, com atendimento das regras do artigo 48 da referida norma (Tese repetitivo 1145 STJ[47]).

d) Cooperativas

As cooperativas,[48] independentemente da forma de exploração de seu objeto social, serão consideradas sociedades simples (não empresárias), por força do disposto no parágrafo único do artigo 982 do Código Civil.[49]

---

46. Art. 971. O empresário, cuja atividade rural constitua sua principal profissão, pode, observadas as formalidades de que tratam o art. 968 e seus parágrafos, requerer inscrição no Registro Público de Empresas Mercantis da respectiva sede, caso em que, depois de inscrito, ficará equiparado, para todos os efeitos, ao empresário sujeito a registro.
47. Tese repetitivo 1145 STJ: Ao produtor rural que exerça sua atividade de forma empresarial há mais de dois anos é facultado requerer a recuperação judicial, desde que esteja inscrito na Junta Comercial no momento em que formalizar o pedido recuperacional, independentemente do tempo de seu registro.
48. Para estudo de cooperativa ver artigo 1.093 a 1.096 do Código Civil e a Lei 5.764/1971.
49. Apesar de ser sociedade simples, a cooperativa deve levar seu estatuto social a registro na Junta Comercial e não no Cartório de Registro de Pessoas Jurídicas.

3. ATIVIDADE FUTEBOLÍSTICA

Do mesmo modo que aquele que explora atividade rural pode optar entre ser empresário ou não, associação que desenvolva atividade futebolística em caráter habitual e profissional, caso em que, com a inscrição, será considerada empresária, para todos os efeitos (art. 971, p. único, CC[50]).

A discussão quanto a questão dos clubes empresa no Brasil é antiga por conta dos clubes adotarem, em sua maioria, a forma de associação e, portanto, estarem vedados de distribuírem lucros, fato que afasta investidores.

Destaque, neste interim, a Lei da Sociedade Anônima do Futebol (Lei 14.193/2021) que traz normas de constituição, governança, controle e transparência, meios de financiamento da atividade futebolística, tratamento dos passivos das entidades de práticas desportivas e regime tributário específico.

O tema é relevante por se tratar do esporte mais popular do país e por envolver questões econômicas relevantes e necessárias. Tema para uma obra mais completa, o que pensamos futuramente. Ao infinito e além!

C. A PRINCIPAL DISTINÇÃO ENTRE OS AGENTES ECONÔMICOS: EMPRESÁRIOS E NÃO EMPRESÁRIOS

1. LEI DE FALÊNCIA E RECUPERAÇÃO DE EMPRESAS

A distinção entre os agentes econômicos considerados empresários e os não empresários poderia acarretar na dicotomia entre o Direito Comercial e o Direito Civil, porém, na verdade, todo e qualquer sujeito de direito que explorar atividade econômica se sujeita as regras do Direito Empresarial que, como visto, tem por objeto o estudo da atividade econômica, independentemente se explorada por empresário ou não.

A principal regra de Direito Empresarial aplicada somente ao agente econômico considerado como empresário é a Lei de Falência e Recuperação de Empresas (Lei 11.101/2005 – LFRE),[51] cujo objeto será melhor explorado em momento oportuno. Dentre os benefícios propostos pela Lei de Falência e Recuperação de Empresas (LFRE), está a possibilidade do pedido, pelo agente econômico empre-

---

50. Art. 971. Parágrafo único. Aplica-se o disposto no caput deste artigo à associação que desenvolva atividade futebolística em caráter habitual e profissional, caso em que, com a inscrição, será considerada empresária, para todos os efeitos.
51. Art. 1º Esta Lei disciplina a recuperação judicial, a recuperação extrajudicial e a falência do empresário e da sociedade empresária, doravante referidos simplesmente como devedor.

sário, de recuperação judicial cujo objetivo é viabilizar a superação da situação de crise econômico-financeira do devedor, a fim de permitir a manutenção da fonte produtora, do emprego dos trabalhadores e dos interesses dos credores, promovendo, assim, a preservação da empresa, sua função social e o estímulo à atividade econômica (art. 47, LFRE[52]).

D. ESPÉCIES DE EMPRESÁRIO

1. SUJEITOS DE DIREITO

São sujeitos de direito todos aqueles que são aptos a serem titulares de direitos e contraírem obrigações,[53] incluindo-se neste gênero as seguintes espécies (a) pessoa física; (b) pessoa jurídica; e (c) ente despersonalizado.

a) Pessoa física

Pessoa física é um ser humano. Nos termos da lei civil é chamada de pessoa natural e sua existência tem início com o nascimento com vida.[54]

b) Pessoa jurídica

A pessoa jurídica é uma entidade moral, uma ficção criada pela lei. São formadas por pessoa, física ou jurídica, ou bens com finalidade específica, econômicas ou sociais, como as associações, sociedades, fundações, organizações religiosas e partidos políticos, nos termos do artigo 44 do Código Civil.[55]

c) Ente despersonalizado

Ente despersonalizado é outra ficção jurídica, mas que não possui a qualidade de pessoa, mas que por conveniência legislativa, têm capacidade de ter direitos e contrair obrigações. São exemplos de ente despersonalizado: o condomínio, a massa falida, o nascituro, a sociedade em comum, a sociedade em conta de participação, a herança jacente ou vacante e o espólio.

---

52. Art. 47. A recuperação judicial tem por objetivo viabilizar a superação da situação de crise econômico-financeira do devedor, a fim de permitir a manutenção da fonte produtora, do emprego dos trabalhadores e dos interesses dos credores, promovendo, assim, a preservação da empresa, sua função social e o estímulo à atividade econômica.
53. Art. 1º Toda pessoa é capaz de direitos e deveres na ordem civil.
54. Art. 2º A personalidade civil da pessoa começa do nascimento com vida; mas a lei põe a salvo, desde a concepção, os direitos do nascituro.
55. Art. 44. São pessoas jurídicas de direito privado: I – as associações; II – as sociedades; III – as fundações; IV – as organizações religiosas; V – os partidos políticos.

2. ESPÉCIES DE EMPRESÁRIOS

A empresa como atividade econômica organizada para produção ou circulação de produtos ou de serviços é exercida por um sujeito de direito, o empresário, que pode ser de qualquer espécie de sujeitos de direito. O termo *empresário* utilizado no artigo 966 do Código Civil é gênero, pois a atividade empresarial pode ser explorada tanto por pessoas naturais quanto por pessoas jurídicas ou entes despersonalizados. As pessoas naturais ou físicas que exploram empresa são denominadas de *empresários individuais*. Com relação as pessoas jurídicas, é a *sociedade empresária* o sujeito que exerce a atividade empresarial.[56] Por fim, os entes despersonalizados são as espécies de *sociedade em comum* ou *conta em participação*.

Espécies de Empresário	
Pessoa Física	Empresário Individual
Pessoa Jurídica	Sociedade Empresária
Entes Despersonalizados	Sociedade em Comum
	Sociedade em Conta de Participação

3. ESTATÍSTICA

Interessante os dados extraídos do site do Governo Federal que traz o mapa das empresas no Brasil,[57] que demonstra que a maioria da atividade econômica está concentrada nas mãos de empresário individuais, seguido de sociedade limitadas e anônimas:

Empresas Ativas por Natureza Jurídica	
Espécie de Empresários	**Quantidade**
Empresário Individual	14.821.389
Sociedade Limitada	6.539.958
Sociedade Anônima	189.689
Sociedade em Conta de Participação	35.651
Sociedade em Nome Coletivo	999
Sociedade em Comandita por Ações	70
Sociedade em Comandita Simples	52

---

56. Como é a pessoa jurídica que explora a atividade empresarial, não seria tecnicamente correto chamar de "empresário" o sócio da sociedade empresária.
57. Disponível em: https://www.gov.br/governodigital/pt-br/mapa-de-empresas/painel-mapa-de-empresas. Acesso em: 08 dez. 2023.

E. EMPRESÁRIO INDIVIDUAL

1. EMPRESÁRIO INDIVIDUAL

O empresário individual é a pessoa natural que explora, profissionalmente, atividade econômica organizada para produção ou circulação de bens ou de serviços.

São inúmeros os exemplos, como um feirante que habitualmente está a comercializar seus produtos (frutas, verduras, pastéis etc.) para os consumidores que frequentam a feira livre ou aquele empreendedor que com o auxílio de seus funcionários presta serviços de dedetização para imóveis residenciais e não residenciais. Evidentemente que essas pessoas naturais poderiam optar por constituírem pessoa jurídica (sociedade) para a exploração da empresa, porém, por opção, circunstâncias ou falta de orientação, a exploração em seu próprio nome.

O empresário individual é uma pessoa natural que explora atividade empresarial, mas que não por conta disso ganha personalidade jurídica distinta. A ideia se assemelha a de um super-herói que, durante o dia, exerce sua profissão civil, como sócio e administrador da denominada "Empresas W" e, pela noite, combate ao crime. Nesse caso, não há distinção entre a pessoa, pois se trata de um único indivíduo (alter ego/super-herói). Sendo a mesma pessoa não há de se falar em personalidades jurídicas distintas, existindo uma única personalidade jurídica, apenas a pessoa natural (alter ego/super-herói). A distinção de uma ou outra visão se dá pelas atividades exploradas.

2. EXERCÍCIO REGULAR

Para o exercício regular da empresa o empresário individual deve ter (a) capacidade (art. 972, 974 a 976, CC[58]) e; (b) não estar proibido de exercer empresa (art. 973, CC[59]).

a) Capacidade

Pela capacidade tem-se que o empresário, pessoa física, deve estar em pleno gozo de sua capacidade civil, nos termos do art. 1º a 6º do Código Civil.[60] Matéria

---
58. Art. 972. Podem exercer a atividade de empresário os que estiverem em pleno gozo da capacidade civil e não forem legalmente impedidos.
    Art. 973. A pessoa legalmente impedida de exercer atividade própria de empresário, se a exercer, responderá pelas obrigações contraídas.
    Art. 976. A prova da emancipação e da autorização do incapaz, nos casos do art. 974, e a de eventual revogação desta, serão inscritas ou averbadas no Registro Público de Empresas Mercantis. Parágrafo único. O uso da nova firma caberá, conforme o caso, ao gerente; ou ao representante do incapaz; ou a este, quando puder ser autorizado.
59. Art. 972 Podem exercer a atividade de empresário os que estiverem em pleno gozo da capacidade civil e não forem legalmente impedidos.
60. Art. 1º Toda pessoa é capaz de direitos e deveres na ordem civil.
    Art. 2º A personalidade civil da pessoa começa do nascimento com vida; mas a lei põe a salvo, desde a concepção, os direitos do nascituro.

interessante é trazida pelo artigo 974[61] do Código Civil, que determina que o incapaz, por meio de representante ou devidamente assistido, pode continuar a empresa antes exercida por ele enquanto capaz, por seus pais ou pelo autor de herança, dependendo de autorização judicial, sendo que não ficam sujeitos ao resultado da empresa os bens que o incapaz já possuía, ao tempo da sucessão ou da interdição, desde que estranhos ao acervo daquela, devendo tais fatos constar do alvará que conceder a autorização.

b) Proibição para exercer empresa

A proibição de exercer empresa é dada pela legislação. De acordo com o artigo 5º, XIII, da Constituição da República Federativa do Brasil[62] a lei pode restringir o exercício da empresa. São hipóteses de impedimento para o exercício da empresa: (i) o falido; (ii) condenação criminal que impeçam a atividade empresarial; (iii) o leiloeiro; (iv) o funcionário público; (v) o estrangeiro, em alguns casos; (vi) outros casos previstos em lei.

Art. 3º São absolutamente incapazes de exercer pessoalmente os atos da vida civil os menores de 16 (dezesseis) anos.

Art. 4º São incapazes, relativamente a certos atos ou à maneira de os exercer: I – os maiores de dezesseis e menores de dezoito anos; II – os ébrios habituais e os viciados em tóxico; III – aqueles que, por causa transitória ou permanente, não puderem exprimir sua vontade; IV – os pródigos. Parágrafo único. A capacidade dos indígenas será regulada por legislação especial.

Art. 5º A menoridade cessa aos dezoito anos completos, quando a pessoa fica habilitada à prática de todos os atos da vida civil. Parágrafo único. Cessará, para os menores, a incapacidade: I – pela concessão dos pais, ou de um deles na falta do outro, mediante instrumento público, independentemente de homologação judicial, ou por sentença do juiz, ouvido o tutor, se o menor tiver dezesseis anos completos; II – pelo casamento; III – pelo exercício de emprego público efetivo; IV – pela colação de grau em curso de ensino superior; V – pelo estabelecimento civil ou comercial, ou pela existência de relação de emprego, desde que, em função deles, o menor com dezesseis anos completos tenha economia própria.

Art. 6º A existência da pessoa natural termina com a morte; presume-se esta, quanto aos ausentes, nos casos em que a lei autoriza a abertura de sucessão definitiva.

61. Art. 974. Poderá o incapaz, por meio de representante ou devidamente assistido, continuar a empresa antes exercida por ele enquanto capaz, por seus pais ou pelo autor de herança. § 1º Nos casos deste artigo, precederá autorização judicial, após exame das circunstâncias e dos riscos da empresa, bem como da conveniência em continuá-la, podendo a autorização ser revogada pelo juiz, ouvidos os pais, tutores ou representantes legais do menor ou do interdito, sem prejuízo dos direitos adquiridos por terceiros. § 2º Não ficam sujeitos ao resultado da empresa os bens que o incapaz já possuía, ao tempo da sucessão ou da interdição, desde que estranhos ao acervo daquela, devendo tais fatos constar do alvará que conceder a autorização. § 3º O Registro Público de Empresas Mercantis a cargo das Juntas Comerciais deverá registrar contratos ou alterações contratuais de sociedade que envolva sócio incapaz, desde que atendidos, de forma conjunta, os seguintes pressupostos: I – o sócio incapaz não pode exercer a administração da sociedade; II – o capital social deve ser totalmente integralizado; III – o sócio relativamente incapaz deve ser assistido e o absolutamente incapaz deve ser representado por seus representantes legais.

62. Art. 5º Todos são iguais perante a lei, sem distinção de qualquer natureza, garantindo-se aos brasileiros e aos estrangeiros residentes no País a inviolabilidade do direito à vida, à liberdade, à igualdade, à segurança e à propriedade, nos termos seguintes: XIII – é livre o exercício de qualquer trabalho, ofício ou profissão, atendidas as qualificações profissionais que a lei estabelecer.

Em caso de inobservância das proibições, o empresário impedido continuará responsável por todas as obrigações contraídas (art. 973, CC).

3. RESPONSABILIDADE PATRIMONIAL

Outro ponto relevante com relação a exploração da empresa como empresário individual é a responsabilidade patrimonial pela dívida da atividade empresarial. É certo que o direito brasileiro segue a regra de que para cada pessoa existe patrimônio único (art. 91, CC[63]), sendo que o devedor responde, para o cumprimento de suas obrigações, com todos os seus bens presentes e futuros, salvo as restrições estabelecidas em lei (art. 789, CPC[64]).

Não há, no direito brasileiro, limite de responsabilidade pessoal do empreendedor que optar por exercer sua empresa como empresário individual, pois este é detentor de patrimônio único constituído por seus bens pessoais e da empresa (estabelecimento), logo tantos os bens pessoais como os da empresa responderão pelas dívidas contraídas no exercício da atividade ou em sua vida pessoal, exceto os impenhoráveis. Por exemplo, se o empresário individual adquirir uma máquina para sua atividade e para isso obteve um empréstimo bancário, caso o contrato seja inadimplido, em ação de execução a instituição financeira poderá penhorar bens que são usados para o exercício da empresa (estabelecimento) ou aqueles de cunho pessoal, que não são usados para atividade.[65] O enunciado 5 da 1ª Jornada De Direito Comercial declara pela necessidade de se respeitar, para o empresário individual, o benefício de ordem do artigo 1.024[66] do Código Civil, sendo que *quanto às obrigações decorrentes de sua atividade, o empresário individual tipificado no art. 966 do Código Civil responderá primeiramente com os bens vinculados à exploração de sua atividade econômica, nos termos do art.*

---

63. Art. 91. Constitui universalidade de direito o complexo de relações jurídicas, de uma pessoa, dotadas de valor econômico.
64. Art. 789. O devedor responde com todos os seus bens presentes e futuros para o cumprimento de suas obrigações, salvo as restrições estabelecidas em lei.
65. Agravo de instrumento – Execução – Inclusão de sócio oculto no polo passivo da execução – Empresa individual – Desconsideração da personalidade jurídica. É assente na jurisprudência que o empresário individual responde pelas obrigações adquiridas pela pessoa jurídica, de modo que não há distinção entre a pessoa física e jurídica para os fins de direito, inclusive no que tange ao patrimônio de ambos. O incidente de desconsideração da personalidade jurídica não é via própria para se declarar a existência de vínculo de relação societária de fato. (TJMG – Agravo de Instrumento-Cv 1.0000.21.269211-5/001, Relator(a): Des.(a) Joemilson Donizetti Lopes, 15ª Câmara Cível, julgamento em 20.05.2022, publicação da súmula em 25.05.2022).
66. Art. 1.024. Os bens particulares dos sócios não podem ser executados por dívidas da sociedade, senão depois de executados os bens sociais.

1.024 do Código Civil.⁶⁷ Todavia, os autores não concordam com o enunciado aprovado, pois a proteção do benefício de ordem do artigo 1.024 do Código Civil é destinada aos sócios e não ao empresário individual e, portanto, não há motivo de defender o benefício de ordem no caso de dívidas de empresário individual.

Diante desse cenário, a opção por explorar atividade empresarial como empresário individual deve ser escolhida com cautela pelo empreendedor, sob pena de todos os bens de seu patrimônio, sejam pessoais ou do estabelecimento, ficarem comprometidos com o risco empresarial.

4. EMPRESÁRIO INDIVIDUAL CASADO

Insta esclarecer que o empresário individual casado pode, sem necessidade de outorga conjugal, qualquer que seja o regime de bens, alienar os imóveis que integrem o patrimônio da empresa ou gravá-los de ônus real (art. 978, CC⁶⁸), desde que exista, se for o caso, prévio registro de autorização conjugal no Cartório de Imóveis, devendo tais requisitos constar do instrumento de alienação ou de instituição do ônus real, com a consequente averbação do ato à margem de sua inscrição no Registro Público de Empresas Mercantis.⁶⁹ Com relação ao aval, é dispensada a outorga do outro cônjuge apenas se casados pelo regime da separação absoluta de bens, sendo que nos demais casos é necessária a autorização do autor (art. 1.647, III, CC⁷⁰).

Empresário individual	
Caracterização	• Pessoa física que exerce empresa.
Membros	• Não há, pois não se tratar de pessoa jurídica.
Autonomia patrimonial	• Não há, pois os bens pessoais se confundem com os bens usados na empresa.

---

67. Enunciado 5 da 1ª Jornada De Direito Comercial – Quanto às obrigações decorrentes de sua atividade, o empresário individual tipificado no art. 966 do Código Civil responderá primeiramente com os bens vinculados à exploração de sua atividade econômica, nos termos do art. 1.024 do Código Civil.
68. Art. 978. O empresário casado pode, sem necessidade de outorga conjugal, qualquer que seja o regime de bens, alienar os imóveis que integrem o patrimônio da empresa ou gravá-los de ônus real.
69. Enunciado 6 do 1ª Jornada De Direito Comercial – O empresário individual regularmente inscrito é o destinatário da norma do art. 978 do Código Civil, que permite alienar ou gravar de ônus real o imóvel incorporado à empresa, desde que exista, se for o caso, prévio registro de autorização conjugal no Cartório de Imóveis, devendo tais requisitos constar do instrumento de alienação ou de instituição do ônus real, com a consequente averbação do ato à margem de sua inscrição no Registro Público de Empresas Mercantis.
70. Art. 1.647. Ressalvado o disposto no art. 1.648, nenhum dos cônjuges pode, sem autorização do outro, exceto no regime da separação absoluta: III – prestar fiança ou aval.

Empresário individual

F. ESPÉCIES DE PESSOAS JURÍDICAS

1. PESSOA JURÍDICA

Existem dois tipos de pessoas: a pessoa natural e a pessoa jurídica. Aquela é o ser humano comum, também conhecido na linguagem cotidiana como pessoa física, representa os entes vivos sujeitos de direito e de obrigações. Por outro lado, a pessoa jurídica é uma criação jurídica, são entes fictícios criadas pelo Direito para a consecução de um fim comum, dotada de personalidade jurídica e patrimônio separado. Dividem-se em pessoas jurídicas de direito público interno e pessoas jurídicas de direito privado. As pessoas jurídicas de direito público são estabelecidas pelo Código Civil como sendo a União, os Estados e Distrito Federal, os Municípios, as autarquias, e demais entidades de caráter público criadas por lei.[71] Já as pessoas jurídicas de direito privado resumem-se em associações, sociedades, fundações, as organizações religiosas e os partidos políticos.

---

71. Existem ainda as pessoas jurídicas de direito público externo, na dicção do art. 42 do Código Civil: São pessoas jurídicas de direito público externo os Estados estrangeiros e todas as pessoas que forem regidas pelo direito internacional público.

2. PESSOAS JURÍDICAS DE DIREITO PRIVADO

O rol das pessoas jurídicas de direito privado está no artigo 44 do Código Civil.[72]

a) Associações

As associações são entidades sem fins lucrativos, geralmente destinadas a trabalhos de ajuda social ou para benefício de seus próprios integrantes (art. 53, CC[73]).

Há uma exceção legal quanto a associação que explora atividade futebolística que pode optar entre ser empresário ou não, caso em que, com a inscrição, será considerada empresária, para todos os efeitos (art. 971, p. único, CC).

b) Fundações

As fundações são entidades criadas por um instituidor que transfere bens de seu patrimônio para o surgimento desta pessoa jurídica com finalidade específica e, desejando, declarando a maneira de administrá-la (art. 62, CC[74]).

c) Sociedades

Originalmente, as sociedades se caracterizam pela reunião de duas ou mais pessoas que reciprocamente se obrigam a contribuir, com dinheiro, bens ou serviços, para o exercício de atividade econômica e a partilha, entre si, dos resultados (art. 981, CC[75]). Esse conceito foi relativizado com Lei deno-

---

72. Art. 44. São pessoas jurídicas de direito privado: I – as associações; II – as sociedades; III – as fundações. IV – as organizações religiosas; V – os partidos políticos. § 1º São livres a criação, a organização, a estruturação interna e o funcionamento das organizações religiosas, sendo vedado ao poder público negar-lhes reconhecimento ou registro dos atos constitutivos e necessários ao seu funcionamento. § 2º As disposições concernentes às associações aplicam-se subsidiariamente às sociedades que são objeto do Livro II da Parte Especial deste Código. § 3º Os partidos políticos serão organizados e funcionarão conforme o disposto em lei específica.
73. Art. 53. Constituem-se as associações pela união de pessoas que se organizem para fins não econômicos. Parágrafo único. Não há, entre os associados, direitos e obrigações recíprocos.
74. Art. 62. Para criar uma fundação, o seu instituidor fará, por escritura pública ou testamento, dotação especial de bens livres, especificando o fim a que se destina, e declarando, se quiser, a maneira de administrá-la. Parágrafo único. A fundação somente poderá constituir-se para fins de: I – assistência social; II – cultura, defesa e conservação do patrimônio histórico e artístico; III – educação; IV – saúde; V – segurança alimentar e nutricional; VI – defesa, preservação e conservação do meio ambiente e promoção do desenvolvimento sustentável; VII – pesquisa científica, desenvolvimento de tecnologias alternativas, modernização de sistemas de gestão, produção e divulgação de informações e conhecimentos técnicos e científicos; VIII – promoção da ética, da cidadania, da democracia e dos direitos humanos; IX – atividades religiosas; e X – (Vetado).
75. Art. 981. Celebram contrato de sociedade as pessoas que reciprocamente se obrigam a contribuir, com bens ou serviços, para o exercício de atividade econômica e a partilha, entre si, dos resultados. Parágrafo único. A atividade pode restringir-se à realização de um ou mais negócios determinados.

minada Declaração de Direitos de Liberdade Econômica (Lei 13.874/2019) que permitiu a constituição da sociedade limitada unipessoal – SLU (art. 1.052, CC[76]). Em uma evolução do papel das Sociedades na esfera social, as sociedades passaram a poder ser formadas por um único indivíduo. Essa evolução histórica tardou a fazer parte do direito brasileiro, mas foi finalmente admitida por meio da Declaração de Direitos de Liberdade Econômica (Lei 13.874/2019.

d) Organizações religiosas

As organizações religiosas são pessoas jurídicas constituídas que professam sua religião, sendo livres a criação, a organização, a estruturação interna e o funcionamento (art. 44, § 1º, CC).

e) Partidos políticos

Os partidos políticos destinam-se a assegurar, no interesse do regime democrático, a autenticidade do sistema representativo e a defender os direitos fundamentais definidos na Constituição Federal, com previsão própria na Lei 9.096/1995.

3. REGISTRO

A pessoa jurídica de direito privado tem existência legal, com personalidade jurídica e patrimônio próprio, a partir da inscrição de seu ato constitutivo no respectivo registro, precedida, quando necessário, de autorização ou aprovação do Poder Executivo, averbando-se no registro todas as alterações por que passar o ato constitutivo (art. 45, CC[77]). A pessoa jurídica não se confunde com os seus sócios, associados, instituidores ou administradores (art. 49-A, CC[78]).

---

76. Art. 1.052. Na sociedade limitada, a responsabilidade de cada sócio é restrita ao valor de suas quotas, mas todos respondem solidariamente pela integralização do capital social. § 1º A sociedade limitada pode ser constituída por 1 (uma) ou mais pessoas. § 2º Se for unipessoal, aplicar-se-ão ao documento de constituição do sócio único, no que couber, as disposições sobre o contrato social. (Incluído pela Lei 13.874/2019).
77. Art. 45. Começa a existência legal das pessoas jurídicas de direito privado com a inscrição do ato constitutivo no respectivo registro, precedida, quando necessário, de autorização ou aprovação do Poder Executivo, averbando-se no registro todas as alterações por que passar o ato constitutivo.
78. Art. 49-A. A pessoa jurídica não se confunde com os seus sócios, associados, instituidores ou administradores. Parágrafo único. A autonomia patrimonial das pessoas jurídicas é um instrumento lícito de alocação e segregação de riscos, estabelecido pela lei com a finalidade de estimular empreendimentos, para a geração de empregos, tributo, renda e inovação em benefício de todos.

G. SOCIEDADE EMPRESÁRIA

1. CONTRATO DE SOCIEDADE

Pelo artigo 981 do Código Civil celebram contrato de sociedade as pessoas que reciprocamente se obrigam a contribuir, com bens ou serviços, para o exercício de atividade econômica e a partilha, entre si, dos resultados.

É possível extrair do dispositivo os seguintes requisitos para o contrato de sociedade: (a) o *affectio societatis*; (b) a pluralidade de parte; (c) as obrigações recíprocas; (d) a finalidade econômica e (e) a partilha dos resultados.

a) Affectio societatis

A vontade de associação[79] – *affectio societatis*[80] –, garantida constitucionalmente (art. 5º, XX, Constituição Federal), constitui elemento subjetivo e volitivo dos sócios para se associarem, criando e impulsionando a sociedade, mediante a convergência de seus interesses para alcançar o objeto definido no contrato social.

b) Pluralidade de partes

Pluralidade de sócios é exigência de que o ente seja coletivo, formado por duas ou mais pessoas.

Todavia, com a criação da sociedade limitada unipessoal e a revogação início IV e do Parágrafo Único do artigo 1.033 do Código Civil pela Lei 14.195/2021,[81] confirmada pela MP 1.085/2021, que ainda revogou o art. 44, VI e o Título I-A

---

79. [...] a *affectio societatis* não é pressuposto algum, nem mesmo para a manutenção da sociedade entre seus sócios ao longo de sua existência. Se o fosse, os sócios em maioria poderiam alijar os detentores da minoria do capital a qualquer tempo, impedindo-os de participar dos bons negócios que se descortinassem para o futuro [...]. O querer ou não querer ficar ou permanecer vinculado a um contrato não é uma particularidade própria do ajuste societário. Nos contratos de duração em geral (como de sociedade, locação, fornecimento), a vontade de manter o vínculo contratual é-lhes inerente, sendo autorizada a sua resolução unilateral, a qualquer tempo, quando celebrados por prazo indeterminado. (GONÇALVES NETO, Alfredo de Assis. *Lições de Direito Societário*. 2. ed. São Paulo: Juarez de Freitas, n. 24, 2004, p. 54).
80. A *affectio societatis* é formada por dois elementos: fidelidade e confiança. A fidelidade está ligada ao respeito à palavra dada, à vontade expressada por ocasião da constituição da sociedade ainda que o quadro de membros desta se tenha modificado. Já a confiança diz respeito à ligação entre os sócios, os quais devem colaborar para a realização de um interesse comum. (PROENÇA, José Marcelo Martins. A exclusão de sócio nas sociedades limitadas. In: FINKELSTEIN. Maria Eugênia Reis; PROENÇA, José Marcelo Martins (Coord.). *Direito Societário*: tipos societários. São Paulo: Saraiva, 2009, p. 188).
81. O artigo 41 da Lei 14.195/2021 transformou todas as EIRELIs em SLU – Art. 41. As empresas individuais de responsabilidade limitada existentes na data da entrada em vigor desta Lei serão transformadas em sociedades limitadas unipessoais independentemente de qualquer alteração em seu ato constitutivo. Parágrafo único. Ato do Drei disciplinará a transformação referida neste artigo.

do Livro II da Partes Especial do Código Civil, que tratavam da EIRELI (Empresa Individual de Responsabilidade Limitada), o requisito da pluralidade de partes para as sociedades contratuais não é mais essencial.

A manutenção da pluralidade de partes para o contrato de sociedade cabe apenas nas Sociedades por Ações. A doutrina aponta como exceções à pluralidade de partes nas Sociedade por Ações nas seguintes hipóteses: (a) a sociedade anônima subsidiária integral (art. 251, Lei 6.404/1976), que é uma espécie de sociedade cujo único sócio é, necessariamente, uma outra sociedade que a controla; (b) a unipessoalidade incidental temporária da Sociedade Anônima, fato que ocorre com a concentração da participação societária (ações) nas mãos de único acionista por fato superveniente, mas que deve ser reconstituída a pluralidade até a próxima assembleia geral ordinária (art. 206, I, "d", LSA), sob pena de dissolução de pleno direito da sociedade e; (c) a empresa pública, cuja única sócia é a União (art. 5º, II, Decreto-Lei 200/1967).

c) Obrigações recíprocas

As obrigações recíprocas dos sócios para formação do capital social, seja com bens ou serviços, preconizam que todos são obrigados a contribuir para composição dos bens do patrimônio da sociedade.

d) Finalidade econômica

A finalidade econômica é o que distingue a sociedade das demais pessoas jurídicas de direito privado. Enquanto a conjunção de esforços pode buscar objetivos sem fins lucrativos, como no caso da associação ou entidade religiosa e, na sociedade, a finalidade econômica é condição *sine quo non* de sua definição. O objetivo da reunião de pessoas em sociedade é a partilha do lucro (dividendos). Todos os membros se reúnem visando ao sucesso do empreendimento para poder colher os frutos. Veja que a busca é o lucro, mas mesmo que essa finalidade não seja alcançada, estará caracterizado o requisito.

e) Partilha dos resultados

O derradeiro requisito do contrato de sociedade é a partilha dos resultados, consequência da finalidade econômica da sociedade. O sucesso ou insucesso do empreendimento refletir-se-á nos frutos ou nas perdas que serão partilhados entre os sócios de forma proporcional ou não à participação societária de cada um. Trata-se da consequência do princípio da inerência do risco empresarial.[82]

---

82. Por todos: COELHO, Fábio Ulhoa. A alocação de riscos e a segurança jurídica na proteção do investimento privado. *Revista de Direito Brasileira*, São Paulo, v. 16, n. 7, p. 291-304, jan./abr. 2017.

Se duas ou mais pessoas se reúnem para um objetivo econômico comum com partilha dos resultados, estaremos diante de uma sociedade. A principal finalidade da sociedade é o lucro.[83]

Uma comitiva constituída por humanos, elfos, *hobbits* e anões, mesmo que denominada de "sociedade",[84] cuja finalidade era auxiliar o portador do Anel em carregar seu fardo até um lugar longínquo e perigoso para destruir o artefato maligno, não poderia ser considerada uma sociedade pelo Direito Comercial pátrio, devido à falta dos elementos legais, especialmente finalidade econômica e a partilha dos resultados.

2. ESPÉCIES DE SOCIEDADES

Para uma sociedade ser considerada empresária é necessário que seu objeto social seja explorado empresarialmente, na forma do artigo 966 do Código Civil[85] ou que adote a forma de sociedade por ações. A sociedade que não explore sua atividade econômica daqueles explorada pela empresária

---

83. O contrato de sociedade é a convenção por via da qual duas ou mais pessoas se obrigam a conjugar seus esforços ou recursos a contribuir com bens ou serviços para a consecução de fim comum, mediante o exercício de atividade econômica, e a partilhar, entre si, os resultados (CC, art. 981). Nesse contrato há uma congregação de vontades paralelas ou convergentes, ou seja, dirigidas no mesmo sentido, para a obtenção de um objetivo comum, ao passo que, nos demais contratos, os interesses das partes colidem, por serem antagônicos, de maneira que a convenção surgirá exatamente para compor as divergências. O interesse dos sócios é idêntico; por isso todos, com capitais ou atividades, se unem para lograr uma finalidade, econômica ou não. Portanto, o contrato de sociedade é o meio pelo qual os sócios atingem o resultado almejado. Por haver uma confraternização de interesses dos sócios para alcançar certo fim, todos os lucros lhes deverão ser atribuídos, não se excluindo o quinhão social de qualquer deles da comparticipação nos prejuízos; assim, proibida estará qualquer cláusula contratual que beneficie um dos sócios, isentando-o, p. ex., dos riscos do empreendimento, repartindo os lucros apenas com ele, excluindo-o do pagamento das despesas ou da comparticipação dos prejuízos etc. (*RT*, 227:261).

    Há, portanto, uma manifestação de vontade para que se possa constituir pessoa jurídica, para cuja validade devem ser observados os requisitos de eficácia dos negócios jurídicos. Segundo o disposto no art. 104 do Código Civil, para que o ato jurídico seja perfeito é imprescindível: agente capaz (CC, arts. 3º e 5º); objeto lícito – de modo que seriam nulas as sociedades que tivessem por objeto a fabricação de moedas falsas –, possível, determinado ou determinável, e forma prescrita ou não defesa em lei, logo, devem ser contratadas por escrito e, se for o caso, obter prévia autorização governamental para funcionarem (DINIZ, Maria Helena. Direito de empresa. *Curso de direito civil brasileiro*. São Paulo: Saraiva, 2008, 8v., p. 302-303).

84. TOLKIEN, John Ronald Reuel. *O Senhor dos Anéis*: A Sociedade do Anel. São Paulo: Martins Editora. 2012.

85. Art. 966. Considera-se empresário quem exerce profissionalmente atividade econômica organizada para a produção ou a circulação de bens ou de serviços. Parágrafo único. Não se considera empresário quem exerce profissão intelectual, de natureza científica, literária ou artística, ainda com o concurso de auxiliares ou colaboradores, salvo se o exercício da profissão constituir elemento de empresa.

ou que adote a forma de cooperativa é considerada sociedade simples (S/S)[86] (art. 982, CC[87]).

a) Sociedade empresária

Para Fábio Ulhoa Coelho[88] a sociedade empresária é uma pessoa jurídica de direito privado não estatal que explora empresarialmente seu objeto social ou a forma de sociedade por ações,[89] porém entendemos que esse conceito não esgota a hipótese e, por isso, acrescentamos a possibilidade da existência de sociedade sem personalidade jurídica (sociedade em comum e a sociedade em conta de participação).

b) Sociedade simples

A sociedade simples é conceituada de forma residual, ou seja, para todas aquelas que estão excluídas do conceito de sociedade empresária, quais sejam: (i) a sociedade que não se enquadrar no conceito do artigo 966 do Código Civil; (ii) a sociedade profissional (ex. voltadas para advocacia, medicina, engenharia etc.); (iii) a sociedade que explorar atividade rural e que não se registrar na Junta Comercial e (iv) a cooperativa.

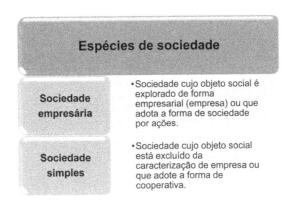

---

86. Usualmente na elaboração de Contrato Social de Sociedade Simples a ser registrado os Cartórios de Registro de Pessoas Jurídicas utiliza-se a abreviação S/S. Antes da entrada em vigor do Código Civil em 2.003 a sociedade que explorava atividade econômica civil era nomeada de Sociedade Civil e sua abreviatura era S/C.
87. Art. 982. Salvo as exceções expressas, considera-se empresária a sociedade que tem por objeto o exercício de atividade própria de empresário sujeito a registro (art. 967); e, simples, as demais. Parágrafo único. Independentemente de seu objeto, considera-se empresária a sociedade por ações; e, simples, a cooperativa.
88. COELHO, Fábio Ulhoa. *Manual de Direito Comercial*: Direito de Empresa. 25. ed. São Paulo: Saraiva, 2013, p. 140.
89. Neste conceito temos uma pequena observação a fazer: pelas disposições constantes no Código Civil é possível a existência de sociedade empresária sem personalidade jurídica, como Sociedade em Comum ou Conta em Participação.

3. REGISTRO

Para que a sociedade empresária adquira personalidade jurídica é necessária sua inscrição no Registro Público de Empresas Mercantis, o qual fica a cargo das Juntas Comerciais (art. 45, CC[90]) e para sociedade simples a inscrição no Registro Civil das Pessoas Jurídicas (art. 998, CC[91]), conforme o artigo 1150 do Código Civil,[92] passando então a sociedade a ter personalidade jurídica própria e ser considerada pessoa jurídica.

4. PERSONALIDADE JURÍDICA

A partir do registro, a sociedade conquistará personalidade jurídica própria e será sujeito de direito autônomo de seus sócios, portanto, passará a ter (i) titularidade negocial, podendo realizar negócios, assumir direitos e obrigações; (ii) titularidade processual, podendo ser parte processual (ativa ou passiva); (iii) autonomia patrimonial, com patrimônio próprio, inconfundível e incomunicável, em regra, com o patrimônio individual de cada um de seus sócios (art. 49-A, CC[93]).

---

90. Art. 45. Começa a existência legal das pessoas jurídicas de direito privado com a inscrição do ato constitutivo no respectivo registro, precedida, quando necessário, de autorização ou aprovação do Poder Executivo, averbando-se no registro todas as alterações por que passar o ato constitutivo. Parágrafo único. Decai em três anos o direito de anular a constituição das pessoas jurídicas de direito privado, por defeito do ato respectivo, contado o prazo da publicação de sua inscrição no registro.
91. Art. 998. Nos trinta dias subsequentes à sua constituição, a sociedade deverá requerer a inscrição do contrato social no Registro Civil das Pessoas Jurídicas do local de sua sede.
92. Art. 1.150. O empresário e a sociedade empresária vinculam-se ao Registro Público de Empresas Mercantis a cargo das Juntas Comerciais, e a sociedade simples ao Registro Civil das Pessoas Jurídicas, o qual deverá obedecer às normas fixadas para aquele registro, se a sociedade simples adotar um dos tipos de sociedade empresária.
93. Art. 49-A. A pessoa jurídica não se confunde com os seus sócios, associados, instituidores ou administradores. Parágrafo único. A autonomia patrimonial das pessoas jurídicas é um instrumento lícito de alocação e segregação de riscos, estabelecido pela lei com a finalidade de estimular empreendimentos, para a geração de empregos, tributo, renda e inovação em benefício de todos.

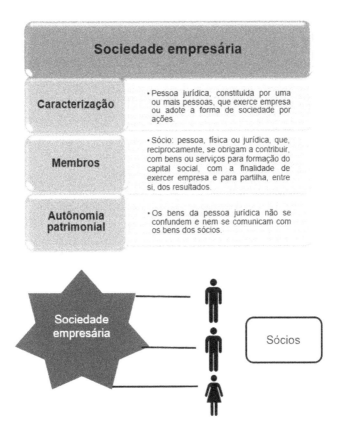

5. TIPOS SOCIETÁRIOS (ART. 983, CC[94])

Quando pessoas se unem para explorar uma atividade econômica por meio de sociedade empresária, devem escolher o tipo societário que será adotado pela pessoa jurídica a ser criada mediante o registro de seu ato constitutivo no órgão competente, um reflexo da regra da tipicidade societária.

Assim, os sócios, antes do registro, devem declarar no ato constitutivo o tipo societário que será adotado para aquela sociedade a ser constituída por eles, o que irá depender se a sociedade é da espécie empresária ou simples.

---
94. Art. 983. A sociedade empresária deve constituir-se segundo um dos tipos regulados nos arts. 1.039 a 1.092; a sociedade simples pode constituir-se de conformidade com um desses tipos, e, não o fazendo, subordina-se às normas que lhe são próprias. Parágrafo único. Ressalvam-se as disposições concernentes à sociedade em conta de participação e à cooperativa, bem como as constantes de leis especiais que, para o exercício de certas atividades, imponham a constituição da sociedade segundo determinado tipo.

a) Tipos de sociedade empresária

Se a sociedade for da espécie empresária, deverá constituir-se segundo um dos tipos societários regulados nos artigos 1.039 a 1.092 do Código Civil ou na Lei 6.404/1976 – Lei das Sociedades por Ações (LSA), quais sejam: (i) sociedade em nome coletivo; (ii) sociedade em comandita simples; (iii) sociedade limitada; (iv) sociedade anônima e; (iv) sociedade em comandita por ações.

b) Tipos de sociedade simples

Já se a espécie da sociedade for simples, poderá constituir-se segundo um dos tipos societários regulados nos artigos 1.039 a 1.092 do Código Civil, neste caso: (i) sociedade em nome coletivo; (ii) sociedade em comandita simples; (iii) sociedade limitada; (iv) cooperativa; ou (v) não o fazendo, subordinando-se às normas que lhe são próprias (sociedade simples *stricto sensu*) (art. 983, CC[95]).

Cada tipo de sociedade possui regras próprias e que serão exploradas no momento oportuno nesta obra, bastando neste ponto as noções gerais até então exploradas.

H. ENTE DESPERSONALIZADO

1. ENTE DESPERSONALIZADO

Como visto, para sociedade ter personalidade jurídica e, portanto, ser considerada pessoa jurídica, a lei impõe a ela a obrigação de registrar-se no órgão competente.

a) Sociedade em comum

Aquela sociedade que não cumpre a obrigação de registrar-se é considerada sociedade em comum (art. 986, CC[96]), também tratada pela jurisprudência e

---

95. Tema interessante, porém que não será abordado neste trabalho, é a possibilidade de criação de uma sociedade sem o correspondente tipo societário discriminado pelo Código Civil. Entendemos que a escolha de um tipo societário é condição *sine qua non* para o registro da sociedade na Junta Comercial, se empresária, ou no Cartório de Registro de Pessoas Jurídicas, se sociedade simples.
96. Art. 986. Enquanto não inscritos os atos constitutivos, reger-se-á a sociedade, exceto por ações em organização, pelo disposto neste Capítulo, observadas, subsidiariamente e no que com ele forem compatíveis, as normas da sociedade simples.

pela doutrina como sociedade irregular ou de fato.[97] A sociedade em comum é uma sociedade sem personalidade jurídica própria, é um ente despersonalizado e, portanto, não é uma pessoa jurídica. As consequências do descumprimento desta obrigação serão tratadas em momento oportuno.

b) Sociedade em conta de participação

Outra espécie de sociedade sem personalidade jurídica e, portanto, um ente despersonalizado, é a sociedade em conta de participação (art. 991, CC[98]), cuja análise também será feita oportunamente.

I. MICROEMPRESA E EMPRESA DE PEQUENO PORTE

1. MICROEMPRESA (ME) E EMPRESA DE PEQUENO PORTE (EPP)

A Microempresa (ME) e a Empresa de Pequeno Porte (EPP) não são tipos societários, mas qualidades dos empresários, sejam eles pessoas físicas (empresário individual) ou jurídicas (sociedade empresária).

2. ESTATUTO NACIONAL DA MICROEMPRESA E EMPRESA DE PEQUENO PORTE

A Microempresa (ME) e a Empresa de Pequeno Porte (EPP) são disciplinadas pelo Estatuto Nacional da Microempresa e Empresa de Pequeno Porte – Lei Complementar 123/2006 e suas alterações, e caracterizadas como meio de simplificar o atendimento das obrigações administrativas (benefícios relativos a licitações públicas), tributárias, previdenciárias, trabalhistas e creditícias, bem como facilitar o acesso à Justiça (a ME e EPP podem ser partes ativas em ações movidas perante o Juizado Especial Cível – art. 9, § 1º, II, Da lei 9.099/1995), nos termos do artigo 179 da Constituição Federal.[99] Para normas do Direito Comercial, as

---

97. Para se aprofundar no tema recomendamos: FÉRES, Marcelo Andrade, *Sociedade em Comum*: disciplina jurídica e institutos afins. São Paulo: Saraiva, 2011.
98. Art. 991. Na sociedade em conta de participação, a atividade constitutiva do objeto social é exercida unicamente pelo sócio ostensivo, em seu nome individual e sob sua própria e exclusiva responsabilidade, participando os demais dos resultados correspondentes. Parágrafo único. Obriga-se perante terceiro tão somente o sócio ostensivo; e, exclusivamente perante este, o sócio participante, nos termos do contrato social.
99. Art. 179. A União, os Estados, o Distrito Federal e os Municípios dispensarão às microempresas e às empresas de pequeno porte, assim definidas em lei, tratamento jurídico diferenciado, visando a incentivá-las pela simplificação de suas obrigações administrativas, tributárias, previdenciárias e creditícias, ou pela eliminação ou redução destas por meio de lei.

Microempresas (ME) e Empresas de Pequeno Porte (EPP) também possuem benefícios próprios no pedido de recuperação judicial de empresas previsto na Lei de Falência e Recuperação de Empresas (Lei 11.101/2005), como por exemplo a possibilidade de um plano especial previsto no artigo 71 da referida lei.

3. QUALIFICAÇÃO EM ME E EPP

Para ser considerado Microempresário (ME), a receita bruta[100] anual do empresário não pode ultrapassar R$ 360.000,00 (trezentos e sessenta mil reais) e para Empresa de Pequeno Porte (EPP) a receita bruta deve estar entre R$ 360.000,00(trezentos e sessenta mil reais) e R$ 4.800.000,00 (quatro milhões e oitocentos mil reais), considerada a soma das receitas de todos os estabelecimentos, caso existam filiais, sucursais ou agências e, ainda, respeitar as regras apesentadas na referida Lei Complementar 123/06. Importante destacar que a cooperativa, a sociedade anônima e a comandita por ações estão excluídas dos benefícios do Estatuto Nacional da Microempresa e Empresa de Pequeno Porte (art. 3º, LC 123/2006[101]).

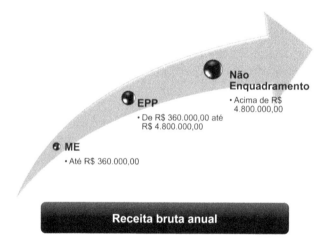

---

100. Art. 3º, § 1º Considera-se receita bruta, para fins do disposto no caput deste artigo, o produto da venda de bens e serviços nas operações de conta própria, o preço dos serviços prestados e o resultado nas operações em conta alheia, não incluídas as vendas canceladas e os descontos incondicionais concedidos.
101. Art. 3º Para os efeitos desta Lei Complementar, consideram-se microempresas ou empresas de pequeno porte, a sociedade empresária, a sociedade simples, a empresa individual de responsabilidade limitada e o empresário a que se refere o art. 966 da Lei 10.406, de 10 de janeiro de 2002 (Código Civil), devidamente registrados no Registro de Empresas Mercantis ou no Registro Civil de Pessoas Jurídicas, conforme o caso, desde que: I – no caso da microempresa, aufira, em cada ano-calendário, receita bruta igual ou inferior a R$ 360.000,00 (trezentos e sessenta mil reais); e II – no caso de empresa de pequeno porte, aufira, em cada ano-calendário, receita bruta superior a R$ 360.000,00 (trezentos e sessenta mil reais) e igual ou inferior a R$ 4.800.000,00 (quatro milhões e oitocentos mil reais).

4. MICROEMPREENDEDOR INDIVIDUAL (MEI)

A Lei Complementar prevê também a figura do Microempreendedor Individual (MEI), que é assim considerado o empresário individual que se enquadre na definição do art. 966 do Código Civil, ou o empreendedor que exerça as atividades de industrialização, comercialização e prestação de serviços no âmbito rural, que tenha auferido receita bruta, no ano-calendário anterior, de até R$ 81.000,00 (oitenta e um mil reais), que seja optante pelo Simples Nacional e que não esteja impedido de optar pela sistemática prevista no Estatuto da Microempresa e Empresa de Pequeno Porte (art. 18-A, LC 123/2006[102]).

5. SIMPLES NACIONAL

Ainda há opção do Microempreendedor Individual, Microempresa ou da Empresa de Pequeno Porte optar pelo Regime Especial Unificado de Arrecadação de Tributos e Contribuições devidos pela Microempresa e Empresa de Pequeno Porte, denominado Simples Nacional (art. 12, LC 123/2006),[103] regime tributário simplificado no qual a ME e a EPP optam para recolher diversos tributos[104] mediante um único recolhimento mensal proporcional ao seu faturamento, o que não exclui a obrigatoriedade de o empresário recolher os tributos não unificados pelo sistema, tais como Imposto sobre Operações Financeiras (IOF), Imposto sobre a Importação de Produtos Estrangeiros (II) etc.

a) Dispensa de escrituração

Optando o empresário pelo Simples Nacional, será dispensado de escriturar o livro obrigatório do empresário (Livro Diário), porém deverá manter conserva-

---

102. Art. 18-A. O Microempreendedor Individual – MEI poderá optar pelo recolhimento dos impostos e contribuições abrangidos pelo Simples Nacional em valores fixos mensais, independentemente da receita bruta por ele auferida no mês, na forma prevista neste artigo. § 1º Para os efeitos desta Lei Complementar, considera-se MEI quem tenha auferido receita bruta, no ano-calendário anterior, de até R$ 81.000,00 (oitenta e um mil reais), que seja optante pelo Simples Nacional e que não esteja impedido de optar pela sistemática prevista neste artigo, e seja empresário individual que se enquadre na definição do art. 966 da Lei 10.406, de 10 de janeiro de 2002 (Código Civil), ou o empreendedor que exerça: I – as atividades de que trata o § 4º-A deste artigo; II – as atividades de que trata o § 4º-B deste artigo estabelecidas pelo CGSN; e III – as atividades de industrialização, comercialização e prestação de serviços no âmbito rural.
103. Art. 12. Fica instituído o Regime Especial Unificado de Arrecadação de Tributos e Contribuições devidos pelas Microempresas e Empresas de Pequeno Porte – Simples Nacional.
104. São exemplos de tributos recolhidos de forma unificada o Imposto de Renda (IR), Imposto sobre Produtos Industrializados (IPI), Contribuição Social sobre o Lucro Líquido (CSLL), Contribuição para o Financiamento da Seguridade Social (COFINS), Contribuição para PIS/PASEP, Contribuição Previdenciária Patronal, Imposto sobre Circulação de Mercadorias e Serviços (ICMS) e Imposto sobre Serviços de Qualquer Natureza (ISSQN), conforme art. 13 da Lei Complementar 123/06.

da toda sua documentação contábil. Aquele que não optar pelo Simples Nacional deverá escriturar o Livro Caixa (art. 26, § 2º, LC 123/2006).[105]

No entanto, ainda que não optante do regime tributário diferenciado – Simples Nacional – os empresários que se enquadrarem nos parâmetros da Lei Complementar 12.320/06 poderão utilizar os outros benefícios não tributários previstos pelo fato de continuar sendo ME ou EPP, desde que não se enquadrem nas vedações previstas no artigo 3º, §4º. A opção pelo regime tributário diferenciado pode ser efetivada por todos os empresários que atendam aos requisitos e não desenvolvam atividades cuja opção seja vedada pela Lei Complementar 123/2006. Basta o exercício de uma atividade vedada para impedir todo enquadramento. Portanto, existem 2 tipos de vedação para aproveitamento dos benefícios da Lei Complementar 123/2006, sendo uma relativa aos benefícios genericamente considerados (art. 3º) e outra relativa apenas ao regime tributário diferenciado (art. 17).

b) Acesso à Justiça

Além dos benefícios administrativos e tributários, a lei permite que aqueles enquadrados como ME e EPP, mesmo pessoas jurídicas, sejam partes ativas no Juizado Especial Cível (art. 74, LC 123/2006[106]).

c) Lei de Falência e Recuperação de Empresas

A Lei de Falência e Recuperação de Empresas (LFRE) foi modificada pela Lei Complementar 147 de 07 de agosto de 2007 introduzindo benefícios a Microempresas e Empresas de Pequeno Porte, como a criação de uma classe própria das ME e EPP na recuperação judicial (art. 41, LFRE[107]).[108]

---

105. Art. 26. As microempresas e empresas de pequeno porte optantes pelo Simples Nacional ficam obrigadas a: I – emitir documento fiscal de venda ou prestação de serviço, de acordo com instruções expedidas pelo Comitê Gestor; II – manter em boa ordem e guarda os documentos que fundamentaram a apuração dos impostos e contribuições devidos e o cumprimento das obrigações acessórias a que se refere o art. 25 desta Lei Complementar enquanto não decorrido o prazo decadencial e não prescritas eventuais ações que lhes sejam pertinentes. § 2º As demais microempresas e as empresas de pequeno porte, além do disposto nos incisos I e II do *caput* deste artigo, deverão, ainda, manter o livro-caixa em que será escriturada sua movimentação financeira e bancária.
106. Art. 74. Aplica-se às microempresas e às empresas de pequeno porte de que trata esta Lei Complementar o disposto no § 1º do art. 8º da Lei 9.099, de 26 de setembro de 1995, e no inciso I do *caput* do art. 6º da Lei 10.259, de 12 de julho de 2001, as quais, assim como as pessoas físicas capazes, passam a ser admitidas como proponentes de ação perante o Juizado Especial, excluídos os cessionários de direito de pessoas jurídicas.
107. Art. 41. A assembleia-geral será composta pelas seguintes classes de credores: I – titulares de créditos derivados da legislação do trabalho ou decorrentes de acidentes de trabalho; II – titulares de créditos com garantia real; III – titulares de créditos quirografários, com privilégio especial, com privilégio geral ou subordinados. IV – titulares de créditos enquadrados como microempresa ou empresa de pequeno porte.
108. Mesmo antes da referida alteração legislativa, a LFRE já previa plano especial de recuperação judicial para ME e EPP (art. 70, LFRE).

Capítulo III
OBRIGAÇÕES COMUNS AOS EMPRESÁRIOS

A. INTRODUÇÃO – OBRIGAÇÕES COMUNS AOS EMPRESÁRIOS

1. OBRIGAÇÕES COMUNS

O empresário (gênero), seja ele pessoa física (empresário individual) ou jurídica (sociedade empresária), está sujeito a algumas obrigações decorrentes de lei que, desatendidas, geram consequências sérias, inclusive penais em alguns casos. Em termos gerais, deve o empresário registrar-se no órgão competente antes de dar início à exploração da atividade, pois exercendo-a antes do registro será, nesse tempo, considerado irregular. Outra obrigação é a manutenção de uma escrituração regular para os seus negócios além de, por fim, o levantamento periódico de demonstrações contábeis.

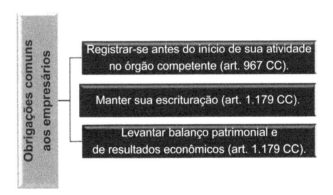

A falta do cumprimento de uma, algumas ou todas as obrigações gerais não excluirá o empresário do tratamento próprio dispensado pelo Direito Empresarial, porém o empresário, por conta dessa conduta faltosa, não conseguirá desenvolver negócios regulares, ficando impedindo de contratar com a Administração Pública, contrair empréstimos bancários, pedir recuperação judicial etc. Como bem define a doutrina comercialista, o empresário será irregular, clandestino e sonegador de tributos.

B. SINREM

1. OBRIGAÇÃO DE REGISTRO

Para início regular de sua atividade a lei impõe ao empresário, independentemente de seu ramo de atividade, a obrigação de registrar-se no Registro Público de Empresas Mercantis a cargo das Juntas Comerciais (art. 967, CC[1]).

2. LEI DE REGISTRO DE EMPRESAS

A Lei 8.934, de 18 de novembro de 1994 (Lei de Registro de Empresas – LRE), dispõe sobre o Registro Público de Empresas Mercantis e Atividades Afins. A Lei de Registro de Empresas é responsável não só por tratar do registro do empresário, mas também da matrícula dos auxiliadores e da autenticação da escrituração do empresário.

3. SINREM

A Lei de Registro de Empresas cria o Sistema Nacional de Registro de Empresas Mercantis (SINREM), composto pelos seguintes órgãos: (i) o Departamento de Registro Empresarial e Integração (DREI) que substituiu o Departamento Nacional de Registro do Comércio[2] e; (ii) as Juntas Comerciais.

O Departamento de Registro Empresarial e Integração (DREI) é órgão central do SINREM, com funções supervisora, orientadora, coordenadora e normativa, no plano técnico; e supletiva, no plano administrativo federal, além de possuir competências estipuladas no artigo 4º da Lei de Registro de Empesas.[3]

---

1. Art. 967. É obrigatória a inscrição do empresário no Registro Público de Empresas Mercantis da respectiva sede, antes do início de sua atividade.
2. Departamento Nacional de Registro do Comércio – DNRC foi extinto com a criação da Secretaria da Micro e Pequena Empresa – SMPE, por meio da Lei 12.792/2013 que alterou a Lei 10.683, de 28 de maio de 2003, que veio a criar pelo Decreto 8.001, de 10 de maio de 2013 o Departamento de Registro Empresarial e Integração (DREI). Ocorre que atualmente a Secretaria da Micro e Pequena Empresa – SMPE foi extinta pela Medida Provisória 696 de 2 de outubro de 2015, e suas competências foram transferidas à Secretaria de Governo da Presidência da República. Já o Decreto 8001/2013 fora revogado pelo Decreto 8579 de novembro de 2015, porém manteve o Departamento de Registro Empresarial e Integração (DREI) e suas competências.
3. Art. 4º O Departamento Nacional de Registro Empresarial e Integração (Drei) da Secretaria de Governo Digital da Secretaria Especial de Desburocratização, Gestão e Governo Digital do Ministério da Economia tem por finalidade: I – supervisionar e coordenar, no plano técnico, os órgãos incumbidos da execução dos serviços de Registro Público de Empresas Mercantis e Atividades Afins; II – estabelecer e consolidar, com exclusividade, as normas e diretrizes gerais do Registro Público de Empresas Mer-

Entretanto, não possui o DREI instrumentos ou poderes para intervenção nas Juntas Comerciais caso suas diretrizes não sejam acatadas ou as recomendações de correção não sejam obedecidas. A lei confere apenas a possibilidade de representar às autoridades competentes para resolver o que se entende não estar em concordância, como o Governador do Estado, o Ministério Público Estadual, entre outros de acordo com a situação.

a) Juntas Comerciais

As Juntas Comerciais são órgãos locais, com funções executora e administradora dos serviços de registro. Cada Estado possui uma Junta Comercial com sede na capital e jurisdição na área da circunscrição territorial respectiva

---

cantis e Atividades Afins; II – solucionar dúvidas ocorrentes na interpretação das leis, regulamentos e demais normas relacionadas com o registro de empresas mercantis, baixando instruções para esse fim; IV – prestar orientação às Juntas Comerciais, com vistas à solução de consultas e à observância das normas legais e regulamentares do Registro Público de Empresas Mercantis e Atividades Afins; V – exercer ampla fiscalização jurídica sobre os órgãos incumbidos do Registro Público de Empresas Mercantis e Atividades Afins, representando para os devidos fins às autoridades administrativas contra abusos e infrações das respectivas normas, e requerendo tudo o que se afigurar necessário ao cumprimento dessas normas; VI – estabelecer normas procedimentais de arquivamento de atos de firmas mercantis individuais e sociedades mercantis de qualquer natureza; VII – promover ou providenciar, supletivamente, as medidas tendentes a suprir ou corrigir as ausências, falhas ou deficiências dos serviços de Registro Público de Empresas Mercantis e Atividades Afins; VIII – prestar colaboração técnica e financeira às juntas comerciais para a melhoria dos serviços pertinentes ao Registro Público de Empresas Mercantis e Atividades Afins; IX – organizar e manter atualizado o cadastro nacional das empresas mercantis em funcionamento no País, com a cooperação das juntas comerciais; X – instruir, examinar e encaminhar os pedidos de autorização para nacionalização ou instalação de filial, de agência, de sucursal ou de estabelecimento no País por sociedade estrangeira, ressalvada a competência de outros órgãos federais; XI – promover e elaborar estudos e publicações e realizar reuniões sobre temas pertinentes ao Registro Público de Empresas Mercantis e Atividades Afins. XII – apoiar a articulação e a supervisão dos órgãos e das entidades envolvidos na integração para o registro e a legalização de empresas; XIII – quanto à integração para o registro e a legalização de empresas: a) propor planos de ação e diretrizes e implementar as medidas deles decorrentes, em articulação com outros órgãos e entidades públicas, inclusive estaduais, distritais e municipais; b) (Vetado); c) (VETADO); e d) propor e implementar projetos, ações, convênios e programas de cooperação, em articulação com órgãos e com entidades públicas e privadas, nacionais e estrangeiras, no âmbito de sua área de competência; XIV – quanto ao Registro Público de Empresas Mercantis e Atividades Afins, propor os planos de ação, as diretrizes e as normas e implementar as medidas necessárias; XV – coordenar as ações dos órgãos incumbidos da execução dos serviços do Registro Público de Empresas Mercantis e Atividades Afins; XVI – especificar, desenvolver, implementar, manter e operar os sistemas de informação relativos à integração para o registro e para a legalização de empresas, em articulação com outros órgãos e observadas as competências destes; e XVII – propor, implementar e monitorar medidas relacionadas com a desburocratização do registro público de empresas e destinadas à melhoria do ambiente de negócios no País. Parágrafo único. O cadastro nacional a que se refere o inciso IX do caput deste artigo será mantido com as informações originárias do cadastro estadual de empresas, vedadas a exigência de preenchimento de formulário pelo empresário ou o fornecimento de novos dados ou informações, bem como a cobrança de preço pela inclusão das informações no cadastro nacional.

(art. 5º, LRE⁴), com competências delimitadas pelo artigo 8º da Lei de Registro de Empresas.⁵

Há uma subordinação hierárquica híbrida das Juntas Comerciais uma vez que se subordinam administrativamente ao governo da unidade federativa de sua jurisdição e, tecnicamente, ao DREI. A Junta Comercial do Distrito Federal é subordinada administrativa e tecnicamente ao DREI (art. 6º, LRE⁶).

A vinculação hierárquica das Juntas Comerciais é de natureza híbrida. Em matéria de direito comercial e atinente ao registro de comércio, ela se encontra sujeita ao DREI, mas em matéria administrativa e financeira estão as Juntas subordinadas ao governo estadual ou do distrito federal ao qual pertencem. É importante essa análise para estabelecer a competência judicial para discutir atos e decisões das Juntas Comerciais. Por exemplo, sendo o registro de uma sociedade limitada negado sob o fundamento de o contrato social não atender aos requisitos legais, a discussão sobre a procedência do indeferimento deve ser submetida aos juízes federais, eis que nesse caso estaria a Junta atuando como órgão executivo das normas emanadas do DREI, integrante da estrutura administrativa da União. Entretanto, se a Junta inabilitou um licitante em uma concorrência pública qualquer, a matéria deve ser submetida aos juízes estaduais, pois a lide tem nesse contexto como objeto um ato administrativo que não se relaciona o registro público de empresas mercantis.

A Junta Comercial tem sua estrutura determinada pela legislação estadual da unidade pertencente. Na maioria das vezes é uma autarquia com autonomia administrativa e financeira, mas também pode figurar como um órgão da Administração Direta, geralmente integrante da Secretaria de Justiça. Em qualquer caso, seguindo a legislação federal, a Junta deve ser composta pela Presidência, Plenário, Turmas, Secretaria – Geral e a Procuradoria. A Presidência é responsável pela direção administrativa e representação do órgão. Já o Plenário é composto por vogais, mínimo de 11 e máximo de 23, que representam empresários, advogados, economistas, contadores e a Administração Pública. É no Plenário que são

---

4. Art. 5º Haverá uma junta comercial em cada unidade federativa, com sede na capital e jurisdição na área da circunscrição territorial respectiva.
5. Art. 8º Às Juntas Comerciais incumbe: I – executar os serviços previstos no art. 32 desta lei; II – elaborar a tabela de preços de seus serviços, observadas as normas legais pertinentes; III – processar a habilitação e a nomeação dos tradutores públicos e intérpretes comerciais; IV – elaborar os respectivos Regimentos Internos e suas alterações, bem como as resoluções de caráter administrativo necessárias ao fiel cumprimento das normas legais, regulamentares e regimentais; V – expedir carteiras de exercício profissional de pessoas legalmente inscritas no Registro Público de Empresas Mercantis e Atividades Afins; VI – o assentamento dos usos e práticas mercantis.
6. Art. 6º As juntas comerciais subordinam-se, administrativamente, ao governo do respectivo ente federativo e, tecnicamente, ao Departamento Nacional de Registro Empresarial e Integração, nos termos desta Lei.

tomadas as decisões através de deliberação, dividindo-se em Turmas compostas cada uma por 3 vogais que também deliberam. A Secretaria – Geral executa os atos de registro e desempenha tarefas de suporte administrativo e a Procuradoria exerce as funções de consultoria, advocacia judicial no interesse da Junta e fiscalização da aplicação da lei, regulamentos e normas em geral.

Diante desse cenário, para matéria abordada a seguir, é imperioso compreender que as Juntas Comerciais executam os atos de registros previstos na lei, enquanto o Departamento de Registro Empresarial e Integração (DREI) é órgão que busca padronizar essas ações executórias mediante Instruções Normativas (IN) que são atos administrativos que buscam estabelecer normas procedimentais de arquivamento de atos de firmas mercantis individuais e sociedades mercantis de qualquer natureza (art. 4º, VI, LRE[7]).

4. ATOS DE REGISTRO

Os atos executórios praticados pelas Juntas Comerciais são chamados de "registro" que compreendem: (a) a matrícula; (b) o arquivamento e; (c) a autenticação (art. 32, LRE[8]).

a) Matrícula

A matrícula é o ato de registro referente aos auxiliares do comércio, cujas funções, historicamente, são mantidas no mesmo órgão de registro dos empresários, quais sejam, os leiloeiros, tradutores públicos e intérpretes comerciais, trapicheiros e administradores de armazéns-gerais (art. 32, I, LRE). Aqueles que desejarem exercer as referidas funções deverão procurar a respectiva e competente junta comercial do seu respectivo Estado para poder buscar o registro de sua atividade.

---

7. Art. 4º O Departamento Nacional de Registro Empresarial e Integração (Drei) da Secretaria de Governo Digital da Secretaria Especial de Desburocratização, Gestão e Governo Digital do Ministério da Economia tem por finalidade: VI – estabelecer normas procedimentais de arquivamento de atos de firmas mercantis individuais e sociedades mercantis de qualquer natureza.
8. Art. 32. O registro compreende: I – a matrícula e seu cancelamento: dos leiloeiros, tradutores públicos e intérpretes comerciais, trapicheiros e administradores de armazéns-gerais; II – O arquivamento: a) dos documentos relativos à constituição, alteração, dissolução e extinção de firmas mercantis individuais, sociedades mercantis e cooperativas; b) dos atos relativos a consórcio e grupo de sociedade de que trata a Lei 6.404, de 15 de dezembro de 1976; c) dos atos concernentes a empresas mercantis estrangeiras autorizadas a funcionar no Brasil; d) das declarações de microempresa; e) de atos ou documentos que, por determinação legal, sejam atribuídos ao Registro Público de Empresas Mercantis e Atividades Afins ou daqueles que possam interessar ao empresário e às empresas mercantis; III – a autenticação dos instrumentos de escrituração das empresas mercantis registradas e dos agentes auxiliares do comércio, na forma de lei própria.

A Lei 14.195/2021 trata sobre a profissão de tradutor e interprete público, reiterando a necessidade de registro perante a junta comercial do local de seu domicilio ou de atuação mais frequente (art. 22, VI, da Lei 14.195/2021[9])

b) Arquivamento

O arquivamento compreende o registro vinculados diretamente ao empresário assim descritos: (i) os documentos relativos à constituição, alteração, dissolução e extinção de firmas mercantis individuais, sociedades mercantis e cooperativas (art. 32, II, a, LRE); (ii) os atos relativos a consórcio e grupo de sociedade de que trata a Lei 6.404, de 15 de dezembro de 1976 (art. 32, II, b, LRE); (iii) os atos concernentes a empresas mercantis estrangeiras autorizadas a funcionar no Brasil (art. 32, III, c, LRE); (iv) as declarações de microempresa (art. 32, II, d, LRE) e; (v) e atos ou documentos que, por determinação legal, sejam atribuídos a Junta Comercial ou daqueles que possam interessar ao empresário e às empresas mercantis (art. 32, II, e, LRE).

Não só os documentos obrigatórios ao registro podem ser arquivados. Desejando o comerciante efetuar o registro de algum outro para torná-lo mais seguro e público, com uma procuração com cláusula "ad negotia", poderá registrar esses documentos na Junta, arquivando-os.

c) Autenticação

Por fim, a autenticação dos instrumentos de escrituração das empresas mercantis registradas e dos agentes auxiliares do comércio, na forma de lei própria (art. 32, III, LRE). Como veremos oportunamente os empresários são obrigados por lei a escriturar livros que para serem considerados regulares devem estar autenticados pela Junta Comercial.

5. PRAZO DE APRESENTAÇÃO PARA ARQUIVAMENTO

Os documentos descritos acima deverão ser apresentados a arquivamento na Junta Comercial, dentro de 30 (trinta) dias contados de sua assinatura, cuja data retroagirão os efeitos do arquivamento; fora desse prazo, o arquivamento só terá eficácia a partir do despacho que o conceder (art. 36, LRE[10]).

---

9. Art. 22. São requisitos para o exercício da profissão de tradutor e intérprete público: VI – ter registro na junta comercial do local de seu domicílio ou de atuação mais frequente.
10. Art. 36. Os documentos referidos no inciso II do art. 32 deverão ser apresentados a arquivamento na junta, dentro de 30 (trinta) dias contados de sua assinatura, a cuja data retroagirão os efeitos do arquivamento; fora desse prazo, o arquivamento só terá eficácia a partir do despacho que o conceder.

Diante desta norma, se uma alteração contratual de uma sociedade do tipo Limitada, por exemplo, depois de assinada for levada a registro em 30 (trinta) dias decorrentes da data da assinatura passa a produzir efeitos desde então. Assim, se essa alteração admitiu um novo sócio, este o será a partir da data da assinatura, desde que o registro se dê nos 30 (trinta) dias seguintes. Todavia, caso esse prazo não seja respeitado, o ato não irá retroagir a data da assinatura e só produzirá efeitos a partir da data do registro. Assim, se nessa mesma alteração o arquivamento se der 40 (quarenta) dias depois da assinatura, o novo sócio assim será considerado a partir da data do registro, não mais da data da assinatura.

6. EXAME DAS FORMALIDADES

A Junta Comercial não é responsável pela análise do mérito da questão, seja um contrato ou uma alteração contratual. Ao órgão cabe observar apenas as formalidades exigidas pela lei, pelo decreto regulamentar e pelas instruções do DREI, não sendo da sua alçada a verificação do ato em seu conteúdo, restringindo-se sua competência à questões como qualificação completa dos sócios, assinatura da maioria necessária, existência de cláusula restritiva etc. Caso seja ultrapassado o limite de atuação, contra o despacho denegatório do registro cabe mandado de segurança, e contra o despacho concessivo, caberá revisão judicial se o ato não contém alguma formalidade pela lei exigida.[11]

A Junta Comercial, ao analisar as formalidades do ato, pode constatar a existência de vício no documento, e este vício poderá ser sanável ou insanável. Se sanável, concederá a Junta Comercial um prazo de 30 (trinta) dias para o interessado corrigir o ato, mas se for insanável o vício, o arquivamento do ato será indeferido. Em ambas as hipóteses possui o interessado meios para recorrer e pedir revisão da postura adotada pelo órgão do registro (art. 40, LRE[12]).

---

11. Seria o caso de controle de legalidade sobre o ato realizado pelo Poder Judiciário mediante provocação da pessoa interessada.
12. Art. 40. Todo ato, documento ou instrumento apresentado a arquivamento será objeto de exame do cumprimento das formalidades legais pela junta comercial. § 1º Verificada a existência de vício insanável, o requerimento será indeferido; quando for sanável, o processo será colocado em exigência. § 2º As exigências formuladas pela junta comercial deverão ser cumpridas em até 30 (trinta) dias, contados da data da ciência pelo interessado ou da publicação do despacho. § 3º O processo em exigência será entregue completo ao interessado; não devolvido no prazo previsto no parágrafo anterior, será considerado como novo pedido de arquivamento, sujeito ao pagamento dos preços dos serviços correspondentes.

C. REGISTRO

1. EMPRESÁRIO REGULAR

Como dito, o empresário para ser considerado regular deve, antes de iniciar suas atividades, registrar-se na Junta Comercial de sua sede (art. 967, CC[13]).

Para registro do empresário individual é necessário o preenchimento e apresentação de "Requerimento de Empresário", enquanto para a sociedade empresária sua constituição se dá por meio de "Contrato Social" ou "Estatuto Social.

a) Inscrições fiscais

Após o registro na Junta Comercial, o empresário deverá buscar regularizar-se perante os demais órgãos públicos, como a Receita Federal do Brasil para adquirir seu CNPJ (Cadastro Nacional da Pessoa Jurídica), a Secretaria da Fazenda do seu respectivo Estado para Inscrição Estadual (I.E.), a secretaria do Município para Inscrição Municipal (I.M.), o Conselho Regional de Representantes Comerciais caso exerça essa atividade ou o Conselho de Classe respectivo etc. Importante sobremaneira é a consciência do profissional habilitado de que além do registro na Junta Comercial e na Receita Federal do Brasil, são obrigatórios para todos os empresários, dependendo da atividade, procurar os demais órgãos para plena regularidade da atividade empresarial, como no caso das Seguradores que devem obter registro na SUSEP (Superintendência de Seguros Privados).

A inscrição do empresário no Cadastro Nacional das Pessoas Jurídicas (CNPJ) é obrigatória não apenas para a sociedade empresária, que é legalmente considerada pessoa jurídica, mas também para o empresário individual, que é pessoa física e não jurídica. Parece uma incongruência a sigla usada pela Receita Federal do Brasil, mas é de suma importância saber que nem todos os inscritos no Cadastro Nacional das Pessoas Jurídicas são pessoas jurídicas, pois os empresários individuais possuem CNPJ e não o são,[14] servindo o número de registro mais como uma espécie de controle para as funções da Receita Federal do Brasil do que uma identificação propriamente dita de pessoas jurídicas.

---

13. Art. 967. É obrigatória a inscrição do empresário no Registro Público de Empresas Mercantis da respectiva sede, antes do início de sua atividade.
14. Nos termos da Instrução Normativa RFB 2119, de 06 de dezembro de 2022 que dispõe sobre o Cadastro Nacional da Pessoa Jurídica (CNPJ).

2. NATUREZA JURÍDICA DO ATO DE REGISTRO

O ato de registro do Empresário Individual tem caráter meramente declaratório, pois não se está criando um novo sujeito de direito, mas apenas declarando a regularidade para início de suas atividades.

Diferentemente ocorre com a sociedade empresária regular,[15] pois neste caso a natureza do ato de registro é constitutivo, por criar um novo sujeito de direito, uma pessoa jurídica. Para que a sociedade empresária adquira personalidade jurídica própria é necessário seu registro na Junta Comercial (art. 45, CC[16]). A falta de registro, no caso da sociedade, tem por consequência a inexistência de personalidade jurídica, tratando-se de um ente despersonificado conhecido como Sociedade em Comum (art. 986, CC[17]) e que será estudado futuramente.

Não podemos nos furtar de retomar que existem duas espécies de sociedade, a sociedade simples (S/S) e a sociedade empresária. Diante da dicotomia existente no direito brasileiro entre o Direito Civil e o Direito Empresarial, em que pese a unificação parcial do direito privado com o Código Civil de 2002, há também distinção entre o órgão responsável pelo registro da sociedade simples e da empresária. Em regra, pelo disposto no artigo 1.150 do Código Civil, o empresário e a sociedade empresária se vinculam ao Registro Público de Empresas Mercantis a cargo das Juntas Comerciais, enquanto a sociedade simples ao Registro Civil das Pessoas Jurídicas.

Órgãos de registro	
Junta Comercial	Cartório de registro das pessoas jurídicas
– Empresário individual – Sociedade empresária – Cooperativa – Associação Futebolística	– Sociedade simples

---

15. É possível a existência de sociedade empresária não personificada, sem o nascimento da pessoa jurídica por falta de registro e que, portanto, sofrerá as consequências de sua irregularidade, sendo trata pelas normas da Sociedade em Comum.
16. Art. 45. Começa a existência legal das pessoas jurídicas de direito privado com a inscrição do ato constitutivo no respectivo registro, precedida, quando necessário, de autorização ou aprovação do Poder Executivo, averbando-se no registro todas as alterações por que passar o ato constitutivo.
17. Art. 986. Enquanto não inscritos os atos constitutivos, reger-se-á a sociedade, exceto por ações em organização, pelo disposto neste Capítulo, observadas, subsidiariamente e no que com ele forem compatíveis, as normas da sociedade simples.

3. EMPRESÁRIO SEM REGISTRO

Para que o empresário, seja empresário individual ou sociedade empresária, desenvolva regularmente sua atividade, deverá efetuar seu registro na Junta Comercial. Insta esclarecer que o registro não é requisito para caracterização do empresário,[18] ou seja, mesmo que não haja registro daquele que exerce a atividade econômica organizada para produção ou circulação de bens ou de serviços (empresa), seja individualmente (empresário individual) ou coletivamente (sociedade), será considerado empresário e responderá pelas consequências da irregularidade.

a) Empresário individual sem registro

O empresário sem individual registro: (i) não terá legitimidade para o pedido de falência de outro empresário (art. 97, § 1º, Lei LFRE[19]); (ii) será parte ilegítima para pedido de recuperação judicial (art. 51, V, LFRE[20]); (iii) não poderá ter seus livros autenticados (art. 1.181, CC[21]); (iv) não poderá participar de Licitações (art. 66, Lei 14.133/2021[22]); (v) não poderá proceder as inscrições Federais (CNPJ), Estaduais (I.E.) e Municipais (I.M.); (vi) não poderá matricular-se junto ao Instituto Nacional de Seguridade Social INSS (vii); será impossibilitado de contratar com o Poder Público.

b) Sociedade em comum

Já a sociedade empresária sem registro será considerada sociedade em comum[23] que é aquela que não teve seu ato constitutivo inscrito no órgão competente

---

18. Enunciado 198 do Conselho de Estudos Jurídicos do Conselho de Justiça federal. – A inscrição do empresário na Junta Comercial não é requisito para a sua caracterização, admitindo-se o exercício da empresa sem tal providência. O empresário irregular reúne os requisitos do art. 966, sujeitando-se às normas do Código Civil e da legislação comercial, salvo naquilo em que forem incompatíveis com a sua condição ou diante de expressa disposição em contrário.
19. Art. 97. Podem requerer a falência do devedor: § 1º O credor empresário apresentará certidão do Registro Público de Empresas que comprove a regularidade de suas atividades.
20. Art. 51. A petição inicial de recuperação judicial será instruída com: V – certidão de regularidade do devedor no Registro Público de Empresas, o ato constitutivo atualizado e as atas de nomeação dos atuais administradores;
21. Art. 1.181. Salvo disposição especial de lei, os livros obrigatórios e, se for o caso, as fichas, antes de postos em uso, devem ser autenticados no Registro Público de Empresas Mercantis. Parágrafo único. A autenticação não se fará sem que esteja inscrito o empresário, ou a sociedade empresária, que poderá fazer autenticar livros não obrigatórios.
22. Art. 66. A habilitação jurídica visa a demonstrar a capacidade de o licitante exercer direitos e assumir obrigações, e a documentação a ser apresentada por ele limita-se à comprovação de existência jurídica da pessoa e, quando cabível, de autorização para o exercício da atividade a ser contratada.
23. A sociedade em comum também é conhecida por sociedade irregular ou sociedade de fato.

e rege-se pelas disposições específicas dos artigos 986 a 990 do Código Civil, que serão vistas no momento oportuno desta obra. Se a sociedade não se registrou, não há que se falar em tipo societário para essa situação e, assim, descartando qualquer benefício que os tipos societários concederiam a determinadas situações.

Mesmo que os sócios tenham a intenção de constituir uma sociedade limitada, inclusive elaborando um contrato social com as disposições deste tipo societário, sem o registro não existirá sociedade limitada, mas sim sociedade em comum e a aplicação de suas regras específicas.

Com a ausência de registro do contrato social ou do estatuto social, não será constituída a pessoa jurídica e, consequentemente, a sociedade não terá personalidade jurídica própria.

Além das consequências arroladas para o empresário individual irregular, a sociedade que não cumpre a obrigação de se registrar terá como consequência específica o fato de que todos os sócios responderão solidária e ilimitadamente pelas obrigações sociais, suprimindo o benefício de ordem previsto no art. 1.024 do Código Civil[24] daquele que contratou pela sociedade (art. 990 CC[25]). Essa consequência será melhor abordada quando tratarmos de forma específica da sociedade em comum.

D. LIVROS EMPRESARIAIS

1. ESCRITURAÇÃO

O empresário é obrigado a seguir um sistema de contabilidade, mecanizado ou não, com base na escrituração uniforme de seus livros, em correspondência com a documentação respectiva (art. 1.179 CC[26]).

2. LIVROS DO EMPRESÁRIO

Não é apenas a legislação empresarial que trata da obrigação de escrituração, pois existem outros ramos do direito que exigem essa obrigação (Direito

---

24. Art. 1.024. Os bens particulares dos sócios não podem ser executados por dívidas da sociedade, senão depois de executados os bens sociais.
25. Art. 990. Todos os sócios respondem solidária e ilimitadamente pelas obrigações sociais, excluído do benefício de ordem, previsto no art. 1.024, aquele que contratou pela sociedade.
26. Art. 1.179. O empresário e a sociedade empresária são obrigados a seguir um sistema de contabilidade, mecanizado ou não, com base na escrituração uniforme de seus livros, em correspondência com a documentação respectiva, e a levantar anualmente o balanço patrimonial e o de resultado econômico. § 1º Salvo o disposto no art. 1.180, o número e a espécie de livros ficam a critério dos interessados. § 2º É dispensado das exigências deste artigo o pequeno empresário a que se refere o art. 970.

do trabalho, previdenciário, fiscal etc.). Quando diante da obrigação geral de escrituração, temos o gênero "Livros do Empresário". Mas se o livro é relacionado ao Direito Empresarial estamos diante dos "Livros Empresariais", que é uma espécie daquele.

3. LIVROS EMPRESARIAIS

Dentre os livros empresariais existem aqueles considerados obrigatórios e os facultativos. Obrigatórios são aqueles que a lei exige sua escrituração e os facultativos são aqueles que o empresário escritura não pela obrigação legal, mas para melhor gerenciamento de sua empresa (Art. 1.179, § 1º, CC[27]).

a) Livros obrigatórios

A doutrina ainda divide os livros empresariais obrigatórios em comuns ou especiais. O livro comum é aquele que deveria ser escriturado por todo empresário e os especiais aqueles que dependeriam do tipo societário, do fato de emitir ou não duplicatas etc.

---

27. Art. 1179, § 1º Salvo o disposto no art. 1.180, o número e a espécie de livros ficam a critério dos interessados.

(i) Livro obrigatório comum. Pelo artigo 1.180 do Código Civil,[28] além dos demais livros exigidos por lei, é indispensável o livro Diário, ou seja, esse seria o livro considerado comum a todos os empresários, porém o parágrafo 2º do artigo 1.179[29] ressalta que a escrituração seria dispensada para os pequenos empresários a que se refere o artigo 970[30] regulado pelo artigo 68 da Lei Complementar 123/06.[31]

(ii) Livros obrigatórios especiais. Como exemplos de livros obrigatórios especiais temos o livro de registro de duplicatas (art. 19, Lei 5.474/1968[32]), o livro de atas da administração (art. 1.062, CC[33]), livro de atas da assembleia (art. 1.075, §1º, CC[34]), livro de registro de ações nominativas (art. 100, I, LSA[35]), o livro de atas das assembleias gerais (art. 100, IV, LSA) etc. Esses livros são obrigatórios dependendo de cada situação do empresário, pois a lei impõe a escrituração do

---

28. Art. 1.180. Além dos demais livros exigidos por lei, é indispensável o Diário, que pode ser substituído por fichas no caso de escrituração mecanizada ou eletrônica. Parágrafo único. A adoção de fichas não dispensa o uso de livro apropriado para o lançamento do balanço patrimonial e do de resultado econômico.
29. Art. 1.179. O empresário e a sociedade empresária são obrigados a seguir um sistema de contabilidade, mecanizado ou não, com base na escrituração uniforme de seus livros, em correspondência com a documentação respectiva, e a levantar anualmente o balanço patrimonial e o de resultado econômico. § 2º É dispensado das exigências deste artigo o pequeno empresário a que se refere o art. 970.
30. Art. 970. A lei assegurará tratamento favorecido, diferenciado e simplificado ao empresário rural e ao pequeno empresário, quanto à inscrição e aos efeitos daí decorrentes.
31. Art. 68. Considera-se pequeno empresário, para efeito de aplicação do disposto nos arts. 970 e 1.179 da Lei nº 10.406, de 10 de janeiro de 2002 (Código Civil), o empresário individual caracterizado como microempresa na forma desta Lei Complementar que aufira receita bruta anual até o limite previsto no § 1º do art. 18-A.
32. Art. 19. A adoção do regime de vendas de que trata o art. 2º desta Lei obriga o vendedor a ter e a escriturar o Livro de Registro de Duplicatas.
33. Art. 1.062. O administrador designado em ato separado investir-se-á no cargo mediante termo de posse no livro de atas da administração.
34. Art. 1.075. A assembleia será presidida e secretariada por sócios escolhidos entre os presentes. § 1º Dos trabalhos e deliberações será lavrada, no livro de atas da assembleia, ata assinada pelos membros da mesa e por sócios participantes da reunião, quantos bastem à validade das deliberações, mas sem prejuízo dos que queiram assiná-la.
35. Art. 100. A companhia deve ter, além dos livros obrigatórios para qualquer comerciante, os seguintes, revestidos das mesmas formalidades legais: I – o livro de Registro de Ações Nominativas, para inscrição, anotação ou averbação: a) do nome do acionista e do número das suas ações; b) das entradas ou prestações de capital realizado; c) das conversões de ações, de uma em outra espécie ou classe; d) do resgate, reembolso e amortização das ações, ou de sua aquisição pela companhia; e) das mutações operadas pela alienação ou transferência de ações; f) do penhor, usufruto, fideicomisso, da alienação fiduciária em garantia ou de qualquer ônus que grave as ações ou obste sua negociação. II – o livro de "Transferência de Ações Nominativas", para lançamento dos termos de transferência, que deverão ser assinados pelo cedente e pelo cessionário ou seus legítimos representantes; III – o livro de "Registro de Partes Beneficiárias Nominativas" e o de "Transferência de Partes Beneficiárias Nominativas", se tiverem sido emitidas, observando-se, em ambos, no que couber, o disposto nos números I e II deste artigo; IV – o livro de Atas das Assembleias Gerais; V – o livro de Presença dos Acionistas; VI – os livros de Atas das Reuniões do Conselho de Administração, se houver, e de Atas das Reuniões de Diretoria; VII – o livro de Atas e Pareceres do Conselho Fiscal.

respectivo livro se o empresário praticar determinar ato, adotar determinado tipo societário etc.

b) Livros facultativos

Como livros facultativos temos o livro caixa,[36] livro de materiais, livro de emissão de cheques etc., dependendo da vontade do empresário de gerenciar melhor sua atividade por meio da escrituração, sem qualquer imposição legal nesse sentido

Rubens Requião[37] explica: *O sistema da lei brasileira é o francês. A lei estabelece os livros necessários ou obrigatórios, facultando-se ao empresário ter livros acessórios, não essenciais. São os livros auxiliares, não obrigatórios. Embora a lei determine o modo de escriturá-los – "seguir uma ordem uniforme de contabilidade", "formar anualmente um balanço geral", "feito em forma mercantil", "sem intervalo em branco, nem entrelinhas, borraduras, raspaduras ou emendas" – não institui estritas regras de contabilidade. Ademais, diz o Regulamento do Decreto-lei 486 que só poderão ser usados, nos lançamentos, processos de reprodução que não prejudiquem a clareza e nitidez da escrituração, sem borrões, emendas ou rasuras.*

Tem-se a considerar, todavia, além dos livros comuns a qualquer atividade empresarial, outros especiais, que as leis exigem para certas empresas.

Embora, e seguindo a esteira do Decreto-Lei 486/69, o Código Civil no art. 1.179, § 1º, tenha deixado ao critério do empresário adotar o número e espécie dos livros que desejar, exige no art. 1.180 o Diário, além dos demais livros impostos por lei, como, por exemplo, o livro Registro de Duplicatas, criado pela Lei 5.474, de 18 de julho de 1968.

4. MICROEMPRESA (ME) E EMPESA DE PEQUENO PORTE (EPP)

A Lei Complementar 123/2006, que trata da Microempresa e da Empresa de Pequeno Porte, declara também que aqueles que optaram pelo Simples Nacional ficam dispensados da escrituração, sendo obrigados a emitir documento fiscal de venda ou prestação de serviço, de acordo com instruções expedidas pelo Comitê Gestor e a manter em boa ordem e guarda os documentos que fundamentaram a apuração dos impostos e contribuições devidos e o cumprimento das obrigações acessórias (art. 26, LC 123/2006[38]), porém as que não optarem pelo Simples Nacional devem escriturar o Livro Caixa (at. 26, § 2º, LC 123/2006).

---

36. O Livro Caixa, se torna obrigatório para aqueles considerados ME ou EPP não optantes pelo Simples.
37. REQUIÃO, Rubens, *Curso de Direito Comercial*. 31. ed. São Paulo: Saraiva, 2012, v. 1, p. 222-223.
38. Art. 26. As microempresas e empresas de pequeno porte optantes pelo Simples Nacional ficam obrigadas a: I – emitir documento fiscal de venda ou prestação de serviço, de acordo com instruções

5. LIVRO EMPRESARIAL COMUM OBRIGATÓRIO

Diante da desburocratização do Estatuto da Microempresa e Empresa de Pequeno Porte (LC 123/2006), entendemos que não há se falar em livro empresarial comum a todos os empresários, mas apenas livros que são específicos a cada empresário dependendo de sua qualificação como Microempresa (ME) e da Empresa de Pequeno Porte (EPP), seu tipo societário, atividade explorada etc.

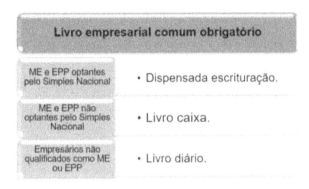

E. A REGULARIDADE DA ESCRITURAÇÃO

1. REGULARIDADE ESCRITURAL

O sistema brasileiro de escrituração impõe que o empresário cumpra com os requisitos legais para regularidade dos livros empresariais. Para regularidade da escrituração essa deve ficar sob a responsabilidade de contabilista legalmente habilitado, salvo se nenhum houver na localidade (art. 1.182, CC[39]) e, ainda, ser autenticada no Registro Público de Empresas Mercantis a cargo das Juntas Comerciais (art. 1.181, CC[40]).

---

expedidas pelo Comitê Gestor; II – manter em boa ordem e guarda os documentos que fundamentaram a apuração dos impostos e contribuições devidos e o cumprimento das obrigações acessórias a que se refere o art. 25 desta Lei Complementar enquanto não decorrido o prazo decadencial e não prescritas eventuais ações que lhes sejam pertinentes. § 1º O MEI fará a comprovação da receita bruta mediante apresentação do registro de vendas ou de prestação de serviços na forma estabelecida pelo CGSN, ficando dispensado da emissão do documento fiscal previsto no inciso I do caput, ressalvadas as hipóteses de emissão obrigatória previstas pelo referido Comitê. § 2º As demais microempresas e as empresas de pequeno porte, além do disposto nos incisos I e II do *caput* deste artigo, deverão, ainda, manter o livro-caixa em que será escriturada sua movimentação financeira e bancária.

39. Art. 1.182. Sem prejuízo do disposto no art. 1.174, a escrituração ficará sob a responsabilidade de contabilista legalmente habilitado, salvo se nenhum houver na localidade.
40. Art. 1.181. Salvo disposição especial de lei, os livros obrigatórios e, se for o caso, as fichas, antes de postos em uso, devem ser autenticados no Registro Público de Empresas Mercantis. Parágrafo único.

O contabilista deverá escriturar os livros empresariais em idioma e moeda corrente nacionais e em forma contábil, por ordem cronológica de dia, mês e ano, sem intervalos em branco, nem entrelinhas, borrões, rasuras, emendas ou transportes para as margens (art. 1.183, CC[41]), sendo permitido o uso de código de números ou de abreviaturas, que constem de livro próprio, regularmente autenticado.[42]

O livro que não cumprir os requisitos para sua regularidade será desconsiderado como tal e poderá trazer consequências para o empresário que descumpriu a obrigação legal.

2. LIVRO DIÁRIO

Com relação ao livro Diário, serão lançadas, com individuação, clareza e caracterização do documento respectivo, dia a dia, por escrita direta ou reprodução, todas as operações relativas ao exercício da empresa. Admite-se a escrituração resumida do Diário, com totais que não excedam o período de trinta dias, relativamente a contas cujas operações sejam numerosas ou realizadas fora da sede do estabelecimento, desde que utilizados livros auxiliares regularmente autenticados, para registro individualizado, e conservados os documentos que permitam a sua perfeita verificação Serão lançados no Diário o balanço patrimonial e o de resultado econômico, devendo ambos ser assinados por contabilista legalmente habilitado e pelo empresário ou sociedade empresária (art. 1.184, CC[43]).

A autenticação não se fará sem que esteja inscrito o empresário, ou a sociedade empresária, que poderá fazer autenticar livros não obrigatórios.

41. Art. 1.183. A escrituração será feita em idioma e moeda corrente nacionais e em forma contábil, por ordem cronológica de dia, mês e ano, sem intervalos em branco, nem entrelinhas, borrões, rasuras, emendas ou transportes para as margens. Parágrafo único. É permitido o uso de código de números ou de abreviaturas, que constem de livro próprio, regularmente autenticado.

42. Um livro empresarial obrigatório, comum ou especial, ou facultativo, para produzir os efeitos jurídicos que a lei lhe atribui, deve atender a requisitos de duas ordens: intrínsecos e extrínsecos. Intrínsecos são os requisitos pertinentes à técnica contábil, estudada pela Contabilidade. Vêm definidos, legalmente, pelo art. 1.183 do CC. Por este dispositivo, a escrituração deve ser feita em idioma e moeda corrente nacionais, em forma mercantil, por ordem cronológica de dia, mês e ano, sem intervalos em branco, nem entrelinhas, borrões, rasuras, emendas ou transportes para as margens. Em livro separado próprio, o empresário poderá assentar os códigos numéricos ou abreviaturas utilizadas em sua escrituração. Para os livros se apresentarem intrinsecamente regulares, a correção de eventuais erros só pode ser feita por meio de estornos. Extrínsecos são os requisitos relacionados com a segurança dos livros empresariais. Atende aos requisitos desta ordem o livro que contiver termos de abertura e de encerramento, e estiver autenticado pela Junta Comercial (CC, art. 1.181) (COELHO, Fábio Ulhoa. *Manual de Direito Comercial* – Direito de Empresa. 25. ed. São Paulo: Saraiva, 2013. p. 72-73).

43. Art. 1.184. No Diário serão lançadas, com individuação, clareza e caracterização do documento respectivo, dia a dia, por escrita direta ou reprodução, todas as operações relativas ao exercício da empresa. § 1º Admite-se a escrituração resumida do Diário, com totais que não excedam o período de trinta dias, relativamente a contas cujas operações sejam numerosas ou realizadas fora da sede do estabelecimento, desde que utilizados livros auxiliares regularmente autenticados, para registro

No caso de o empresário adotar o sistema de fichas de lançamentos, este poderá substituir o livro Diário pelo livro Balancetes Diários e Balanços, observadas as mesmas formalidades extrínsecas exigidas para aquele (art. 1.185, CC[44]). O livro Balancetes Diários e Balanços será escriturado de modo que registre (i) a posição diária de cada uma das contas ou títulos contábeis, pelo respectivo saldo, em forma de balancetes diários (ii) o balanço patrimonial e o de resultado econômico, no encerramento do exercício (art. 1.186, CC[45]).

Para efeitos penais os livros empresariais são equiparados a documento público, logo sua falsificação trará graves consequências.[46]

3. DEVER DE GUARDA

O empresário é obrigado a conservar em boa guarda toda a escrituração, correspondência e mais papéis concernentes à sua atividade, enquanto não ocorrer prescrição ou decadência no tocante aos atos neles consignados (art. 1.194, CC[47]).

F. EXIBIÇÃO E EFICÁCIA PROBATÓRIA

1. PRINCÍPIO DO SIGILO

Tal qual o diário de uma adolescente, os livros do empresário guardam segredos que não podem ser revelados, pois possui lastro das operações realizadas no curso da atividade empresarial. O empresário registra em seus livros

---
  individualizado, e conservados os documentos que permitam a sua perfeita verificação. § 2º Serão lançados no Diário o balanço patrimonial e o de resultado econômico, devendo ambos ser assinados por técnico em Ciências Contábeis legalmente habilitado e pelo empresário ou sociedade empresária.
44. Art. 1.185. O empresário ou sociedade empresária que adotar o sistema de fichas de lançamentos poderá substituir o livro Diário pelo livro Balancetes Diários e Balanços, observadas as mesmas formalidades extrínsecas exigidas para aquele.
45. Art. 1.186. O livro Balancetes Diários e Balanços será escriturado de modo que registre: I – a posição diária de cada uma das contas ou títulos contábeis, pelo respectivo saldo, em forma de balancetes diários; II – o balanço patrimonial e o de resultado econômico, no encerramento do exercício.
46. Os livros comerciais são equiparados a documento público, para os efeitos penais. No Capítulo dedicado à repressão da falsidade documental, o Código Penal dispõe, no art. 297, sobre a falsificação de documento público. O § 2º desse preceito declara que "para os efeitos penais, equiparam-se a documento público ... os livros mercantis...". Assim, quem os falsificar, no todo ou em parte, fabricando ou adulterando, com o propósito de obter, para si ou para outrem, vantagem ilícita ou de prejudicar direito ou interesse alheio, fica sujeito à pena de reclusão de dois a seis anos e ao pagamento de multa (REQUIÃO, Rubens, *Curso de Direito Comercial*. 31. ed. São Paulo: Saraiva, 2012, v. 1, p. 222-223).
47. Art. 1.194. O empresário e a sociedade empresária são obrigados a conservar em boa guarda toda a escrituração, correspondência e mais papéis concernentes à sua atividade, enquanto não ocorrer prescrição ou decadência no tocante aos atos neles consignados.

a operação de sua empresa, tornando um documento valioso em suas mãos e, talvez, ainda mais valioso na mão de seus concorrentes. Por isso, é necessário que o empresário guarde sigilo de sua escrituração e que nenhuma outra pessoa, sem sua autorização, possa ter acesso.

Em regra, há preservado o sigilo dos livros do empresário, pois ressalvados os casos previstos em lei, nenhuma autoridade, juiz ou tribunal, sob qualquer pretexto, poderá fazer ou ordenar diligência para verificar se o empresário observa, ou não, em seus livros e fichas, as formalidades prescritas em lei (art. 1.190, CC[48]). Todavia, há exceção ao princípio do sigilo da apresentação da escrituração.

2. EXIBIÇÃO JUDICIAL

O juiz poderá determinar que o empresário apresente seus livros em juízo, seja total ou parcialmente, dependendo da questão posta na demanda.

a) Exibição total

No âmbito judicial, o juiz só poderá autorizar a exibição integral dos livros e papéis de escrituração quando necessária para resolver questões relativas a sucessão, comunhão ou sociedade, administração ou gestão à conta de outrem, ou em caso de falência (art. 1191, CC[49] e art. 420, CPC[50]).

b) Exibição parcial

Todavia, juiz ou tribunal pode, a requerimento ou de ofício, ordenar que os livros de qualquer das partes, ou de ambas, sejam examinados na presença do empresário a que pertencerem, ou de pessoas por estes nomeados, para deles se extrair o que interessar à questão (art. 1191, § 1º, CC e 421, CPC[51]).

---

48. Art. 1.190. Ressalvados os casos previstos em lei, nenhuma autoridade, juiz ou tribunal, sob qualquer pretexto, poderá fazer ou ordenar diligência para verificar se o empresário ou a sociedade empresária observam, ou não, em seus livros e fichas, as formalidades prescritas em lei.
49. Art. 1.191. O juiz só poderá autorizar a exibição integral dos livros e papéis de escrituração quando necessária para resolver questões relativas a sucessão, comunhão ou sociedade, administração ou gestão à conta de outrem, ou em caso de falência. § 1º O juiz ou tribunal que conhecer de medida cautelar ou de ação pode, a requerimento ou de ofício, ordenar que os livros de qualquer das partes, ou de ambas, sejam examinados na presença do empresário ou da sociedade empresária a que pertencerem, ou de pessoas por estes nomeadas, para deles se extrair o que interessar à questão. § 2º Achando-se os livros em outra jurisdição, nela se fará o exame, perante o respectivo juiz.
50. Art. 420. O juiz pode ordenar, a requerimento da parte, a exibição integral dos livros empresariais e dos documentos do arquivo: I – na liquidação de sociedade; II – na sucessão por morte de sócio; III – quando e como determinar a lei.
51. Art. 421. O juiz pode, de ofício, ordenar à parte a exibição parcial dos livros e dos documentos, extraindo-se deles a suma que interessar ao litígio, bem como reproduções autenticadas.

3. EFICÁCIA PROBATÓRIA

Determinada a apresentação do livro, esse poderá fazer prova contra seu titular em qualquer espécie de demanda, sendo lícito ao empresário, todavia, demonstrar, por todos os meios permitidos em direito, que os lançamentos não correspondem à verdade dos fatos (art. 417 CPC[52]). Já em demandas entre empresários, os livros empresariais que preencham os requisitos exigidos por lei provam a favor de seu autor (art. 418, CPC[53]). Trata-se de disposição legal em respeito aos princípios da igualdade previsto na Constituição Federal (art. 5º, CF[54]) e da paridade entre as partes previstos no Código de Processo Civil (art. 7º, CPC[55]), pois não se pode exigir que uma parte não empresária apresente prova mediante escrituração.

A escrituração contábil é indivisível, e, se dos fatos que resultam dos lançamentos, uns são favoráveis ao interesse de seu autor e outros lhe são contrários, ambos serão considerados em conjunto, como unidade (art. 419, CPC[56]).

4. RECUSA DE EXIBIÇÃO

Quando determinada a apresentação judicial do livro, o empresário tem a obrigação legal de cumprir a ordem, sendo que a recusada injustificada, seja por vontade do titular ou pelo fato de não preenchidos os requisitos de regularidade da escrituração, terá como consequência a determinação de apreensão judicial e ter-se-á como verdadeiro o alegado pela parte contrária para se provar pelos livros. Como se trata de prova relativa, é possível a parte fazer prova em contrário daquilo que consta no livro (art. 1.192, CC[57] e arts. 399 e 400, CPC[58]).

---

52. Art. 417. Os livros empresariais provam contra seu autor, sendo lícito ao empresário, todavia, demonstrar, por todos os meios permitidos em direito, que os lançamentos não correspondem à verdade dos fatos.
53. Art. 418. Os livros empresariais que preencham os requisitos exigidos por lei provam a favor de seu autor no litígio entre empresários.
54. Art. 5º Todos são iguais perante a lei, sem distinção de qualquer natureza, garantindo-se aos brasileiros e aos estrangeiros residentes no País a inviolabilidade do direito à vida, à liberdade, à igualdade, à segurança e à propriedade, nos termos seguintes:
55. Art. 7º É assegurada às partes paridade de tratamento em relação ao exercício de direitos e faculdades processuais, aos meios de defesa, aos ônus, aos deveres e à aplicação de sanções processuais, competindo ao juiz zelar pelo efetivo contraditório.
56. Art. 419. A escrituração contábil é indivisível, e, se dos fatos que resultam dos lançamentos, uns são favoráveis ao interesse de seu autor e outros lhe são contrários, ambos serão considerados em conjunto, como unidade.
57. Art. 1.192. Recusada a apresentação dos livros, nos casos do artigo antecedente, serão apreendidos judicialmente e, no do seu § 1º, ter-se-á como verdadeiro o alegado pela parte contrária para se provar pelos livros.
    Parágrafo único. A confissão resultante da recusa pode ser elidida por prova documental em contrário.
58. Art. 399. O juiz não admitirá a recusa se: I – o requerido tiver obrigação legal de exibir; II – o requerido tiver aludido ao documento ou à coisa, no processo, com o intuito de constituir prova; III – o documento, por seu conteúdo, for comum às partes.

5. EXIBIÇÃO ADMINISTRATIVA

Por fim, no âmbito fiscal, as autoridades fazendárias, no exercício da fiscalização do pagamento de impostos, podem examinar a escrituração do empresário, no todo ou em parte, nos termos estritos das respectivas leis especiais (art. 1.193, CC[59]). Pelo Código Tributário Nacional (CTN), não têm aplicação quaisquer disposições legais excludentes ou limitativas do direito de examinar mercadorias, livros, arquivos, documentos, papéis e efeitos comerciais ou fiscais, dos comerciantes industriais ou produtores, ou da obrigação destes de exibi-los (art. 195, CTN[60]). Ainda, é prerrogativa da Secretaria da Receita Federal do Brasil, por intermédio dos Auditores-Fiscais da Receita Federal do Brasil, o exame da contabilidade das empresas, ficando obrigados a prestar todos os esclarecimentos e informações solicitados o segurado e os terceiros responsáveis pelo recolhimento das contribuições previdenciárias e das contribuições devidas a outras entidades e fundos (art. 33, § 1º, Lei 8.212/1991[61]).

G. IRREGULARIDADE DA ESCRITURAÇÃO

1. IRREGULARIDADE

O empresário que deixa de cumprir a obrigação de escrituração não estará excluído dessa qualidade, mas apenas desenvolvendo sua atividade de forma irregular no que concerne a escrituração de seus livros empresariais.

Art. 400. Ao decidir o pedido, o juiz admitirá como verdadeiros os fatos que, por meio do documento ou da coisa, a parte pretendia provar se: I – o requerido não efetuar a exibição nem fizer nenhuma declaração no prazo do art. 398; II – a recusa for havida por ilegítima.

Parágrafo único. Sendo necessário, o juiz pode adotar medidas indutivas, coercitivas, mandamentais ou sub-rogatórias para que o documento seja exibido.

59. Art. 1.193. As restrições estabelecidas neste Capítulo ao exame da escrituração, em parte ou por inteiro, não se aplicam às autoridades fazendárias, no exercício da fiscalização do pagamento de impostos, nos termos estritos das respectivas leis especiais.

60. Art. 195. Para os efeitos da legislação tributária, não têm aplicação quaisquer disposições legais excludentes ou limitativas do direito de examinar mercadorias, livros, arquivos, documentos, papéis e efeitos comerciais ou fiscais, dos comerciantes industriais ou produtores, ou da obrigação destes de exibi-los.

Parágrafo único. Os livros obrigatórios de escrituração comercial e fiscal e os comprovantes dos lançamentos neles efetuados serão conservados até que ocorra a prescrição dos créditos tributários decorrentes das operações a que se refiram.

61. Art. 33. § 1º É prerrogativa da Secretaria da Receita Federal do Brasil, por intermédio dos Auditores-Fiscais da Receita Federal do Brasil, o exame da contabilidade das empresas, ficando obrigados a prestar todos os esclarecimentos e informações solicitados o segurado e os terceiros responsáveis pelo recolhimento das contribuições previdenciárias e das contribuições devidas a outras entidades e fundos.

2. INEFICÁCIA PROBATÓRIA

Como visto, o livro é considerado uma espécie de prova documental e, portanto, a falta de escrituração terá como consequência, se determinada a exibição judicial em ação na qual esse faria prova contra o titular, a presunção de veracidade dos fatos alegados pela parte contrária (art. 1.192, CC[62] e arts. 399 e 400, CPC[63]).

3. CRIME FALIMENTAR

Outra consequência relevante está prevista na Lei de Falência e Recuperação de Empresas que considera crime falimentar deixar de elaborar, escriturar ou autenticar, antes ou depois da sentença que decretar a falência, conceder a recuperação judicial ou homologar o plano de recuperação extrajudicial, os documentos de escrituração contábil obrigatórios (art. 178, LFRE[64]).

H. LEVANTAMENTO DE BALANÇOS

1. LEVANTAMENTO DE BALANÇOS

Por fim, dentre as obrigações gerais dos empresários, temos o levantamento de balanço patrimonial e de resultados econômicos (art. 1.179 CC[65]). Os empresários enquadrados como Microempresas e Empresas de Pequeno Porte estão

---

62. Art. 1.192. Recusada a apresentação dos livros, nos casos do artigo antecedente, serão apreendidos judicialmente e, no do seu § 1º, ter-se-á como verdadeiro o alegado pela parte contrária para se provar pelos livros. Parágrafo único. A confissão resultante da recusa pode ser elidida por prova documental em contrário.
63. Art. 399. O juiz não admitirá a recusa se: I – o requerido tiver obrigação legal de exibir; II – o requerido tiver aludido ao documento ou à coisa, no processo, com o intuito de constituir prova; III – o documento, por seu conteúdo, for comum às partes.
    Art. 400. Ao decidir o pedido, o juiz admitirá como verdadeiros os fatos que, por meio do documento ou da coisa, a parte pretendia provar se: I – o requerido não efetuar a exibição nem fizer nenhuma declaração no prazo do art. 398; II – a recusa for havida por ilegítima. Parágrafo único. Sendo necessário, o juiz pode adotar medidas indutivas, coercitivas, mandamentais ou sub-rogatórias para que o documento seja exibido.
64. Art. 178. Deixar de elaborar, escriturar ou autenticar, antes ou depois da sentença que decretar a falência, conceder a recuperação judicial ou homologar o plano de recuperação extrajudicial, os documentos de escrituração contábil obrigatórios:
    Pena – detenção, de 1 (um) a 2 (dois) anos, e multa, se o fato não constitui crime mais grave.
65. Art. 1.179. O empresário e a sociedade empresária são obrigados a seguir um sistema de contabilidade, mecanizado ou não, com base na escrituração uniforme de seus livros, em correspondência com a documentação respectiva, e a levantar anualmente o balanço patrimonial e o de resultado econômico. § 1º Salvo o disposto no art. 1.180, o número e a espécie de livros ficam a critério dos interessados. § 2º É dispensado das exigências deste artigo o pequeno empresário a que se refere o art. 970.

dispensados dessa obrigação, assim como no caso da escrituração (art. 1.179, § 2º, CC).

2. BALANÇO PATRIMONIAL

O balanço patrimonial deverá exprimir, com fidelidade e clareza, a situação real da empresa e, atendidas as peculiaridades desta, bem como as disposições das leis especiais, indicará, distintamente, o ativo e o passivo (art. 1.188, CC[66]).

3. BALANÇO DE RESULTADO ECONÔMICO

O balanço de resultado econômico, ou demonstração da conta de lucros e perdas, acompanhará o balanço patrimonial e dele constarão crédito e débito, na forma da lei especial (art. 1.189, CC).

Tanto o balanço patrimonial como o de resultado econômicos serão lançados no Livro Diário, devendo ambos ser assinados por contabilista legalmente habilitado e pelo empresário (art. 1.184, § 2º, CC).

4. CRIME FALIMENTAR

Assim como ocorre no caso de falta de escrituração, a Lei de Falência e Recuperação de Empresas que considera crime falimentar o empresário que deixar de levantar os balanços, antes ou depois da sentença que decretar a falência, conceder a recuperação judicial ou homologar o plano de recuperação extrajudicial (art. 178, LFRE).

---

66. Art. 1.188. O balanço patrimonial deverá exprimir, com fidelidade e clareza, a situação real da empresa e, atendidas as peculiaridades desta, bem como as disposições das leis especiais, indicará, distintamente, o ativo e o passivo. Parágrafo único. Lei especial disporá sobre as informações que acompanharão o balanço patrimonial, em caso de sociedades coligadas.

Capítulo IV
ESTABELECIMENTO

A. CONCEITO E NATUREZA JURÍDICA

1. PERFIS DA EMPRESA

No Direito Empresarial brasileiro os perfis da empresa se dividem em 3 (três): (i) o subjetivo: Empresário; (ii) o funcional: Empresa; (iii) o objetivo: Estabelecimento. Anteriormente foram analisados os perfis subjetivo (empresário) e o funcional (empresa), sendo que neste momento será tratado o perfil objetivo: o estabelecimento.

a) O empresário, a empresa e o estabelecimento

O empresário representa o perfil subjetivo que significa o sujeito de direito que explora profissionalmente a atividade empresarial, a empresa, que é o perfil funcional, a atividade econômica organizada para produção ou circulação de bens ou de serviços. Para que essa atividade seja explorada pelo empresário é necessário que este utilize de bens de forma organizada capaz de lhe permitir o resultado pretendido por ele.

2. CONCEITO DE ESTABELECIMENTO

Considera-se estabelecimento todo complexo de bens organizado, para exercício da empresa, pelo empresário (art. 1.142, CC[1]). O estabelecimento não se confunde com o local onde se exerce a atividade empresarial, que poderá ser físico ou virtual (art. 1.142, § 1º, CC). Esse complexo de bens organizados,

---

1. Art. 1.142. Considera-se estabelecimento todo complexo de bens organizado, para exercício da empresa, por empresário, ou por sociedade empresária. § 1º O estabelecimento não se confunde com o local onde se exerce a atividade empresarial, que poderá ser físico ou virtual. § 2º Quando o local onde se exerce a atividade empresarial for virtual, o endereço informado para fins de registro poderá ser, conforme o caso, o do empresário individual ou o de um dos sócios da sociedade empresária. § 3º Quando o local onde se exerce a atividade empresarial for físico, a fixação do horário de funcionamento competirá ao Município, observada a regra geral do inciso II do caput do art. 3º da Lei 13.874, de 20 de setembro de 2019.

o perfil objetivo da empresa, é o chamado estabelecimento. Como define Waldemar Ferreira, o estabelecimento é a universalidade de bens constituintes do organismo por via do qual o empresário exercita a sua função medianeira entre a produção e o consumo.[2]

O Código Civil trata dos Bens no Livro II, sendo que no Capítulo I distingue bens em imóveis (art. 79 a 81, CC) e móveis (art. 82 a 84, CC), após traz os bens fungíveis e consumíveis (arts. 85 e 86, CC), os bens divisíveis (art. 87 e 88, CC) e, por fim os bens singulares e coletivos (art. 89 a 91, CC).[3]

O empresário durante a exploração de sua atividade adquire inúmeros bens singulares para o exercício da empresa, como um imóvel para sua sede (bem imóvel), maquinários e insumos para produção (bens móveis), desenvolve produtos inovadores (invenção), representa-se aos seus consumidores com sinais distintivos visualmente perceptíveis (marca), é encontrado na rede mundial de computadores por um site (domínio) etc., todos esses bens individuais não

---

2. FERREIRA, Waldemar, *Instituições de Direito Comercial*. Rio de Janeiro: Freitas Bastos, 1947, v. 2, p. 14.
3. Art. 79. São bens imóveis o solo e tudo quanto se lhe incorporar natural ou artificialmente.
    Art. 80. Consideram-se imóveis para os efeitos legais: I – os direitos reais sobre imóveis e as ações que os asseguram; II – o direito à sucessão aberta.
    Art. 81. Não perdem o caráter de imóveis: I – as edificações que, separadas do solo, mas conservando a sua unidade, forem removidas para outro local; II – os materiais provisoriamente separados de um prédio, para nele se reempregarem.
    Art. 82. São móveis os bens suscetíveis de movimento próprio, ou de remoção por força alheia, sem alteração da substância ou da destinação econômico-social.
    Art. 83. Consideram-se móveis para os efeitos legais: I – as energias que tenham valor econômico; II – os direitos reais sobre objetos móveis e as ações correspondentes; III – os direitos pessoais de caráter patrimonial e respectivas ações.
    Art. 84. Os materiais destinados a alguma construção, enquanto não forem empregados, conservam sua qualidade de móveis; readquirem essa qualidade os provenientes da demolição de algum prédio.
    Art. 85. São fungíveis os móveis que podem substituir-se por outros da mesma espécie, qualidade e quantidade.
    Art. 86. São consumíveis os bens móveis cujo uso importa destruição imediata da própria substância, sendo também considerados tais os destinados à alienação.
    Art. 87. Bens divisíveis são os que se podem fracionar sem alteração na sua substância, diminuição considerável de valor, ou prejuízo do uso a que se destinam.
    Art. 88. Os bens naturalmente divisíveis podem tornar-se indivisíveis por determinação da lei ou por vontade das partes.
    Art. 89. São singulares os bens que, embora reunidos, se consideram de per si, independentemente dos demais.
    Art. 90. Constitui universalidade de fato a pluralidade de bens singulares que, pertinentes à mesma pessoa, tenham destinação unitária.
    Parágrafo único. Os bens que formam essa universalidade podem ser objeto de relações jurídicas próprias.
    Art. 91. Constitui universalidade de direito o complexo de relações jurídicas, de uma pessoa, dotadas de valor econômico.

perdem sua singularidade, mas em conjunto formam um todo, um complexo de bens organizados, o estabelecimento.

O exemplo acima demonstra que cada um dos elementos que formam o estabelecimento é tratado individualmente como bem singular, na forma do artigo 89 do Código Civil: *"São singulares os bens que, embora reunidos, se consideram de per si, independentemente dos demais."*.

Dentre os bens singulares que agrupados formam o estabelecimento podemos vislumbrar tanto os materiais (imóveis, máquinas, insumos etc.) quanto os imateriais (invenção, marca, ponto etc.).[4]

A distinção entre bens materiais e imateriais não está na tangibilidade, pois, como no caso do estabelecimento, apesar de ser considerado um bem coletivo imaterial, seus elementos singulares são bens materiais e imateriais.[5]

Quando os bens singulares são agregados em um todo, estaremos diante das coisas coletivas ou universais,[6] considerada com individualidade própria, distinta de seus componentes, mas que mantém sua própria singularidade. A universalidade dos bens coletivos ou são de fato (art. 90, CC[7]) ou de direito (art. 91, CC[8]).

Constitui universalidade de fato a pluralidade de bens singulares que, pertinentes à mesma pessoa, tenham destinação unitária (art. 90, CC). Já universalidade de direito é o complexo de relações jurídicas, de uma pessoa, dotadas de valor econômico (art. 91, CC).

---

4. Os bens corpóreos são coisas que têm existência material, como uma casa, um terreno, uma joia, um livro. Ou melhor, é o objeto do direito.
   Os bens incorpóreos não têm existência tangível e são relativos aos direitos que as pessoas naturais ou jurídicas têm sobre as coisas, sobre os produtos de seu intelecto ou contra outra pessoa, apresentando valor econômico, tais como: os direitos reais, obrigacionais, autorais (DINIZ, Maria Helena. *Curso de Direito Civil Brasileiro*. São Paulo: Saraiva, 2012, v. 1. Teoria Geral do Direito Civil, p. 385).
5. Não é a tangibilidade, em si, que oferece o elemento diferenciador, pois há coisas corpóreas naturalmente intangíveis, e há coisas incorpóreas que abrangem bens tangíveis, como é o caso da herança ou do fundo de comércio, considerados em seu conjunto como bens incorpóreos, apesar de se poderem integrar de coisas corpóreas, como nota Enneccerus (PEREIRA, Caio Mário da Silva. *Instituições de Direito Civil*. 23. ed. Rio de Janeiro: Forense, 2010, v. I, p. 348).
6. Coisas coletivas ou universais são as que, embora constituídas de duas ou mais coisas singulares, se consideram, todavia, agrupadas num único todo. Esse todo, que tem individualidade distinta das unidades que a compõem, é geralmente designado por um nome genérico (MONTEIRO, Washington de Barros. *Curso de direito civil*. 5. ed. São Paulo: Saraiva, 1963).
7. Art. 90. Constitui universalidade de fato a pluralidade de bens singulares que, pertinentes à mesma pessoa, tenham destinação unitária. Parágrafo único. Os bens que formam essa universalidade podem ser objeto de relações jurídicas próprias.
8. Art. 91. Constitui universalidade de direito o complexo de relações jurídicas, de uma pessoa, dotadas de valor econômico.

3. NATUREZA JURÍDICA

A doutrina diverge quanto à natureza jurídica do estabelecimento, tanto que existem pelo menos nove teorias distintas sobre o instituto.[9]

Como o estabelecimento é tratado pela lei brasileira como um complexo de bens organizados para a consecução de uma finalidade, considera-se uma universalidade.

Maria Helena Diniz distingue as universalidades de fato e de direito, incluindo o estabelecimento nesta última,[10] de forma diversa J.X. Carvalho de Mendonça

---

9. Existem nada menos que nove teorias diferentes sobre a natureza do estabelecimento, compondo um leque de visões que vão desde a personificação do complexo de bens até a negativa de sua relevância para o direito (cf. BARRETO FILHO, 1969:77/109; CORREIA, 1973:121/134; FERRARA, 1952:161/162). Da rica discussão, basta apenas destacar três pontos essenciais: 1º) o estabelecimento empresarial não é sujeito de direito; 2º) o estabelecimento empresarial é um bem; 3º) o estabelecimento empresarial integra o patrimônio da sociedade empresária. Esses tópicos são suficientes para a completa e adequada compreensão do instituto e dispensam maiores considerações sobre o infértil debate acerca da natureza do estabelecimento empresarial (COELHO, Fábio Ulhoa. *Curso de Direito Comercial*. Direito de empresa. 13. ed. São Paulo: Saraiva, 2012, v. I p. 99).

10. Podem se apresentar como: 1) uma universalidade de fato (*universitas rerum*), por ser um conjunto de bens singulares, corpóreos e homogêneos, ligados entre si pela vontade humana para a consecução de um fim. P. ex.: uma biblioteca, um rebanho, uma galeria de quadros (RT, 390:226; 462:76). Pelo art. 90 e parágrafo único do Código Civil: "Constitui universalidade de fato a pluralidade de bens singulares que, pertinentes à mesma pessoa, tenham destinação unitária. Os bens que formam essa universalidade podem ser objeto de relações jurídicas próprias"; se tal titularidade não pertencer à mesma pessoa (natural ou jurídica), não se terá a universalidade de fato, porque a aglutinação daqueles bens foi ocasional e não tem a característica de um todo homogêneo. Os bens singulares, componentes da universalidade de fato, podem ser objeto de relações jurídicas próprias e independentes. O parágrafo único do art. 90 possibilita que os bens, apesar de integrados numa universalidade de fato, tenham sua individualidade. Nada obsta, ainda, que o livro de uma biblioteca particular possa ser doado ou vendido ou que em tomo de um ou de alguns exemplares daquela biblioteca surja algum ato negocial ou demanda judicial; ou 2) uma universalidade de direito (*universitas iuris*), constituída por bens singulares corpóreos heterogêneos ou incorpóreos, a que a norma jurídica, com o intuito de produzir certos efeitos, dá unidade, como, p. ex., o patrimônio, a massa falida, a herança ou o espólio, estabelecimento empresarial (CC, art. 1.143) e o fundo de negócio. Acrescenta o art. 91 do Código Civil que "constitui universalidade de direito o complexo de relações jurídicas, de uma pessoa, dotadas de valor econômico". O patrimônio e a herança (espólio) são considerados como um conjunto, ou seja, como uma universalidade. Embora se constituam ou não de bens materiais e de créditos, esses bens se unificam numa expressão econômica, que é o valor. O patrimônio é o complexo de relações jurídicas de uma pessoa, apreciáveis economicamente. Incluem-se no patrimônio: a posse, os direitos reais, as obrigações e as ações correspondentes a tais direitos. O patrimônio abrange direitos e deveres redutíveis a dinheiro, consequentemente nele não estão incluídos os direitos de personalidade, os direitos pessoais entre cônjuges, os direitos oriundos do poder familiar, os direitos políticos. Sem embargo desta nossa opinião, há quem ache que o patrimônio não constitui uma universalidade de direito, mas de fato, por enquadrar-se no art. 90, enquanto somente a herança enquadrar-se-ia no art. 91. Os bens do espólio ou herança formam um todo ideal, uma universalidade, mesmo que não constem de objetos materiais, contendo apenas direitos e obrigações (coisas incorpóreas). Assim sendo, a herança, objeto da sucessão *causa mortis*, é o patrimônio do falecido, ou seja, o conjunto de direitos e deveres que se transmite aos herdeiros

considera o estabelecimento como universalidade de fato,[11] sendo essa também a posição de Oscar Barreto Filho.[12]

Os autores Rodrigo e Wagner compactuam com a posição que entende que o estabelecimento é uma universalidade de fato vez que, por seu conceito legal, o estabelecimento é composto apenas por bens, sem o passivo característico de uma universalidade de direito.

Contudo, o autor Diogo perfila-se pela tese simplificadora, que considera mais prática para todos os fins, de que como perfil objetivo da empresa o termo estabelecimento deve possuir o mesmo conteúdo jurídico do que Asquini denominou "*patrimonio aziendal*", ou seja, transcender a redação do art. 1.142 do Código Civil para conter todos os bens, direitos e obrigações do empresário. Por esse entendimento, o estabelecimento é visto em um sentido amplo, que doutrinariamente é denominado patrimônio aziendal. O fenômeno econômico da empresa, projetado sobre o terreno patrimonial, dá lugar a um patrimônio especial distinto do empresário (exceto se o empresário é uma pessoa jurídica, constituída para o exercício de uma determinada atividade empresarial, caso em que o patrimônio integral da pessoa jurídica serve àquele escopo).[13] O estabelecimento, no sentido de patrimônio aziendal é, portanto, um complexo de relações jurídicas heterogêneas (reais, obrigacionais, ativas e passivas) tendo objetos heterogêneos (bens materiais, bens móveis, imóveis, imateriais, serviços) e, portanto, uma universalidade de direito.

B. ESTABELECIMENTO E PATRIMÔNIO DO EMPRESÁRIO

1. PATRIMÔNIO X ESTABELECIMENTO

Pelo entendimento majoritário posto acima, o estabelecimento é um conjunto de bens que integram o patrimônio do empresário, porém são ins-

---

legítimos e testamentários (DINIZ, Maria Helena. *Curso de Direito Civil Brasileiro*. São Paulo: Saraiva, v. 1. Teoria Geral do Direito Civil, p. 381-382, 2012.).

11. O estabelecimento comercial é simples universalidade de fato. Esse conjunto de coisas, criado, constituído e dirigido pela vontade do homem, apresenta o caráter próprio, distinto dos seus elementos componentes, ainda, que estes não se constituam de coisas materiais, podendo, como tal, ser objeto de atos jurídicos (MENDONÇA, José Xavier Carvalho de. *Tratado de Direito Comercial Brasileiro*. Rio de Janeiro: Freitas Bastos, p. 19, 1955,).
12. No estado atual da ciência jurídica, em nosso país, e naqueles cuja cultura jurídica mais se lhe avizinha, o estabelecimento comercial deve ser definido como uma universalidade de fato. (BARRETO FILHO, Oscar. *Teoria do Estabelecimento Comercial*. 2. ed. São Paulo: Saraiva, 1988, p. 109).
13. ASQUINI, Alberto. Perfis da empresa (*Profili dell'impresa*). Trad. Fábio Konder Comparato. *Revista de Direito Mercantil, Econômico e Financeiro*. São Paulo, n. 104, p. 109-114 out./dez. 1996.

titutos que não se confundem. O patrimônio como projeção econômica da personalidade é o complexo de relações jurídicas de uma pessoa dotadas de valor econômico (art. 91, CC), no qual se encontram, créditos, direitos, bens particulares, obrigações etc. Enquanto o estabelecimento reflete apenas o complexo de bens organizados para o exercício da empresa (art. 1.142, CC), logo, uma pluralidade de bens singulares que, pertinentes à mesma pessoa, tenham destinação unitária (art. 90, CC).

Como projeção econômica da pessoa, em regra, o direito brasileiro segue a máxima de que para cada pessoa existe patrimônio único (art. 91, CC), sendo que o devedor responde, para o cumprimento de suas obrigações, com todos os seus bens presentes e futuros, salvo as restrições estabelecidas em lei (art. 789, CPC[14]).

Logo para o estudo da responsabilidade do empresário pelas obrigações contraídas necessário averiguar a projeção do patrimônio e do estabelecimento em cada uma das espécies de empresário: (a) empresário individual e (b) sociedade empresária.

a) Empresário individual

O empresário individual é detentor de patrimônio único nos qual estão inseridos seus bens pessoais e os usados para explorar a empresa (estabelecimento), logo tantos os bens pessoais como os de uso para empresa responderão pelas dívidas contraídas no exercício da atividade empresarial ou em sua vida pessoal.

---

14. Art. 789. O devedor responde com todos os seus bens presentes e futuros para o cumprimento de suas obrigações, salvo as restrições estabelecidas em lei.

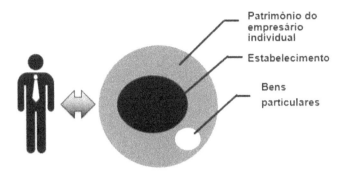

b) Sociedade empresária

A sociedade empresária é uma pessoa jurídica, com personalidade própria e distinta de seus sócios com registro de seu ato constitutivo na Junta Comercial. Como ente personificado passará a ser detentora de direitos e obrigações e, portanto, haverá sua projeção econômica, seu patrimônio. Não há confusão entre sócios e sociedade, são sujeitos distintos, com seus próprios direitos e deveres (art. 49-A, CC[15]). O credor de uma Sociedade Empresária, em regra, não o é de seus sócios e vice-versa.

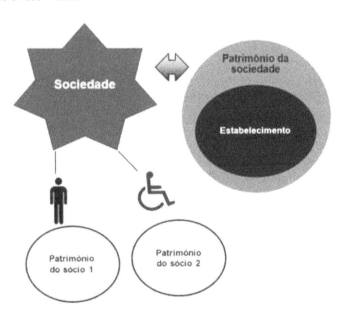

---

15. Art. 49-A. A pessoa jurídica não se confunde com os seus sócios, associados, instituidores ou administradores. Parágrafo único. A autonomia patrimonial das pessoas jurídicas é um instrumento lícito de alocação e segregação de riscos, estabelecido pela lei com a finalidade de estimular empreendimentos, para a geração de empregos, tributo, renda e inovação em benefício de todos.

C. DESCENTRALIZAÇÃO DO ESTABELECIMENTO

1. DESCENTRALIZAÇÃO DO ESTABELECIMENTO

A personalidade jurídica é única, não pode ser desdobrada, assim como é a regra para o patrimônio, porém não é o que acontece com o estabelecimento. O empresário, por diversos fatores, pode descentralizar sua operação, constituindo uma ou mais filiais. O estabelecimento, como vimos, é um complexo de bens organizados e, por isso, não se confunde com o local onde a atividade empresarial é explorada, porém é fato que o imóvel, próprio ou não, é um dos elementos do estabelecimento.

Apenas para exemplificar, pense que uma pessoa pode viver em mais de um local, aquele em que ela mora (alugado) e uma casa própria na praia e outra nas montanhas para lazer, mas a pessoa e seu patrimônio não se desdobram em outros, mas tão somente os locais e os bens que o integram (móveis e imóveis), formando um conjunto individual de bens destacados na moradia, praia e montanhas. Do mesmo modo, quando o empresário decide desdobrar seu estabelecimento, pode criar matriz e filiais.

2. MATRIZ E ESTABELECIMENTO PRINCIPAL

Estabelecimento matriz é de livre eleição do empresário e constitui seu foro para os assuntos internos e domicílio tributário (art. 127, CTN[16]). A matriz não necessariamente equivale ao estabelecimento principal, já que tal conceito é subjetivo e leva em consideração exclusivamente o elemento econômico (art. 3º, LFRE[17]).[18]

---

16. Art. 127. Na falta de eleição, pelo contribuinte ou responsável, de domicílio tributário, na forma da legislação aplicável, considera-se como tal: II – quanto às pessoas jurídicas de direito privado ou às firmas individuais, o lugar da sua sede, ou, em relação aos atos ou fatos que derem origem à obrigação, o de cada estabelecimento.
17. Art. 3º É competente para homologar o plano de recuperação extrajudicial, deferir a recuperação judicial ou decretar a falência o juízo do local do principal estabelecimento do devedor ou da filial de empresa que tenha sede fora do Brasil.
18. Organizações empresariais existem que, pela sua dimensão, atuam com diversos estabelecimentos. Surge, então, o problema de se conceituar qual é o estabelecimento principal, ou matriz, em confronto com outros estabelecimentos da mesma estrutura empresarial. Em muitos casos, como se verá, o principal estabelecimento não coincide com a sede estatutária que é indicada no contrato ou estatutos, para certos efeitos jurídicos, sobretudo para determinar o domicílio. A anterior Lei de Falências, por exemplo, dispunha que "é competente para declarar a falência o juiz em cuja jurisdição o devedor tem o seu principal estabelecimento ou casa filial de outra situada fora do Brasil" (Dec.-lei 7.661, de 21.06.1945, art. 7º). A nova Lei de Falências, lei 11.101/2005, no art. 3º, estabelece que "é competente para homologar o plano de recuperação extrajudicial, deferir a recuperação judicial ou decretar a falência o juízo do local do principal estabelecimento do devedor ou da filial de empresa que tenha sede fora do Brasil".

3. ESTABELECIMENTO FILIAL, AGÊNCIA E SUCURSAL

Filial, agência e sucursal são expressões sinônimas, inexistindo no Direito qualquer distinção, porém cada expressão é usada por determinados ramos de atuação (ex. uso da expressão agência para identificar as filiais de instituições financeiras). O estabelecimento filial representa a descentralização do estabelecimento como quando, por exemplo, um determinado empresário que explora o comércio de pneumáticos (borracharia) pretende ampliar sua atuação abrindo outras lojas. Pela legislação vigente, a constituição do estabelecimento secundário pelo empresário deverá ser averbada na Junta Comercial da respectiva sede. Se a filial, agência ou sucursal for constituída em lugar sujeito à jurisdição de outra Junta Comercial, nesta deverá também inscrevê-la, com a prova da inscrição originária (arts. 969 e 1.000, CC[19]).

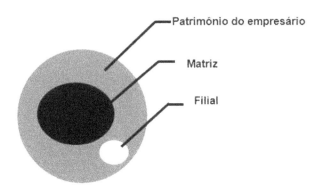

O critério para se determinar o principal estabelecimento integrante de uma empresa não leva em conta a dimensão física dos seus diversos estabelecimentos. Conceitua-se o principal estabelecimento tendo em vista aquele em que se situa a chefia da empresa, onde efetivamente atua o empresário no governo ou no comando de seus negócios, de onde emanam as suas ordens e instruções, em que se procedem as operações comerciais e financeiras de maior vulto e em massa. Nesse estabelecimento, por ser o centro das decisões da empresa, contabilizam-se as suas contas e, por isso, aí se encontram os livros comerciais, sobretudo os livros obrigatórios e os livros fiscais (REQUIÃO, Rubens. *Curso de Direito Comercial*. 31. ed. São Paulo: Saraiva, 2012, v. 1, p. 342-343).

19. Art. 969. O empresário que instituir sucursal, filial ou agência, em lugar sujeito à jurisdição de outro Registro Público de Empresas Mercantis, neste deverá também inscrevê-la, com a prova da inscrição originária.

Parágrafo único. Em qualquer caso, a constituição do estabelecimento secundário deverá ser averbada no Registro Público de Empresas Mercantis da respectiva sede.

Art. 1.000. A sociedade simples que instituir sucursal, filial ou agência na circunscrição de outro Registro Civil das Pessoas Jurídicas, neste deverá também inscrevê-la, com a prova da inscrição originária.

Parágrafo único. Em qualquer caso, a constituição da sucursal, filial ou agência deverá ser averbada no Registro Civil da respectiva sede.

D. ATRIBUTOS E ELEMENTOS DO ESTABELECIMENTO

1. ELEMENTOS DO ESTABELECIMENTO

Como um complexo organizado de bens, o universo formado pelo estabelecimento é preenchido por bens singulares, considerados em si mesmo. Dentre esses elementos estão os bens materiais e imateriais. Os bens materiais são os que possuem existência física, são bens móveis e imóveis, como o prédio industrial, os equipamentos, os maquinários, os utensílios, as mercadorias, as matérias primas, os materiais de escritório, de informática etc. Os bens imateriais são aqueles concebidos mental ou juridicamente, um processo de abstração, que possuem valores econômicos próprios, como a patente de invenção, a marca, o título do estabelecimento, o ponto etc.[20]

2. ATRIBUTOS DO ESTABELECIMENTO

Além dos elementos mencionados, também são perceptíveis os chamados atributos do estabelecimento, aqueles não classificados como bens imateriais. Tanto o aviamento, – consequência da organização dos bens que formam o estabelecimento –, quanto a clientela, – conjunto de pessoas que procuram o empresário por seus produtos ou serviços – não são propriamente bens imateriais, mas situações de fato, fruto da organização do estabelecimento, do melhor exercício da atividade e, por isso, não são tratados como elementos do estabelecimento, mas como atributos indissociáveis deste. Assim, cuidaremos individualmente dos atributos do estabelecimento e dos bens imateriais que são considerados como elementos do estabelecimento.

E. ATRIBUTOS DO ESTABELECIMENTO

1. ATRIBUTOS DO ESTABELECIMENTO

A ideia de atributo do estabelecimento está relacionada à clientela e ao aviamento. O aviamento e a clientela são emanações e desdobramentos da atuação empresarial. Isso significa dizer que, com o fim da empresa (atividade), eles se extinguirão por via de consequência.

---

20. Tais bens, em determinadas circunstâncias, ultrapassam, em valor econômico, os bens materiais, o que não é difícil constatar em inúmeros estabelecimentos em que os bens materiais são do valor exíguo – um balcão frigorifico, prateleiras, reduzida quantidade de mercadorias, que cada dia se renova –, mas localizados em excelentes pontos empresariais, para os quais aflui intensa freguesia (PEREIRA, Ademar. ALMEIDA, Amador Paes de. *Manual do estabelecimento comercial*. São Paulo: Saraiva, 2011, p. 42).

2. CLIENTELA

A freguesia ou clientela está intimamente relacionada ao estabelecimento, pois é o conjunto de pessoas que procuram o empresário para consumir os produtos ou serviços oferecidos, formando parte do intangível do patrimônio do empresário e possui valor agregado por ser uma manifestação do aviamento. Como a clientela não é considerada um bem imaterial, assim como o aviamento, não se caracteriza como um elemento do estabelecimento, mas como seu atributo. É certo que se eventualmente a carteira de clientes de um empresário caísse nas mãos de um concorrente, esse se beneficiaria e aquele sofreria perda de sua competitividade, pois poderia ocorrer o desvio da clientela e, consequentemente, prejuízos ao empresário.[21]

Não obstante seja incorreto falar em direito à clientela, é certo que há proteção jurídica a ela, consistente nas ações contra a concorrência desleal. Todavia, tal proteção não torna a clientela objeto de direito do empresário, pois o que se protege são os elementos patrimoniais da empresa, aos quais está ligada a clientela, que recebe proteção apenas indireta. O que o ordenamento jurídico protege são os instrumentos usados para formar e conservar a clientela.[22] Com a importância da clientela para o empresário a lei protege eventual desvio ilegítimo praticado por um concorrente e, por isso, na Lei de Propriedade Industrial (Lei 9.279/1996 – LPI) é considerado crime de concorrência desleal quem *"emprega meio fraudulento, para desviar, em proveito próprio ou alheio, clientela de outrem"* (art. 195, III, LPI[23]).

a) Cessão de clientela

Como a clientela não é um bem ou direito, não há que se falar em cessão de clientela propriamente dita, mas de elementos do estabelecimento, como o ponto, que constituem fatores determinantes para a clientela. O contrato de cessão de clientela operacionaliza-se pela cessão de contratos, pela cessão de estabelecimento ou, ao menos, a transferência do fator preponderante ao qual se

---

21. Quando o estabelecimento é explorado, forma-se uma clientela atual; quando não o é, existe a possibilidade de uma clientela potencial. Por isso a interrupção na exploração do estabelecimento provoca o desvio da clientela e, por consequência, a diminuição do aviamento. O negócio que permanece com as portas cerradas, pouco a pouco se vai apagando na lembrança do público, e, mesmo quando é reaberto levará algum tempo até que a antiga clientela volte a procurá-lo. (BARRETO FILHO, Oscar. *Teoria do Estabelecimento Comercial*. 2. ed. São Paulo: Saraiva, 1988, p. 183).
22. TOMAZETTE, Marlon. O estabelecimento empresarial. Estabelecimento empresarial. *Revista do Programa de Mestrado em Direito do UniCEUB*, Brasília, v. 2, n. 1, p. 301-333, jan./jun. 2005.
23. Art. 195. Comete crime de concorrência desleal quem: III – emprega meio fraudulento, para desviar, em proveito próprio ou alheio, clientela de outrem.

liga a freguesia e pela assunção de obrigações de fazer e não fazer pelo cedente da clientela. O contrato tenta criar condições para que o cessionário goze da clientela que o cedente antes possuía.

Não há, no sentido literal, a transferência da clientela. O que há é uma série de atos combinados, cujo objetivo é possibilitar que os clientes do cedente passem a negociar com o cessionário. O objeto do negócio não é a transferência dos clientes, a qual é juridicamente impossível.[24]

3. AVIAMENTO

O dinamismo dos elementos que compõe o estabelecimento não retira a sua unidade, ou seja, quando um empresário adquire matéria prima para produção dos bens que serão usados na sua atividade essa é incorporada ao seu estabelecimento, evidentemente a venda do produto final retira do estabelecimento esse elemento, porém o estabelecimento não se descaracteriza, pois é exatamente o dinamismo que caracteriza o complexo organizado de bens do empresário. A organização é a principal característica que sobressai nos conceitos dos perfis da empresa e que está também presente no conceito e natureza do estabelecimento.

Essa organização dos elementos do estabelecimento lhe atribui um sobrevalor ao complexo de bens por ter como finalidade a produção e o lucro, ou seja, há uma valia na organização que agrega valor ao conjunto de bens de tal forma que o estabelecimento é valorado além do valor da soma dos bens unitários que o compõe.[25]

O aviamento ou *goodwill* não é o estabelecimento, nem o seu valor, mas um sobrevalor que se atribui ao estabelecimento pela organização do complexo de bens singulares que o compõem. É a capacidade do estabelecimento de gerar lucro. O valor do estabelecimento é formado por todos os elementos que o inte-

---

24. TOMAZETTE, Marlon. *O estabelecimento empresarial*. Prismas. Direito, políticas públicas e mundialização. n. 2-1, Junho 2005, p. 321.
25. Conclui-se, do exposto, que, sendo o aviamento atributo que em certo sentido identifica o estabelecimento como seu característico modo de ser, não existe estabelecimento sem aviamento, o que pode variar é unicamente sua medida, de modo a falar-se de estabelecimento mais ou menos aviado (supra, n. 130). Em todo estabelecimento, por conseguinte, será preciso proteger este sobrevalor, que surge com a criação da casa comercial e perdura até a sai extinção.
    Mas a tutela do aviamento não é sancionada diretamente pela lei; decorre, indiretamente, da proteção conferida aos seus fatores (ponto de negócio, relações de trabalho, marcas, patentes de invenção etc.). É preciso ter em mente esse fato, porque, se o sobrevalor do aviamento é uma função dos seus fatores, qualquer dano sofrido por este repercute necessariamente naquele (BARRETO FILHO, Oscar. *Teoria do Estabelecimento Comercial*. 2. ed. São Paulo: Saraiva, 1988, p. 178).

gram, por seus bens materiais e imateriais, mas seu valor agregado está presente na organização desses bens para alcançar o lucro (aviamento).

F. ALIENAÇÃO DO ESTABELECIMENTO

1. NEGÓCIOS JURÍDICOS DO ESTABELECIMENTO

Tendo em vista que o estabelecimento é um bem do empresário, ele pode ser objeto unitário de direitos e de negócios jurídicos, translativos ou constitutivos, que sejam compatíveis com a sua natureza (arts. 90, p. único[26] e 1.143, CC[27]). A lei cita 3 (três) espécies de negócios jurídicos possíveis para o estabelecimento: (i) a alienação; (ii) o usufruto e; (iii) arrendamento (art. 1.144, CC[28]).

2. ALIENAÇÃO DO ESTABELECIMENTO – CONTRATO DE TRESPASSE

Pode ser mais vantajoso ao empresário que deseja iniciar ou ampliar o seu negócio adquirir um estabelecimento de outro empresário que já esteja no mercado do que buscar no mercado cada elemento singular para formação do seu estabelecimento. Um empresário, para ampliar suas atividades, pode optar por adquirir o estabelecimento de outro, seja concorrente ou não. Trata-se de uma questão comercial que deve ser analisada no momento de se pensar o negócio, pois além da transferência do estabelecimento propriamente dita existem outras obrigações que serão atraídas pelo empresário adquirente.

O contrato de compra e venda do estabelecimento é chamado de *trespasse*. No trespasse há a transferência de todo ou parte do estabelecimento de um em-

---
26. Art. 90, p. único. Os bens que formam essa universalidade podem ser objeto de relações jurídicas próprias.
27. Art. 1.143. Pode o estabelecimento ser objeto unitário de direitos e de negócios jurídicos, translativos ou constitutivos, que sejam compatíveis com a sua natureza.
28. Art. 1.144. O contrato que tenha por objeto a alienação, o usufruto ou arrendamento do estabelecimento, só produzirá efeitos quanto a terceiros depois de averbado à margem da inscrição do empresário, ou da sociedade empresária, no Registro Público de Empresas Mercantis, e de publicado na imprensa oficial.

presário para outro. Essa operação não se confunde com a *cessão de quotas*. No trespasse ocorre a alienação do estabelecimento de um empresário para outro, enquanto na cessão de quotas há alienação da participação societária de um sócio para terceiro, não se alterando a propriedade do estabelecimento.

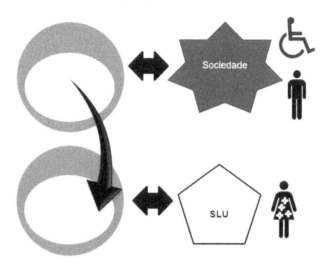

No exemplo acima, podemos visualizar que a alienação do estabelecimento (trespasse) não pode ser confundida com a cessão de quotas (ilustração abaixo). No primeiro, a relação de compra e venda ocorre entre a sociedade alienante e a Sociedade Limitada Unipessoal (SLU) adquirente do estabelecimento, sem alteração no quadro de membros dessas pessoas jurídicas. Enquanto que, na cessão de quotas, a relação de compra e venda ocorre entre os membros da pessoa jurídica, conforme imagem abaixo.

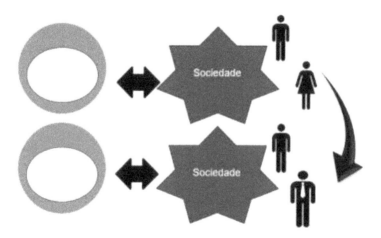

Veja leitor que na cessão de quotas, uma sócia 👤 cedeu todas as suas quotas para um novo sócio 👤. Mas, diferentemente do trespasse, a sociedade permaneceu com seu estabelecimento inalterado.

a) Requisitos de eficácia

Como o estabelecimento é um ativo importante do empresário, eventuais credores têm total

interesse nesse elemento, pois são os bens do ativo do patrimônio de uma pessoa que garante o pagamento de seus credores (art. 789, CPC[29]). Por essa evidência a lei, com o fito de proteger os credores, impõe o cumprimento de determinados requisitos para os empresários que desejam firmar o contrato de trespasse.

(i) Registro e publicidade. Primeiramente, o contrato que tenha por objeto a alienação do estabelecimento só produzirá efeitos quanto a terceiros depois de averbado à margem da inscrição do empresário na Junta Comercial e de publicado na imprensa oficial (art. 1.144, CC[30]).

(ii) Comunicação aos credores. Além da publicidade do ato pelo registro e pela publicação na imprensa oficial, o empresário alienante deve verificar se restará bens em seu patrimônio suficientes para quitar suas obrigações. Se a resposta for positiva, poderá alienar o estabelecimento sem maiores requisitos. Todavia, se ao alienante não restarem bens suficientes para solver o seu passivo, a eficácia da alienação do estabelecimento depende do pagamento de todos os credores, ou do consentimento destes, de modo expresso ou tácito, em trinta dias a partir de sua notificação (art. 1.145, CC[31]) que poderá ocorrer judicialmente ou pelo oficial do registro de títulos e documentos.

(ii.1) Falta de anuência. A falta de anuência dos credores para a alienação do estabelecimento, seja pelo não envio da notificação que trata a lei civil ou

---

29. Art. 789. O devedor responde com todos os seus bens presentes e futuros para o cumprimento de suas obrigações, salvo as restrições estabelecidas em lei.
30. Art. 1.144. O contrato que tenha por objeto a alienação, o usufruto ou arrendamento do estabelecimento, só produzirá efeitos quanto a terceiros depois de averbado à margem da inscrição do empresário, ou da sociedade empresária, no Registro Público de Empresas Mercantis, e de publicado na imprensa oficial.
31. Art. 1.145. Se ao alienante não restarem bens suficientes para solver o seu passivo, a eficácia da alienação do estabelecimento depende do pagamento de todos os credores, ou do consentimento destes, de modo expresso ou tácito, em trinta dias a partir de sua notificação.

pela negativa de um ou mais credores, impossibilita a alienação válida do estabelecimento. Contudo, caso o empresário insista no trespasse sem o consentimento de todos os credores e fica sem bens suficientes para solver seu passivo, poderá um credor requerer a falência do empresário alienante por prática de ato considerado falimentar (art. 94, III, c, LFRE[32]) e, no caso de decretada a falência, a alienação ou transferência será considerada ineficaz perante a massa (art. 129, IV, LFRE[33]).

b) Passivo anterior

Ainda no compasso de proteção dos credores, a lei determina que o empresário que adquire o estabelecimento fique responsável pelos débitos civis e comerciais anteriores à transferência, desde que regularmente contabilizados, continuando o devedor primitivo (empresário alienante) solidariamente obrigado pelo prazo de um ano a partir, quanto aos créditos vencidos, da publicação, e, quanto aos outros, da data do vencimento (art. 1.146, CC[34]).

(i) Créditos trabalhistas e tributários. Essa regra refere-se aos créditos civis e comerciais, mas não se aplica aos créditos trabalhistas e tributários. Para o crédito trabalhista, o trabalhador pode demandar o alienante ou o adquirente, mesmo após o transcorrido 1 ano do trespasse (art. 488, CLT[35]). No caso do crédito tributário o adquirente responderá integralmente, se o alienante cessar a exploração do comércio, indústria ou atividade ou subsidiariamente, se este prosseguir na exploração ou iniciar dentro de seis meses a contar da data da alienação, nova atividade no mesmo ou em outro ramo de comércio, indústria ou profissão (art. 133, CTN[36]).

---

32. Art. 94. Será decretada a falência do devedor que: III – pratica qualquer dos seguintes atos, exceto se fizer parte de plano de recuperação judicial: c) transfere estabelecimento a terceiro, credor ou não, sem o consentimento de todos os credores e sem ficar com bens suficientes para solver seu passivo.
33. Art. 129. São ineficazes em relação à massa falida, tenha ou não o contratante conhecimento do estado de crise econômico-financeira do devedor, seja ou não intenção deste fraudar credores: VI – a venda ou transferência de estabelecimento feita sem o consentimento expresso ou o pagamento de todos os credores, a esse tempo existentes, não tendo restado ao devedor bens suficientes para solver o seu passivo, salvo se, no prazo de 30 (trinta) dias, não houver oposição dos credores, após serem devidamente notificados, judicialmente ou pelo oficial do registro de títulos e documentos.
34. Art. 1.146. O adquirente do estabelecimento responde pelo pagamento dos débitos anteriores à transferência, desde que regularmente contabilizados, continuando o devedor primitivo solidariamente obrigado pelo prazo de um ano, a partir, quanto aos créditos vencidos, da publicação, e, quanto aos outros, da data do vencimento.
35. Art. 448. A mudança na propriedade ou na estrutura jurídica da empresa não afetará os contratos de trabalho dos respectivos empregados.
36. Art. 133. A pessoa natural ou jurídica de direito privado que adquirir de outra, por qualquer título, fundo de comércio ou estabelecimento comercial, industrial ou profissional, e continuar

(ii) Trespasse na falência ou recuperação judicial. No caso da operação de aquisição do estabelecimento ocorrer em processo de falência ou recuperação judicial, o adquirente não ficará responsável por nenhum dos débitos do falido ou do empresário em recuperação, independentemente de sua natureza (art. 60, p. único[37] e 141, II, LFRE[38]).

Trata-se de um incentivo à própria falência ou recuperação uma vez que se os débitos fossem transferidos para o adquirente, esse, provavelmente, não correria o risco de adquirir o estabelecimento em processo de falência ou de recuperação judicial. Em julgamento da Ação Direta de Inconstitucionalidade 3934-2 que pretendia a declaração de inconstitucionalidade dos artigos 60, parágrafo único, 83, I e IV, c, e 141, II, da Lei 11.101/2005, o Supremo Tribunal Federal julgou improcedente os pedidos, logo mantidas as regras estampadas nos artigos impugnados.

---

a respectiva exploração, sob a mesma ou outra razão social ou sob firma ou nome individual, responde pelos tributos, relativos ao fundo ou estabelecimento adquirido, devidos até à data do ato: I – integralmente, se o alienante cessar a exploração do comércio, indústria ou atividade; II – subsidiariamente com o alienante, se este prosseguir na exploração ou iniciar dentro de seis meses a contar da data da alienação, nova atividade no mesmo ou em outro ramo de comércio, indústria ou profissão.

37. Art. 60. Se o plano de recuperação judicial aprovado envolver alienação judicial de filiais ou de unidades produtivas isoladas do devedor, o juiz ordenará a sua realização, observado o disposto no art. 142 desta Lei. Parágrafo único. O objeto da alienação estará livre de qualquer ônus e não haverá sucessão do arrematante nas obrigações do devedor, inclusive as de natureza tributária, observado o disposto no § 1º do art. 141 desta Lei.
38. Art. 141. Na alienação conjunta ou separada de ativos, inclusive da empresa ou de suas filiais, promovida sob qualquer das modalidades de que trata este artigo: I – todos os credores, observada a ordem de preferência definida no art. 83 desta Lei, sub-rogam-se no produto da realização do ativo; II – o objeto da alienação estará livre de qualquer ônus e não haverá sucessão do arrematante nas obrigações do devedor, inclusive as de natureza tributária, as derivadas da legislação do trabalho e as decorrentes de acidentes de trabalho. § 1º O disposto no inciso II do caput deste artigo não se aplica quando o arrematante for: I – sócio da sociedade falida, ou sociedade controlada pelo falido; II – parente, em linha reta ou colateral até o 4º (quarto) grau, consanguíneo ou afim, do falido ou de sócio da sociedade falida; ou III – identificado como agente do falido com o objetivo de fraudar a sucessão. § 2º Empregados do devedor contratados pelo arrematante serão admitidos mediante novos contratos de trabalho e o arrematante não responde por obrigações decorrentes do contrato anterior.

Responsabilidade dos contratantes no trespasse				
	Créditos Cíveis e Comerciais	Créditos Trabalhistas	Créditos Tributários	Créditos na Falência ou Recuperação Judicial
Adquirente/ comprador	Responderá pelos débitos anteriores à transferência desde que regularmente contabilizados (art. 1.146 CC)	Responderá solidariamente com o alienante (art. 488 CLT)	Responderá integralmente se o alienante cessar a exploração da atividade ou subsidiariamente se o alienante prosseguir na exploração (art. 133 CTN)	Não responderá pois não há sucessão (art. 60 p único e art. 141, II LFRE)
Alienante/ vendedor	Responderá solidariamente obrigado pelo prazo de um ano, a partir, quanto aos créditos vencidos da publicação e quanto aos outros da data do vencimento (Art. 1.146 CC)	Responderá solidariamente com o adquirente (art. 488 CLT)	Responsabilidade pessoal (art. 133 CTN)	Responderá nos termos da falência ou do plano de recuperação judicial aprovado

c) Cláusula de não transferência

Comumente nos contratos de alienação do estabelecimento os contratantes inserem cláusula de não transferência de débitos, isentando, pelo contrato, o adquirente da responsabilidade pelas obrigações anteriores, que seria do alienante. Todavia determina nossa legislação que, caso o terceiro credor persiga o adquirente por um débito anterior a transferência do estabelecimento, cuja responsabilidade primitiva e contratual é do alienante, o adquirente responderá normalmente pela dívida (art. 1.146, CC[39]), mas poderá se voltar em ação de regresso em face do alienante por conta da cláusula de não transferência do passivo. De forma que da cláusula de não transferência do passivo não pode ser oposta contra os credores, e como se trata de norma de ordem pública que visa à proteção dos credores não se pode afastar a incidência de tal disposição pela sua natureza cogente.

---

39. Art. 1.146. O adquirente do estabelecimento responde pelo pagamento dos débitos anteriores à transferência, desde que regularmente contabilizados, continuando o devedor primitivo solidariamente obrigado pelo prazo de um ano, a partir, quanto aos créditos vencidos, da publicação, e, quanto aos outros, da data do vencimento.

d) Sub-rogação dos contratos[40]

Salvo disposição em contrário, a transferência importa a sub-rogação do adquirente nos contratos estipulados para exploração do estabelecimento, se não tiverem caráter pessoal, podendo os terceiros resilirem o contrato em noventa dias a contar da publicação da transferência, se ocorrer justa causa, ressalvada, neste caso, a responsabilidade do alienante (art. 1.148, CC[41]).

e) Cessão de crédito

A cessão dos créditos referentes ao estabelecimento transferido produzirá efeito em relação aos respectivos devedores, desde o momento da publicação da transferência, mas o devedor ficará exonerado se de boa-fé pagar ao cedente (art. 1.149, CC[42]).

f) Cláusula de não concorrência

O primeiro caso de repercussão nacional em que se defendeu a preservação do concorrente foi enfrentado pelo Supremo Tribunal Federal, em 1914, que tratou exatamente da não concorrência pelo alienante de estabelecimento. O Conde Antônio Álvares Leite Penteado alienou a Companhia Nacional de Tecidos de Juta, no entanto, pouco tempo após, o alienante, Conde Penteado, construiu nova fábrica (Companhia Paulista Aniagem) para atuar exatamente no mesmo ramo da Companhia Nacional de Tecidos de Juta, e ainda vizinha desta. Na época, o contrato nada previa quanto à possibilidade de o alienante constituir novo fundo de comércio vindo a concorrer com a fábrica que alienou. Advogando para a Companhia Nacional de Tecidos de Juta estava o Dr. José Xavier Carvalho de Mendonça, e atuando em favor da Companhia Paulista Aniagem, o Dr. Rui Barbosa. Dada a ausência de previsão contratual de não concorrência, a demanda foi julgada em favor do Conde Penteado. Pouco tempo depois, a doutrina começou a defender majoritariamente o contrário, tendo à frente José Xavier Carvalho de Mendonça, que advogava *"fazer boa ao comprador a coisa*

---

40. Enunciado 8 do 1ª Jornada De Direito Comercial – A sub-rogação do adquirente nos contratos de exploração atinentes ao estabelecimento adquirido, desde que não possuam caráter pessoal, é a regra geral, incluindo o contrato de locação.
41. Art. 1.148. Salvo disposição em contrário, a transferência importa a sub-rogação do adquirente nos contratos estipulados para exploração do estabelecimento, se não tiverem caráter pessoal, podendo os terceiros rescindir o contrato em noventa dias a contar da publicação da transferência, se ocorrer justa causa, ressalvada, neste caso, a responsabilidade do alienante.
42. Art. 1.149. A cessão dos créditos referentes ao estabelecimento transferido produzirá efeito em relação aos respectivos devedores, desde o momento da publicação da transferência, mas o devedor ficará exonerado se de boa-fé pagar ao cedente.

vendida", ou seja, a venda teria de aproveitar ao comprador, e evidentemente a fundação de novo estabelecimento em concorrência ao adquirente, no mínimo, o privaria parcialmente da coisa vendida.[43]

Hoje a chamada *cláusula de não concorrência* foi integrada à legislação comercial no artigo 1.147[44] do Código Civil que estipula que não havendo autorização expressa, o alienante do estabelecimento não pode fazer concorrência ao adquirente, nos cinco anos subsequentes à transferência. Essa regra foi objeto de discussão judicial antes da entrada em vigor do Código Civil, tendo sido positivada, afastando-se, após, qualquer dúvida com relação àquele alienante que, após a venda do seu estabelecimento, se reestabelece como concorrente do adquirente, podendo frustrar o investimento deste diante de concorrência direta. Como o próprio artigo 1.147 do Código Civil essa restrição legal pode ser afastada contratualmente entre as partes bastando os empresários disporem de forma diversa no contrato de trespasse.

As cláusulas de não reestabelecimento como todas as cláusulas restritivas da concorrência são válidas entre as partes, não constituindo infração aos princípios da livre iniciativa ou livre concorrência desde que possuam delimitações de objeto e espaço e/ou tempo[45] e essas limitações não extrapolem o exercício regular do direito.

G. O USUFRUTO E O ARRENDAMENTO DO ESTABELECIMENTO

1. OUTROS NEGÓCIOS JURÍDICOS DO ESTABELECIMENTO

Além da alienação do estabelecimento, a lei também destaca a possibilidade da realização de seu usufruto ou arrendamento. Tanto em um quanto noutro negócio jurídico, para sua validade perante terceiro necessária é a averbação na Junta Comercial e publicação na imprensa oficial (art. 1.144, CC).

2. USUFRUTO

Em que pese o Código Civil não conceituar o usufruto, a doutrina civilista utiliza-se do conceito no revogado Código Civil de 1916 que dispõe: *"Constitui*

---

43. OLIVEIRA NETO, Célio Pereira. *Cláusula de Não Concorrência no Contrato de Emprego. Efeitos do Princípio da Proporcionalidade.* São Paulo: LTr, 2015, p. 17.
44. Art. 1.147. Não havendo autorização expressa, o alienante do estabelecimento não pode fazer concorrência ao adquirente, nos cinco anos subsequentes à transferência. Parágrafo único. No caso de arrendamento ou usufruto do estabelecimento, a proibição prevista neste artigo persistirá durante o prazo do contrato.
45. COELHO, Fábio Ulhoa. *Curso de direito comercial.* 15. ed. São Paulo: Saraiva, 2011. v. I: Direito de empresa, p. 265.

usufruto o direito real de fruir as utilidades e frutos de uma coisa, enquanto temporariamente destacado da propriedade" (art. 713, CC/1916). O usufruto pode recair em um ou mais bens, móveis ou imóveis, em um patrimônio inteiro, ou parte deste, abrangendo-lhe, no todo ou em parte, os frutos e utilidades (art. 1.390, CC[46]).

Os referidos diplomas são recepcionados na possibilidade do estabelecimento ser objeto de usufruto (art. 1.144, CC), cabendo ao usufrutuário fruir do complexo organizado de bens e dos frutos da coisa enquanto destacado o estabelecimento da propriedade do empresário nu-proprietário.[47]

3. ARRENDAMENTO

O arrendamento é uma espécie de locação de coisas nos termos do artigo 565 a 578 do Código Civil. Nessa operação o empresário, proprietário do estabelecimento, o aluga ao empresário interessado que passará a utilizá-lo, durante o contrato de arrendamento, para exploração de sua atividade empresarial.

Em ambos os casos, de usufruto ou arrendamento do estabelecimento, trata-se de direito temporário, sendo que durante o contrato não poderão o nu-proprietário ou arrendador atuarem na mesma atividade do usufrutuário ou arrendatário (art. 1.147, p. único, CC[48]).

H. FORMAÇÃO DO NOME EMPRESARIAL

1. NOME EMPRESARIAL

O nome empresarial, o título do estabelecimento, o domínio e a marca são elementos identificativos. O nome empresarial identifica o empresário, o título do estabelecimento identifica o local da exploração da atividade, o domínio identifica o local de exploração da empresa na internet, enquanto a marca iden-

---

46. Art. 1.390. O usufruto pode recair em um ou mais bens, móveis ou imóveis, em um patrimônio inteiro, ou parte deste, abrangendo-lhe, no todo ou em parte, os frutos e utilidades.
47. O usufruto do estabelecimento, por envolver bens corpóreos e incorpóreos, deve ser precedido de inventario dos bens materiais e do estado em que se encontram, devendo ser restituídos ao nu-proprietário, findo o usufruto, no estado em que os recebeu (PEREIRA, Ademar. ALMEIDA. Amador Paes de. *Manual do estabelecimento comercial.* São Paulo: Saraiva, 2011, p. 89).
48. Art. 1.147. Não havendo autorização expressa, o alienante do estabelecimento não pode fazer concorrência ao adquirente, nos cinco anos subsequentes à transferência.
    Parágrafo único. No caso de arrendamento ou usufruto do estabelecimento, a proibição prevista neste artigo persistirá durante o prazo do contrato.

tifica produtos ou serviços do empresário. Esses elementos podem ter a mesma expressão para designá-los, mas cada um possui regramento próprio.

Como dito, o nome empresarial é o elemento identificativo do empresário, é a expressão usada para realização de seus negócios, também chamado de "razão social". Quando um empresário firma um negócio jurídico é identificado por seu nome empresarial, que o distingue dos demais empresários.

2. FIRMA E DENOMINAÇÃO

São duas as espécies de nome empresarial: (i) a firma e; (ii) a denominação (art. 1.155, CC[49]). A firma é adotada quando se utiliza o nome civil do empresário individual, dos sócios da sociedade e, ainda, para uso como assinatura do empresário. Enquanto o nome empresarial que adota denominação utiliza-se de qualquer expressão, seja o nome civil ou elemento fantasia, porém não há vinculação com a assinatura a ser adotada pela sociedade.

a) Empresário individual

Para formação do nome empresarial do empresário individual a lei impõe o uso de firma, sendo vedado o uso de denominação. O empresário opera sob firma constituída por seu nome, completo ou abreviado, aditando-lhe, se quiser, designação mais precisa da sua pessoa ou do gênero de atividade (art. 1.156, CC[50]).

Por exemplo, se este autor, Wagner José Penereiro Armani, decidir empreender-se como empresário individual no ramo de comércio de produtos eletrônicos, seu nome empresarial poderia ser, dentre outros: (i) Wagner JP Armani; (ii) WJPA – comércio de eletrônicos; (iii) José Armani, (iv) Comércio de produtos eletrônicos José Armani etc.

b) Sociedade em nome coletivo e comandita simples

No caso da sociedade em nome coletivo ou comandita simples, que são sociedades que possuem sócios de responsabilidade ilimitada, operará sob firma, na qual somente os nomes daqueles poderão figurar, bastando para formá-la aditar ao nome de um deles a expressão "e companhia" ou sua abreviatura (art.

---
49. Art. 1.155. Considera-se nome empresarial a firma ou a denominação adotada, de conformidade com este Capítulo, para o exercício de empresa. Parágrafo único. Equipara-se ao nome empresarial, para os efeitos da proteção da lei, a denominação das sociedades simples, associações e fundações.
50. Art. 1.156. O empresário opera sob firma constituída por seu nome, completo ou abreviado, aditando-lhe, se quiser, designação mais precisa da sua pessoa ou do gênero de atividade.

1.157, CC[51]). Caso essa regra seja descumprida, utilizando-se o nome de sócio de responsabilidade limitada, esses ficarão solidária e ilimitadamente responsáveis pelas obrigações contraídas sob a firma social àqueles que, por seus nomes, figurarem na firma da sociedade.

c) Sociedade limitada

Na sociedade limitada pode-se adotar firma ou denominação, integradas pela palavra final "limitada" ou a sua abreviatura (Ltda.) (art. 1.158, CC[52]). A omissão da palavra "limitada" determina a responsabilidade solidária e ilimitada dos administradores que assim empregarem a firma ou a denominação da sociedade (§ 3º).

A firma será composta com o nome de um ou mais sócios, desde que pessoas físicas, de modo indicativo da relação social (§1º). A denominação deve designar o objeto da sociedade, sendo permitido nela figurar o nome de um ou mais sócios (§ 2º).

Por exemplo, se os autores deste livro, Wagner Armani, Diogo Jovetta e Rodrigo Ferreira, decidissem formar uma sociedade limitada no ramo de comércio de produtos eletrônicos, o nome empresarial da sociedade limitada poderia ser, dentre outros: as firmas: (i) Armani, Jovetta e Ferreira Ltda.; (ii) Ferreira e companhia Ltda.; (iii) Armani, Jovetta e companhia comércio de produtos eletrônico Ltda.; (iv) Armani, Jovetta e Ferreira comércio de produtos eletrônicos Ltda ou as denominações (i) AJF comércio de eletrônicos Ltda.; (ii) ArmJovFer comércio de produtos eletrônicos Ltda.; (iii) Armani, Jovetta e Ferreira comércio de produtos eletrônicos Ltda etc.

Veja que o nome Armani, Jovetta e Ferreira comércio de produtos eletrônicos Ltda. foi usado no exemplo acima tanto na firma quanto na denominação, isso ocorre por conta da permissão legal nesse sentido, assim podemos concluir que não basta a leitura do nome para saber tratar-se de firma ou denominação, sendo necessária a verificação no contrato social qual a opção da sociedade limitada.

---

51. Art. 1.157. A sociedade em que houver sócios de responsabilidade ilimitada operará sob firma, na qual somente os nomes daqueles poderão figurar, bastando para formá-la aditar ao nome de um deles a expressão "e companhia" ou sua abreviatura. Parágrafo único. Ficam solidária e ilimitadamente responsáveis pelas obrigações contraídas sob a firma social aqueles que, por seus nomes, figurarem na firma da sociedade de que trata este artigo.
52. Art. 1.158. Pode a sociedade limitada adotar firma ou denominação, integradas pela palavra final "limitada" ou a sua abreviatura. § 1º A firma será composta com o nome de um ou mais sócios, desde que pessoas físicas, de modo indicativo da relação social. § 2º A denominação deve designar o objeto da sociedade, sendo permitido nela figurar o nome de um ou mais sócios. § 3º A omissão da palavra "limitada" determina a responsabilidade solidária e ilimitada dos administradores que assim empregarem a firma ou a denominação da sociedade.

d) Cooperativa

A sociedade cooperativa funciona sob denominação integrada pelo vocábulo cooperativa (aet. 1.159, CC[53]).

e) Sociedade anônima

A sociedade anônima opera sob denominação, integrada pelas expressões 'sociedade anônima' ou 'companhia', por extenso ou abreviadamente, facultada a designação do objeto social (art. 1.160, CC[54] e art. 3º, LSA[55]). Pode constar da denominação o nome do fundador, acionista, ou pessoa que haja concorrido para o bom êxito da formação da empresa (art. 1.160, p. único, CC e art. 3º, §1º, LSA).

f) Sociedade em comandita por ações

A sociedade em comandita por ações pode, em lugar de firma, adotar denominação, aditada da expressão 'comandita por ações', facultada a designação do objeto social." (art. 1.161, CC[56]).

g) Sociedade em conta de participação

E por fim, a sociedade em conta de participação, por não ter personalidade jurídica própria, não pode ter firma ou denominação (art. 1.162, CC[57]).

h) Empresário em recuperação judicial

Quando o empresário for beneficiário de recuperação judicial, deve-se acrescer aos atos, contratos e documentos a expressão "em recuperação judicial" (art. 69, LFRE[58]).

---

53. Art. 1.159. A sociedade cooperativa funciona sob denominação integrada pelo vocábulo "cooperativa".
54. Art. 1.160. A sociedade anônima opera sob denominação, integrada pelas expressões 'sociedade anônima' ou 'companhia', por extenso ou abreviadamente, facultada a designação do objeto social.
55. Art. 3º A sociedade será designada por denominação acompanhada das expressões "companhia" ou "sociedade anônima", expressas por extenso ou abreviadamente mas vedada a utilização da primeira ao final. § 1º O nome do fundador, acionista, ou pessoa que por qualquer outro modo tenha concorrido para o êxito da empresa, poderá figurar na denominação. § 2º Se a denominação for idêntica ou semelhante a de companhia já existente, assistirá à prejudicada o direito de requerer a modificação, por via administrativa (artigo 97) ou em juízo, e demandar as perdas e danos resultantes.
56. Art. 1.161. A sociedade em comandita por ações pode, em lugar de firma, adotar denominação, aditada da expressão 'comandita por ações', facultada a designação do objeto social."
57. Art. 1.162. A sociedade em conta de participação não pode ter firma ou denominação.
58. Art. 69. Em todos os atos, contratos e documentos firmados pelo devedor sujeito ao procedimento de recuperação judicial deverá ser acrescida, após o nome empresarial, a expressão "em Recuperação Judicial". Parágrafo único. O juiz determinará ao Registro Público de Empresas a anotação da recuperação judicial no registro correspondente.

2.1 CNPJ

O empresário ou a pessoa jurídica poderá optar por utilizar o número de inscrição no Cadastro Nacional da Pessoa Jurídica (CNPJ) como nome empresarial, seguido da partícula identificadora do tipo societário ou jurídico, quando exigida por lei (art. 35-A, LRE[59]).

Para a utilização do número do CNPJ como nome empresarial, deve ser levado em conta apenas o número raiz, ou seja, os oito primeiros dígitos do CNPJ (NN.NNN.NNN + LTDA.). Em se tratando de constituição ou alteração, o(s) sócio(s) deverá(ão) indicar no instrumento que irá(ão) utilizar o número do CNPJ como nome empresarial. O nome empresarial será gerado no deferimento do pedido e, por isso, a sociedade deverá alterar o contrato social para incluir o nome empresarial por CNPJ no seu ato constitutivo.

3. PRINCÍPIOS DO NOME EMPRESARIAL

São princípios do nome empresarial a novidade e a veracidade (art. 34, LRE[60]).

a) Princípio da novidade

Pelo princípio da novidade, nenhum empresário poderá adotar nome empresarial já adotado por outro empresário, buscando evitar confusão entre os empresários e para seus clientes.

b) Princípio da veracidade

Já pelo princípio da veracidade, é defeso ao empresário valer-se, na composição de seu nome empresarial, de elementos estranhos ao nome civil, de que seja titular como pessoa física, ou de que sejam titulares os seus sócios, se pessoa jurídica.

4. PROTEÇÃO AO NOME EMPRESARIAL

A inscrição do empresário, ou dos atos constitutivos das pessoas jurídicas, ou as respectivas averbações, no registro próprio, asseguram o uso exclusivo do nome

---

59. Art. 35-A. O empresário ou a pessoa jurídica poderá optar por utilizar o número de inscrição no Cadastro Nacional da Pessoa Jurídica (CNPJ) como nome empresarial, seguido da partícula identificadora do tipo societário ou jurídico, quando exigida por lei. (Incluído pela Lei 14.195, de 2021)
60. Art. 34. O nome empresarial obedecerá aos princípios da veracidade e da novidade.

nos limites do respectivo Estado (art. 1.166, CC[61]). Por isso, quando o empresário apresentar o nome empresarial pelo qual quer ser identificado, segundo as regras legais, o órgão de registro fará análise prévia se não existe outro empresário que adote o mesmo nome empresarial ou semelhante. Se identificada a existência de outro empresário com o mesmo nome empresarial ou semelhante, o registro será posto em exigência, e o empresário deverá apresentar sua inscrição com novo nome empresarial, sob pena de indeferimento do registro.

5. ALTERAÇÃO DO NOME EMPRESARIAL

O empresário que adotar nome empresarial igual ou semelhante a outro deverá alterar para torná-lo diferente (art. 1163, CC[62]), sob pena de responder por perdas e danos caso o prejudicado busque essa espécie de reparação civil (art. 1167, CC[63]).[64]

Diferentemente do que ocorre com o nome civil, cuja regra é da imutabilidade, o nome empresarial pode sofrer alteração bastando a vontade de seu titular. Além da vontade do titular, o nome empresarial pode ser alterado também por outros fatores legais, a saber: (i) quando ocorrer a dissolução parcial de sociedade cujo nome é formado por firma (art. 1.158, §1º e 1.165 CC); (ii) mudança na categoria de sócio que compõe a firma social (art. 1.157 CC); (iii) alienação do estabelecimento, por vedação da venda do nome empresarial (art. 1.164 CC); (iv) quando ocorrer a transformação do tipo societário e; (v) quando ocorrer lesão a direito de terceiro (art. 1.163, p. único, CC).

---

61. Art. 1.163. O nome de empresário deve distinguir-se de qualquer outro já inscrito no mesmo registro. Parágrafo único. Se o empresário tiver nome idêntico ao de outros já inscritos, deverá acrescentar designação que o distinga.
62. Art. 1.163. O nome de empresário deve distinguir-se de qualquer outro já inscrito no mesmo registro. Parágrafo único. Se o empresário tiver nome idêntico ao de outros já inscritos, deverá acrescentar designação que o distinga.
63. Art. 1.167. Cabe ao prejudicado, a qualquer tempo, ação para anular a inscrição do nome empresarial feita com violação da lei ou do contrato.
64. O titular de um nome empresarial tem o direito à exclusividade de uso, podendo impedir que outro empresário se identifique com nome idêntico ou semelhante, que possa provocar confusão em consumidores ou no meio empresarial. Assim, em caso de identidade ou semelhança de nomes, o empresário que anteriormente haja feito uso dele terá direito de obrigar o outro a acrescer ao seu nome distintivos suficientes, alterando-o totalmente, inclusive, se não houver outra forma de distingui-los com segurança. É o que decorre dos arts. 35, V, da LRE, 1.163 do CC e 3º, § 2º, da LSA (COELHO, Fábio Ulhoa. *Manual de Direito Comercial*: Direito de Empresa. 25. ed. São Paulo: Saraiva, 2013, p. 108).

I. TÍTULO DO ESTABELECIMENTO

1. TÍTULO DO ESTABELECIMENTO

O título do estabelecimento é a designação do local de exploração da atividade, é a expressão que identifica o estabelecimento. A clientela se lembra de determinado empresário pelo título de seu estabelecimento, quando, por exemplo, o visualiza no *layout* de sua loja ou em sinais de propaganda.

2. TÍTULO DO ESTABELECIMENTO X NOME EMPRESARIAL

Em que pese ser o nome empresarial que identifica o empresário, no dia a dia as pessoas o chama pelo título do estabelecimento, pois é a expressão que se populariza entre seus clientes. Comumente o empresário busca uma expressão que facilmente será lembrada pelos fregueses, incluindo algum logo tipo ou sinal visual que possa ser atrelado ao título do estabelecimento.

3. PROTEÇÃO AO TÍTULO DO ESTABELECIMENTO

Não há no direito brasileiro nenhum registro próprio para o título do estabelecimento, diferentemente do que ocorre com o nome empresarial, a marca ou o domínio eletrônico. A proteção ao título do estabelecimento se dá por meio da tipificação como crime de concorrência desleal praticado por quem usa, indevidamente,[65] título de estabelecimento. (art. 195, V, LPI[66]). Por isso, se o empresário verificar que outro está utilizando seu título do estabelecimento indevidamente, deverá buscar junto ao Poder Judiciário a proteção de seu uso exclusivo demonstrando o uso em data anterior a do concorrente e o meio fraudulento eventualmente usado por este último.

Para melhor proteção ao uso exclusivo do título do estabelecimento sugere-se o registro deste como marca, pois assim o empresário terá maior possibilidade de provar seu direito perante os concorrentes que eventualmente buscarem o uso indevido de seu nome fantasia.[67]

---

65. O uso deve ser indevido. A utilização indevida equivale ao ato confusório assim compreendido: "Ato que cria confusão entre os consumidores, afeta a sua escolha livre e falseia a concorrência". BARBOSA, Denis Borges. *Tratado da Propriedade Intelectual*. Rio de Janeiro: Ed. Lumen Juris, 2013, p. 502-504.
66. Art. 195. Comete crime de concorrência desleal quem:
    V – usa, indevidamente, nome comercial, título de estabelecimento ou insígnia alheios ou vende, expõe ou oferece à venda ou tem em estoque produto com essas referências.
67. Uma pessoa, natural ou jurídica, só pode ter um nome empresarial, que se adquire com o registro e não pode ser cedido. O estabelecimento dessa pessoa poderá ter um título, igual ou distinto do nome

J. DOMÍNIO ELETRÔNICO

1. DOMÍNIO ELETRÔNICO[68]

Com e evolução cada vez maior dos meios digitais o empresário se faz presente na rede mundial de computadores (internet). O domínio eletrônico é um elemento do estabelecimento que identifica o empresário na internet. Basta os clientes do empresário buscarem o site do empresário e poderá ter acesso a suas informações e, eventualmente, a possibilidade de firmar contratos via digital (e-commerce). Equivocadamente alguns tratam o domínio como o estabelecimento virtual do empresário, porém pelo conceito de estabelecimento, seria equívoco tratar desta forma, pois o estabelecimento como o complexo organizado de bens, por ser mais amplo, contém o domínio eletrônico.

O domínio, assim é tratado como um local virtual de exploração da atividade do empresário (art. 1.142, § 1º, CC).

2. REGISTRO

No Brasil o órgão responsável pelo registro do domínio eletrônico é o Núcleo de Informação e Coordenação do Ponto BR (NIC.br) uma entidade civil sem fins lucrativos, que tem funções administrativas e operacionais relativas ao domínio ".br". Para que o empresário seja detentor de um domínio deve fazer seu registro na referida associação que assim procederá se outra pessoa não utilizar a mesma expressão.

O NIC.br não é responsável por averiguar se a expressão que se busca registrar é ou não de propriedade daquele que busca o registro, mas tão somente de verificar se o domínio está disponível, por isso aquele que primeiro registra um

---

empresarial; mais do que isso, se são vários estabelecimentos, cada qual poderá ter um título; o título de estabelecimento pode ser cedido com o estabelecimento. Por fim, essa pessoa poderá registrar no Instituto Nacional de Propriedade Industrial quantas marcas queira, usando-as para seus bens e serviços; com o registro, adquirirá a propriedade intelectual desses sinais distintivos, propriedade essa que poderá ser objeto de negócios jurídicos, inclusive translativos. Como a proteção oferecida pelo Direito Marcário é mais ampla, não estando limitada ao território em que está registrado o empresário ou a sociedade empresária, o mais recomendável é registrar os sinais distintivos: a denominação que está no núcleo do nome e o título do estabelecimento. Assim, a Editora Atlas S. A. (nome empresarial) tem o registro da marca Atlas para o setor de livros e afins. Já a Companhia Brasileira de Distribuição (nome empresarial) tomou o cuidado de tomar marca registrada os títulos de estabelecimento que usa em suas lojas: Hipermercado Extra e Supermercado Pão de Açúcar (MAMEDE, Gladston. *Direito empresarial brasileiro*: empresa e atuação empresarial. 4. ed. São Paulo: Atlas, 2010, v. 1, p. 149).

68. Enunciado 7 do 1ª Jornada De Direito Comercial – O nome de domínio integra o estabelecimento empresarial como bem incorpóreo para todos os fins de direito.

domínio poderá usá-lo com exclusividade em detrimento aos demais pretendentes posteriores. Todavia, caso seja registrado determinado domínio por uma pessoa usando a marca de outra, de forma a caracterizar usurpação de direito, o prejudicado deverá buscar proteção perante o Poder Judiciário para cessar o uso e ter o direito do uso de seu sinal distintivo.

3. PROTEÇÃO AO DOMÍNIO ELETRÔNICO.

Por não existir norma que trate especificamente da proteção ao domínio eletrônico, assim como ocorre com o título do estabelecimento, devendo-se utilizar as regras inerentes a Propriedade Industrial (Lei 9.279/1996 – LPI) para tratar do tema. Importante avanço no tema foi a Lei 12.965, de 23 de abril de 2014 conhecida como o "Marco Civil da Internet", que estabelece princípios, garantias, direitos e deveres para o uso da internet no Brasil, mas que não traz proteção própria ao domínio eletrônico.

K. PONTO

1. PONTO

O ponto é o local de exploração da atividade do empresário, sendo fator determinante para o sucesso ou insucesso de sua empresa e, por isso, possui valor econômico próprio como elemento do estabelecimento. O empresário, antes de iniciar sua atividade deve analisar, dentre outros fatores, o potencial do lugar onde pretende se estabelecer.

2. PROTEÇÃO AO PONTO

Como o ponto se relaciona ao local de exploração da atividade, é relevante para o Direito a proteção do imóvel utilizado pelo empresário que pode ser próprio ou locado. Em ambas as situações o Direito deve garantir a proteção do ponto. No caso de imóvel próprio, as regras são aquelas do direito de propriedade, enquanto no imóvel locado a proteção é dada pela Lei de Locação (Lei 8.245/1991).

No caso de imóvel próprio, o ponto não se confunde com o direito de propriedade, mas a ela se integra, valorizando-a.

Já no imóvel locado, de propriedade de terceiro, o ponto é elemento do próprio contrato de locação, como elemento incorpóreo do estabelecimento e, portanto, necessitando de proteção própria dada pela ação renovatória prevista na Lei de Locação (LL).

3. AÇÃO RENOVATÓRIA

A ação renovatória é medida judicial cabível quando o locatário empresário não entra em acordo sobre a renovação do contrato de locação não residencial com o locador. No caso de procedência do pedido da ação renovatória, o contrato será compulsoriamente renovado pelo mesmo período do contrato a renovar.

4. REQUISITOS DA AÇÃO RENOVATÓRIA (ART. 51, LL[69])

Para ter direito a proteção da ação renovatória, é necessário verificar se o locatário preenche os requisitos legais previstos no artigo 51 da Lei de Locação (LL), a saber: (i) somente terá legitimidade ativa para ação renovatória o locatário empresário que esteja explorando sua empresa, no mesmo ramo, pelo prazo mínimo e ininterrupto de 3 (três) anos (art. 51, III, LL). O direito a renovação do contrato estende-se às locações celebradas por sociedades simples (art. 51, § 4º, LL); (ii) o contrato de locação a renovar deve ter sido celebrado por escrito e com prazo determinado (art. 51, II, LL), o prazo mínimo do contrato a renovar ou a soma dos prazos ininterruptos dos contratos escritos deve ser de 5 (cinco) anos (art. 51, III, LL); e (iii) do direito a renovação decai aquele que não propuser a ação no interregno de 1 (um) ano, no máximo, até 6 (seis) meses, no mínimo, anteriores à data da finalização do prazo do contrato em vigor.

O direito a renovatória assegurado pela Lei de Locação poderá ser exercido pelos cessionários ou sucessores da locação; no caso de sublocação total do imóvel, o direito a renovação somente poderá ser exercido pelo sublocatário (art. 51, § 1º, LL). Proposta a ação pelo sublocatário do imóvel ou de parte dele, serão citados o sublocador e o locador, como litisconsortes, salvo se, em virtude de locação originária ou renovada, o sublocador dispuser de prazo que admita

---

69. Art. 51. Nas locações de imóveis destinados ao comércio, o locatário terá direito a renovação do contrato, por igual prazo, desde que, cumulativamente: I – o contrato a renovar tenha sido celebrado por escrito e com prazo determinado; II – o prazo mínimo do contrato a renovar ou a soma dos prazos ininterruptos dos contratos escritos seja de cinco anos; III – o locatário esteja explorando seu comércio, no mesmo ramo, pelo prazo mínimo e ininterrupto de três anos. § 1º O direito assegurado neste artigo poderá ser exercido pelos cessionários ou sucessores da locação; no caso de sublocação total do imóvel, o direito a renovação somente poderá ser exercido pelo sublocatário. § 2º Quando o contrato autorizar que o locatário utilize o imóvel para as atividades de sociedade de que faça parte e que a esta passe a pertencer o fundo de comércio, o direito a renovação poderá ser exercido pelo locatário ou pela sociedade. § 3º Dissolvida a sociedade comercial por morte de um dos sócios, o sócio sobrevivente fica sub-rogado no direito a renovação, desde que continue no mesmo ramo. § 4º O direito a renovação do contrato estende-se às locações celebradas por indústrias e sociedades civis com fim lucrativo, regularmente constituídas, desde que ocorrentes os pressupostos previstos neste artigo. § 5º Do direito a renovação decai aquele que não propuser a ação no interregno de um ano, no máximo, até seis meses, no mínimo, anteriores à data da finalização do prazo do contrato em vigor.

renovar a sublocação; na primeira hipótese, procedente a ação, o proprietário ficará diretamente obrigado à renovação (art. 71, parágrafo único, LL).

Quando o contrato autorizar que o locatário utilize o imóvel para as atividades de sociedade de que faça parte e que a esta passe a pertencer o fundo de comércio, o direito a renovação poderá ser exercido pelo locatário ou pela sociedade (art. 51, § 2º, LL). No caso da sociedade ser dissolvida por morte de um dos sócios, o sócio sobrevivente fica sub-rogado no direito a renovação, desde que continue no mesmo ramo (art. 51, § 3º, LL).

Assim, um empresário que locou um imóvel para exploração de sua atividade de comércio de roupas e acessórios com prazo determinado de 5 (cinco) anos, caso não renove o contrato voluntariamente com o locador, poderá buscar perante o Poder Judiciário por meio da ação renovatória o direito da renovação do contrato, por igual prazo, se propor a ação entre o período de 1 (um) ano a 6 (seis) meses anterior ao término do contrato.

5. PETIÇÃO INICIAL DA AÇÃO RENOVATÓRIA (ART. 71, LL[70])

Preenchidos os requisitos legais, poderá então o locatário propor a ação renovatória, cuja petição inicial deverá, além de conter os demais requisitos gerais do artigo 319 do Código de Processo Civil, também os específicos do artigo 71 da Lei de Locação: (i) prova do preenchimento dos requisitos dos incisos I, II e III do art. 51 da Lei de Locação; (ii) prova do exato cumprimento do contrato em curso; (iii) prova da quitação dos impostos e taxas que incidiram sobre o imóvel e cujo pagamento lhe incumbia; (iv) indicação clara e precisa das condições oferecidas para a renovação da locação; (v) indicação do fiador quando houver no contrato a renovar e, quando não for o mesmo, com indicação do nome ou denominação completa, número de sua inscrição no Ministério da Fazenda, endereço e, tratan-

---

70. Art. 71. Além dos demais requisitos exigidos no art. 282 do Código de Processo Civil, a petição inicial da ação renovatória deverá ser instruída com: I – prova do preenchimento dos requisitos dos incisos I, II e III do art. 51; II – prova do exato cumprimento do contrato em curso; III – prova da quitação dos impostos e taxas que incidiram sobre o imóvel e cujo pagamento lhe incumbia; IV – indicação clara e precisa das condições oferecidas para a renovação da locação; V – indicação do fiador quando houver no contrato a renovar e, quando não for o mesmo, com indicação do nome ou denominação completa, número de sua inscrição no Ministério da Fazenda, endereço e, tratando-se de pessoa natural, a nacionalidade, o estado civil, a profissão e o número da carteira de identidade, comprovando, desde logo, mesmo que não haja alteração do fiador, a atual idoneidade financeira; VI – prova de que o fiador do contrato ou o que substituir na renovação aceita os encargos da fiança, autorizado por seu cônjuge, se casado for; VII – prova, quando for o caso, de ser cessionário ou sucessor, em virtude de título oponível ao proprietário. Parágrafo único. Proposta a ação pelo sublocatário do imóvel ou de parte dele, serão citados o sublocador e o locador, como litisconsortes, salvo se, em virtude de locação originária ou renovada, o sublocador dispuser de prazo que admita renovar a sublocação; na primeira hipótese, procedente a ação, o proprietário ficará diretamente obrigado à renovação.

do-se de pessoa natural, a nacionalidade, o estado civil, a profissão e o número da carteira de identidade, comprovando, desde logo, mesmo que não haja alteração do fiador, a atual idoneidade financeira; (vi) prova de que o fiador do contrato ou o que o substituir na renovação aceita os encargos da fiança, autorizado por seu cônjuge, se casado for; (vii) prova, quando for o caso, de ser cessionário ou sucessor, em virtude de título oponível ao proprietário.

Em regra, preenchidos os requisitos dos artigos 51 e 71 da Lei de Locação, o pedido será julgado procedente com a renovação da locação de forma compulsória por igual período do contrato a renovar.

6. DIREITO RELATIVO

O direito da renovação compulsória é relativo, pois não pode ser contrário ao direito constitucional de propriedade do locador (art. 5º, XXII, CF) e, portanto, em virtude das circunstâncias do caso concreto, poderá ocorrer a ineficácia do direito mesmo que o locatário preencha os requisitos impostos pela Lei de Locação.

7. MATÉRIAS DE DEFESA (ART. 72, LL[71])

O legislador, ciente dessa possibilidade, trouxe na própria Lei de Locação disposições que podem afastar o direito do locatário que busca a renovação compulsória do contrato de locação. De forma didática, a lei apresenta as possíveis matérias de defesa que poderá o locador utilizar para afastar o direito perseguido pelo locatário: (i) não preencher o autor os requisitos estabelecidos a lei (art. 72, I, LL); (ii) não atender, a proposta do locatário, o valor locativo real

---

71. Art. 72. A contestação do locador, além da defesa de direito que possa caber, ficará adstrita, quanto à matéria de fato, ao seguinte: I – não preencher o autor os requisitos estabelecidos nesta lei; II – não atender, a proposta do locatário, o valor locativo real do imóvel na época da renovação, excluída a valorização trazida por aquele ao ponto ou lugar; III – ter proposta de terceiro para a locação, em condições melhores; IV – não estar obrigado a renovar a locação (incisos I e II do art. 52). 1º No caso do inciso II, o locador deverá apresentar, em contraproposta, as condições de locação que repute compatíveis com o valor locativo real e atual do imóvel. 2º No caso do inciso III, o locador deverá juntar prova documental da proposta do terceiro, subscrita por este e por duas testemunhas, com clara indicação do ramo a ser explorado, que não poderá ser o mesmo do locatário. Nessa hipótese, o locatário poderá, em réplica, aceitar tais condições para obter a renovação pretendida. 3º No caso do inciso I do art. 52, a contestação deverá trazer prova da determinação do Poder Público ou relatório pormenorizado das obras a serem realizadas e da estimativa de valorização que sofrerá o imóvel, assinado por engenheiro devidamente habilitado. 4º Na contestação, o locador, ou sublocador, poderá pedir, ainda, a fixação de aluguel provisório, para vigorar a partir do primeiro mês do prazo do contrato a ser renovado, não excedente a oitenta por cento do pedido, desde que apresentados elementos hábeis para aferição do justo valor do aluguel. 5º Se pedido pelo locador, ou sublocador, a sentença poderá estabelecer periodicidade de reajustamento do aluguel diversa daquela prevista no contrato renovando, bem como adotar outro indexador para reajustamento do aluguel.

do imóvel na época da renovação, excluída a valorização trazida por aquele ao ponto ou lugar. Nesse caso, locador deverá apresentar, em contraproposta, as condições de locação que repute compatíveis com o valor locativo real e atual do imóvel. Comumente o juiz tem designado prova pericial para averiguar o valor real do imóvel (art. 72, II, LL) e; (iii) ter proposta de terceiro para a locação, em condições melhores. Nessa hipótese, o locador deverá juntar prova documental da proposta do terceiro, subscrita por este e por 2 (duas) testemunhas, com clara indicação do ramo a ser explorado, que não poderá ser o mesmo do locatário. Nessa hipótese, o locatário poderá, em réplica, aceitar tais condições para obter a renovação pretendida (art. 72, III, LL).

O locatário terá direito a indenização para ressarcimento dos prejuízos e dos lucros cessantes que tiver que arcar com mudança, perda do lugar e desvalorização do fundo de comércio, se a renovação não ocorrer em razão de proposta de terceiro, em melhores condições (art. 52, § 3º, LL).

Nessa situação, a sentença fixará desde logo a indenização devida ao locatário em consequência da não prorrogação da locação, obrigação solidária entre o locador e o proponente (art. 75, LL).

8. NÃO RENOVAÇÃO POR DETERMINAÇÃO DO PODER PÚBLICO (ART. 52, LL[72])

O locador não estará obrigado a renovar o contrato se por determinação do Poder Público, tiver que realizar no imóvel obras que importarem na sua radical transformação; ou para fazer modificações de tal natureza que aumente o valor do negócio ou da propriedade. Na contestação deverá trazer prova da determinação do Poder Público ou relatório pormenorizado das obras a serem realizadas

---

72. Art. 52. O locador não estará obrigado a renovar o contrato se: I – por determinação do Poder Público, tiver que realizar no imóvel obras que importarem na sua radical transformação; ou para fazer modificações de tal natureza que aumente o valor do negócio ou da propriedade; II – o imóvel vier a ser utilizado por ele próprio ou para transferência de fundo de comércio existente há mais de um ano, sendo detentor da maioria do capital o locador, seu cônjuge, ascendente ou descendente. 1º Na hipótese do inciso II, o imóvel não poderá ser destinado ao uso do mesmo ramo do locatário, salvo se a locação também envolvia o fundo de comércio, com as instalações e pertences. 2º Nas locações de espaço em *shopping centers*, o locador não poderá recusar a renovação do contrato com fundamento no inciso II deste artigo. 3º O locatário terá direito a indenização para ressarcimento dos prejuízos e dos lucros cessantes que tiver que arcar com mudança, perda do lugar e desvalorização do fundo de comércio, se a renovação não ocorrer em razão de proposta de terceiro, em melhores condições, ou se o locador, no prazo de três meses da entrega do imóvel, não der o destino alegado ou não iniciar as obras determinadas pelo Poder Público ou que declarou pretender realizar.

e da estimativa de valorização que sofrerá o imóvel, assinado por engenheiro devidamente habilitado (art. 72, IV c.c. 52, I, LL[73]).

O locatário terá direito a indenização para ressarcimento dos prejuízos e dos lucros cessantes que tiver que arcar com mudança, perda do lugar e desvalorização do fundo de comércio, se o locador, no prazo de três meses da entrega do imóvel, não iniciar as obras determinadas pelo Poder Público ou que declarou pretender realizar (art. 52, § 3º, LL).

9. NÃO RENOVAÇÃO POR DETERMINAÇÃO PARA USO PRÓPRIO

O locador também não estará obrigado a renovar o contrato se o imóvel vier a ser utilizado por ele próprio ou para transferência de fundo de comércio existente há mais de um ano, sendo detentor da maioria do capital o locador, seu cônjuge, ascendente ou descendente (art. 72, IV c.c. 52, II, LL). Nesse caso, o imóvel não poderá ser destinado ao uso do mesmo ramo do locatário, salvo se a locação também envolvia o fundo de comércio, com as instalações e pertences (art. 52, § 1º, LL). A doutrina e jurisprudência tem argumentado ser abusiva a vedação do artigo 52, § 1º, da Lei de Locação, por atentar aos princípios consti-

---

73. Art. 51. Nas locações de imóveis destinados ao comércio, o locatário terá direito a renovação do contrato, por igual prazo, desde que, cumulativamente: I – o contrato a renovar tenha sido celebrado por escrito e com prazo determinado; II – o prazo mínimo do contrato a renovar ou a soma dos prazos ininterruptos dos contratos escritos seja de cinco anos; III – o locatário esteja explorando seu comércio, no mesmo ramo, pelo prazo mínimo e ininterrupto de três anos. § 1º O direito assegurado neste artigo poderá ser exercido pelos cessionários ou sucessores da locação; no caso de sublocação total do imóvel, o direito a renovação somente poderá ser exercido pelo sublocatário. § 2º Quando o contrato autorizar que o locatário utilize o imóvel para as atividades de sociedade de que faça parte e que a esta passe a pertencer o fundo de comércio, o direito a renovação poderá ser exercido pelo locatário ou pela sociedade. § 3º Dissolvida a sociedade comercial por morte de um dos sócios, o sócio sobrevivente fica sub-rogado no direito a renovação, desde que continue no mesmo ramo. § 4º O direito a renovação do contrato estende-se às locações celebradas por indústrias e sociedades civis com fim lucrativo, regularmente constituídas, desde que ocorrentes os pressupostos previstos neste artigo. § 5º Do direito a renovação decai aquele que não propuser a ação no interregno de um ano, no máximo, até seis meses, no mínimo, anteriores à data da finalização do prazo do contrato em vigor.

Art. 52. O locador não estará obrigado a renovar o contrato se: I – por determinação do Poder Público, tiver que realizar no imóvel obras que importarem na sua radical transformação; ou para fazer modificações de tal natureza que aumente o valor do negócio ou da propriedade; II – o imóvel vier a ser utilizado por ele próprio ou para transferência de fundo de comércio existente há mais de um ano, sendo detentor da maioria do capital o locador, seu cônjuge, ascendente ou descendente. 1º Na hipótese do inciso II, o imóvel não poderá ser destinado ao uso do mesmo ramo do locatário, salvo se a locação também envolva o fundo de comércio, com as instalações e pertences. 2º Nas locações de espaço em shopping centers, o locador não poderá recusar a renovação do contrato com fundamento no inciso II deste artigo. 3º O locatário terá direito a indenização para ressarcimento dos prejuízos e dos lucros cessantes que tiver que arcar com mudança, perda do lugar e desvalorização do fundo de comércio, se a renovação não ocorrer em razão de proposta de terceiro, em melhores condições, ou se o locador, no prazo de três meses da entrega do imóvel, não der o destino alegado ou não iniciar as obras determinadas pelo Poder Público ou que declarou pretender realizar.

tucionais da propriedade, do livre exercício da profissão, da livre iniciativa e da livre concorrência, devendo a questão ser resolvida por meio de perdas e danos.

O locatário terá direito a indenização para ressarcimento dos prejuízos e dos lucros cessantes que tiver que arcar com mudança, perda do lugar e desvalorização do fundo de comércio, se o locador, no prazo de três meses da entrega do imóvel, não der o destino alegado (art. 52, § 3º, LL).

10. DISCUSSÃO DO VALOR DA LOCAÇÃO

No caso de discussão com relação ao valor da locação, na contestação, o locador, ou sublocador, poderá pedir, ainda, a fixação de aluguel provisório, para vigorar a partir do primeiro mês do prazo do contrato a ser renovado, não excedente a oitenta por cento do pedido, desde que apresentados elementos hábeis para aferição do justo valor do aluguel (art. 72, § 4º, LL). Se pedido pelo locador, ou sublocador, a sentença poderá estabelecer periodicidade de reajustamento do aluguel diversa daquela prevista no contrato renovando, bem como adotar outro indexador para reajustamento do aluguel (art. 72, § 5º, LL). Renovada a locação, as diferenças dos aluguéis vencidos serão executadas nos próprios autos da ação e pagas de uma só vez (art. 73, LL[74]).

11. SENTENÇA DA AÇÃO RENOVATÓRIA

Diante dessas possibilidades, o juiz proferirá sentença de procedência ou improcedência dos pedidos da ação renovatória.

a) Procedência

Na primeira hipótese, com a sentença de procedência, o novo contrato terá início do término do contrato a renovar e com o mesmo prazo de duração. No caso de estipulado novo aluguel, seu valor tem início a partir do primeiro mês do prazo do contrato a ser renovado (art. 72, § 4º, LL) e as diferenças dos aluguéis vencidos serão executadas nos próprios autos da ação e pagas de uma só vez (art. 73, LL).

b) Improcedência

Na segunda hipótese, com a sentença de improcedência, será decretado o despejo do inquilino, o juiz determinará a expedição de mandado de despejo,

---

74. Art. 73. Renovada a locação, as diferenças dos aluguéis vencidos serão executadas nos próprios autos da ação e pagas de uma só vez.

que conterá o prazo de 30 (trinta) dias para a desocupação voluntária, se houver pedido na contestação (art. 74, LL[75]).

Se a improcedência se deu por conta de o locador possuir melhor proposta de terceiro (art. 72, III, LL), a sentença fixará desde logo a indenização devida ao locatário em consequência da não prorrogação da locação, solidariamente devida pelo locador e o proponente (art. 75, LL[76]).

L. *SHOPPING CENTER*

1. LOCAÇÃO DE ESPAÇO EM SHOPPING CENTER

A Lei de Locação também trata do contrato de locação de espaço em shopping center. Nessa situação existe uma relação negocial entre dois empresários, de um lado aquele empreendedor que explora o estabelecimento focado em um centro comercial atrativo com diversos bens e serviços para os consumidores[77] e, do outro lado, o lojista que busca locar um espaço para oferecer seus bens e serviços.

A busca do consumidor não se esgota nos bens e serviços oferecidos pelos lojistas do empreendimento, mas também por outros fatores como segurança, variedades, lazer etc.

---

75. Art. 74. Não sendo renovada a locação, o juiz determinará a expedição de mandado de despejo, que conterá o prazo de 30 (trinta) dias para a desocupação voluntária, se houver pedido na contestação.
76. Art. 75. Na hipótese do inciso III do art. 72, a sentença fixará desde logo a indenização devida ao locatário em consequência da não prorrogação da locação, solidariamente devida pelo locador e o proponente.
77. A atividade empresarial de organizar o centro de compras tem como principal escopo o de fomentar a força de seu fundo de comércio, que Ives Gandra da Silva Martins chama de sobrefundo: *Nas grandes cidades, inclusive, em que esse tipo de empreendimento se multiplica, é de hábito ouvir-se de pessoas vindas de outras cidades menores, que vieram fazer compras em seus "shopping centers". Conhecem os "shopping centers", mas não conhecem as suas lojas. E é exatamente tal característica fundamental que torna o "shopping center" entidade com fundo de comércio próprio, diverso daquele que diz respeito aos demais estabelecimentos que lá se instalam. Ao destes une-se, para viabilização de uso ou de vendas, aquele "sobrefundo de comércio", que pertine ao "shopping center" e que adiciona potencialidade mercantil ao complexo de lojas nele situadas. Sem essa estrutura, os estabelecimentos comerciais não teriam a dimensão que têm, razão pela qual se deve entender que o "shopping center" adiciona seu próprio fundo de comércio ao dos estabelecimentos lá instalados para valorizá-los.* (MARTINS, Ives Gandra da Silva. A Natureza Jurídica das Locações Comerciais dos "Shopping Centers". In: PINTO, Roberto Wilson Renault; OLIVEIRA, Fernando Albino de (Coord.). "*Shopping Centers*": questões jurídicas: doutrina e jurisprudência. São Paulo: Saraiva, 1991. p. 86). Acrescente-se que o fenômeno não é exclusivo de shopping centers. Pode inclusive ocorrer de forma espontânea, como, na formação de "ruas especializadas", por exemplo: rua das noivas, rua dos colchões, dos instrumentos musicais e etc.

2. ESPECIFICIDADES DA LOCAÇÃO DE *SHOPPING CENTER*

O contrato de locação firmado entre o shopping e os lojistas possui especificidades e inúmeras nuances que o torna complexo, contendo anexos cada qual com suas funções como (i) as normas gerais complementares; (ii) o regimento interno e; (iii) o estatuto da associação dos lojistas.

a) Cláusulas padrão

Comumente o contrato de locação possui cláusulas típicas como, por exemplo: (i) valor de aluguel mínimo e variável de acordo com o faturamento do lojista; (ii) a permissão de fiscalização do shopping no faturamento da loja; (iii) a cobrança em dobro do valor de aluguel no mês de dezembro (12º e 13º alugueres); (iv) exclusividade territorial, proibindo que o lojista explore a mesma atividade em determinado raio de distância e; (v) o pagamento da contraprestação pelo valor do ponto a ser explorado pelo lojista (*res sperata*).

b) Liberdade de contratação

Assim, nas relações entre lojistas e empreendedores de shopping center, prevalecerão as condições livremente pactuadas nos contratos de locação respectivos e as disposições procedimentais previstas nesta lei (art. 54, LL), sendo vedado ao empreendedor cobrar dos locatários: (i) as despesas de obras de reformas ou acréscimos que interessem à estrutura integral do imóvel, de pintura das fachadas, empenas, poços de aeração e iluminação, bem como das esquadrias externas, as indenizações trabalhistas e previdenciárias pela dispensa de empregados, ocorridas em data anterior ao início da locação e; (ii) as despesas com obras ou substituições de equipamentos, que impliquem modificar o projeto ou o memorial descritivo da data do habite – se e obras de paisagismo nas partes de uso comum (art. 54, § 1º, LL). As despesas cobradas do locatário devem ser previstas em orçamento, salvo casos de urgência ou força maior, devidamente demonstradas, podendo o locatário, a cada sessenta dias, por si ou entidade de classe exigir a respectiva comprovação (art. 54, § 2º, LL).

c) Ação renovatória

Em que pese as peculiaridades do contrato de locação de shopping center, a Lei de Locação garante ao locatário o direito de renovar o contrato por meio da ação renovatória, ressalvando que o locador não poderá recusar a renovação do contrato alegando que o imóvel será utilizado por ele próprio ou para transferência de fundo de comércio existente há mais de um ano, sendo detentor da maioria do capital o locador, seu cônjuge, ascendente ou descendente (art. 52, § 2º, LL).

Capítulo V
PROPRIEDADE INDUSTRIAL

A. INTRODUÇÃO – PROPRIEDADE INDUSTRIAL

1. PROPRIEDADE INTELECTUAL

A propriedade intelectual ou imaterial identifica o conjunto de direitos derivados do trabalho intelectual humano, que se distinguem dos demais por recaírem sobre bens incorpóreos.[1] A propriedade intelectual é o gênero que designa a relação que se estabelece entre o autor e a sua criação intelectual, que pode consistir, por exemplo, em uma invenção. Os direitos de propriedade intelectual "(...) *formam uma disciplina jurídica particular, cuja unidade doutrinária e científica repousa na identidade dos princípios gerais que regem seus diversos institutos*".[2] A regulamentação da maneira que é utilizada a criação pelo criador e por terceiros ocorre através das normas de propriedade intelectual.

O artigo 5º, incisos XXVII[3] e XXIX,[4] da Constituição Federal versa sobre a propriedade intelectual, garantindo aos autores o direito exclusivo de utilização, publicação ou reprodução de suas obras, bem como o privilégio temporário para a exploração de inventos industriais e proteção às criações industriais. Ao reconhecer o direito do inventor, o Estado é norteado por um ideal de justiça que consiste em proteger o resultado do trabalho intelectual humano. Certamente a proteção é justificável, pois o inventor presta um valoroso serviço à sociedade, contribuindo para o desenvolvimento técnico e das relações comerciais, assim como para a qualidade dos produtos e serviços oferecidos aos consumidores. Desse modo, nada mais justo que conferir ao inventor um direito sobre o resultado de seu esforço.

---

1. CERQUEIRA, João da Gama. *Tratado da Propriedade industrial*. São Paulo: Ed. RT, 1982, v. 1, p. 54.
2. CERQUEIRA, João da Gama. *Tratado da Propriedade industrial*. São Paulo: Ed. RT, 1982, v. 1, p. 57.
3. Art. 5º, XXVII – aos autores pertence o direito exclusivo de utilização, publicação ou reprodução de suas obras, transmissível aos herdeiros pelo tempo que a lei fixar.
4. Art. 5º, XXIX – a lei assegurará aos autores de inventos industriais privilégio temporário para sua utilização, bem como proteção às criações industriais, à propriedade das marcas, aos nomes de empresas e a outros signos distintivos, tendo em vista o interesse social e o desenvolvimento tecnológico e econômico do País.

Por ser gênero, o termo propriedade intelectual compreende as espécies: (a) propriedade autoral, protegida pela Lei de Direitos Autorais (Lei 9.610/1998), e (b) propriedade industrial, protegida pela Lei de Propriedade Industrial (Lei 9.279/1996 – LPI).

Imagine que a Indústria Química Osborn investiu milhões para o desenvolvimento de um novo produto para o mercado e, quando posto à venda, a Indústria Química Ace Chemicals, concorrente de Osborn, simplesmente reproduz o produto e, também, o coloca à venda.

Qual desses produtos, considerando ser a mesma química, poderia ser vendido por um menor preço?

Evidentemente que a Ace Chemical, empresária que copiou, que não investiu no desenvolvimento do produto, teria melhores condições de colocar o produto no mercado por um preço mais baixo e, ainda, ter mais retorno financeiro do que aquele que gastou milhões para desenvolver.

Por esta, e por outras razões, ser essencial neste caso a proteção dada pela Lei de Propriedade Industrial.

A proteção aos bens de propriedade industrial é essencial para o desenvolvimento, para melhoria de produtos e serviços e, especialmente, para o mercado, permitindo que os agentes econômicos possam investir em novas soluções e gerar uma concorrência saudável.

2. PROPRIEDADE INDUSTRIAL

Como o Direito Comercial trata dos institutos relacionados ao empresário, esta obra tratará da propriedade industrial, mais especificadamente dos 4 (quatro) bens industriais previstos na Lei de Propriedade Industrial (LPI): (a) invenção; (b) modelo de utilidade; (c) marca e (d) desenho industrial, pois são esses bens industriais que integram o estabelecimento do empresário.

3. USO EXCLUSIVO

A proteção garantida pela Lei de Propriedade Industrial revela-se pelo uso exclusivo garantido ao titular do respectivo bem industrial, considerando o seu interesse social e o desenvolvimento tecnológico e econômico do país (art. 2º, LPI[5]). Tal proteção é estendida também aos bens industriais registrados em

---

5. Art. 2º A proteção dos direitos relativos à propriedade industrial, considerado o seu interesse social e o desenvolvimento tecnológico e econômico do País, efetua-se mediante: I – concessão de patentes de invenção e de modelo de utilidade; II – concessão de registro de desenho industrial; III – concessão

outros países, desde que cumpridas as regras da lei e dos tratados internacionais que regular a matéria (arts. 3º e 4º, LPI[6]).

4. BENS IMATERIAIS

Os bens industriais são imateriais e considerados como móveis (art. 5º, LPI[7]).

5. INPI

Devido a relevância dos bens industriais e sua proteção, em 1970, foi criado o Instituto Nacional da Propriedade Industrial (INPI) é uma autarquia federal vinculada ao Ministério da Indústria, Comércio Exterior e Serviços, responsável pelo aperfeiçoamento, disseminação e gestão do sistema brasileiro de concessão e garantia de direitos de propriedade intelectual para a indústria.[8]

Entre os serviços do INPI, estão os registros de marcas, desenhos industriais, indicações geográficas, programas de computador e topografias de circuitos integrados, as concessões de patentes e as averbações de contratos de franquia e das distintas modalidades de transferência de tecnologia. Na economia do conhecimento, estes direitos se transformam em diferenciais competitivos, estimulando o surgimento constante de novas identidades e soluções técnicas.

B. PATENTE

1. ESPÉCIES DE PATENTE

A patente é um direito conferido pelo Estado aos inventores, pessoas físicas ou jurídicas, para a exploração exclusiva de uma determinada tecnologia. A patente é um gênero as quais são espécies (a) a invenção; e (b) o modelo de utilidade.

---

de registro de marca; IV – repressão às falsas indicações geográficas; e V – repressão à concorrência desleal.
6. Art. 3º Aplica-se também o disposto nesta Lei: I – ao pedido de patente ou de registro proveniente do exterior e depositado no País por quem tenha proteção assegurada por tratado ou convenção em vigor no Brasil; e II – aos nacionais ou pessoas domiciliadas em país que assegure aos brasileiros ou pessoas domiciliadas no Brasil a reciprocidade de direitos iguais ou equivalentes.
Art. 4º As disposições dos tratados em vigor no Brasil são aplicáveis, em igualdade de condições, às pessoas físicas e jurídicas nacionais ou domiciliadas no País.
7. Art. 5º Consideram-se bens móveis, para os efeitos legais, os direitos de propriedade industrial.
8. Disponível em: http://www.inpi.gov.br/sobre/estrutura. Acesso em: 10 abr. 2018.

a) Invenção

A invenção não possui um conceito expresso na Lei de Propriedade Industrial, que declara apenas os requisitos para o pedido de patente de invenção (art. 8º, LPI[9]). Assim, coube a doutrina perseguir um conceito técnico para invenção, sendo ela caracterizada pela criação pelo intelecto humano de uma nova tecnologia, seja para produto ou processo, que até então não existia, diferenciando-a da descoberta que consiste como algo existente na natureza e que foi revelada pelo homem.[10]

b) Modelo de utilidade

O modelo de utilidade, também conhecido como "pequena invenção", é um aperfeiçoamento de uma invenção já existente, consistente em verdadeira evolução para ser protegida pela Lei de Propriedade Industrial (art. 9º, LPI[11]). Um novo utensílio, por exemplo, já inventado, mas que por meio de alterações em sua forma pode ser melhorado será patenteado como modelo de utilidade.

2. REQUISITOS DA PATENTE

De acordo com a Lei de Propriedade Industrial (LPI), a patente possui 04 (quatro) requisitos: (a) novidade; (b) atividade inventiva; (c) aplicação industrial e; (d) não estar impedido pela lei.

a) Novidade

Uma invenção atende ao requisito da novidade se é desconhecida dos cientistas ou pesquisadores especializados. Se os *experts* não são capazes, pelos conhecimentos que possuem, de descrever o funcionamento de um objeto, o primeiro a fazê-lo será considerando o seu inventor.[12]

Assim, a novidade deve ser objetiva e tudo aquilo que já é de conhecimento público não pode ser patenteado. Está disposto na Lei de Propriedade Industrial

---

9. Art. 8º É patenteável a invenção que atenda aos requisitos de novidade, atividade inventiva e aplicação industrial.
10. COELHO, Fábio Ulhoa. *Manual de Direito Comercial* – Direito de Empresa. 25. ed. São Paulo: Saraiva, 2013, p. 108.
11. Art. 9º É patenteável como modelo de utilidade o objeto de uso prático, ou parte deste, suscetível de aplicação industrial, que apresente nova forma ou disposição, envolvendo ato inventivo, que resulte em melhoria funcional no seu uso ou em sua fabricação.
12. COELHO, Fábio Ulhoa, *Curso de direito Comercial*: Direito de Empresa. 13. ed. São Paulo: Saraiva, 2012, v. 1, p. 150.

que, para uma invenção ser considerada nova, não pode estar compreendida no estado da técnica. O estado da técnica é constituído por tudo aquilo tornado acessível ao público antes da data de depósito do pedido de patente, por descrição escrita ou oral, por uso ou qualquer outro meio, no Brasil ou no exterior, ressalvadas algumas exceções constantes na referida lei. Ou seja, estado da técnica é o que já existe, o que o intelecto humano já conseguiu alcançar. Se o objeto reivindicado pelo inventor já se encontra acessível a qualquer pessoa, falta o requisito da novidade, já que o requerente pode não ter sido o primeiro a inventar (art. 11, LPI[13]).

b) Atividade inventiva

A inventividade estará caracterizada quando a invenção não parecer óbvia para um técnico no assunto. Isso significa que para que haja a patenteabilidade o invento não pode estar compreendido no estado da técnica e ser resultado de um verdadeiro engenho (art. 13º, LPI[14]), da mesma forma o entendimento para o modelo de utilidade cujo ato inventivo não deve decorrer de maneira comum ou vulgar do estado da técnica (art. 14º, LPI[15]).

c) Aplicação Industrial

Os bens industriais que não são passíveis de fabricação, ou seja, cujo objeto não seja suscetível de ser industrializado ou empregado como meio industrial, não podem ser patenteados. Com este requisito, podemos afirmar que a lei pretende que seja afastada a concessão de patentes a invenções tão avançadas ao estado da técnica que nem mesmo podem ser fabricadas. Desta forma, caso a patente dependa de outras invenções inexistentes, mesmo que previsíveis de serem criadas, está ausente a aplicação industrial.[16]

---

13. Art. 11. A invenção e o modelo de utilidade são considerados novos quando não compreendidos no estado da técnica. § 1º O estado da técnica é constituído por tudo aquilo tornado acessível ao público antes da data de depósito do pedido de patente, por descrição escrita ou oral, por uso ou qualquer outro meio, no Brasil ou no exterior, ressalvado o disposto nos arts. 12, 16 e 17. § 2º Para fins de aferição da novidade, o conteúdo completo de pedido depositado no Brasil, e ainda não publicado, será considerado estado da técnica a partir da data de depósito, ou da prioridade reivindicada, desde que venha a ser publicado, mesmo que subsequentemente. § 3º O disposto no parágrafo anterior será aplicado ao pedido internacional de patente depositado segundo tratado ou convenção em vigor no Brasil, desde que haja processamento nacional.
14. Art. 13. A invenção é dotada de atividade inventiva sempre que, para um técnico no assunto, não decorra de maneira evidente ou óbvia do estado da técnica.
15. Art. 14. O modelo de utilidade é dotado de ato inventivo sempre que, para um técnico no assunto, não decorra de maneira comum ou vulgar do estado da técnica.
16. A extensão da expressão legal afasta as concepções puramente teóricas e que não possam ser produzidas pela indústria, seja porque depende de mecanismos, peça ou combustível ainda não existente

d) Impedimentos legais

Por fim, mesmo que preenchido os requisitos acima, também não pode ser patenteado bem industrial enquadrado dentre os impedimentos legais (art. 18, LPI[17]).

3. CARTA PATENTE

Preenchidos os requisitos legais e afastadas as hipóteses de impedimento, para concessão da patente de invenção ou modelo de utilidade será necessária analise pelo INPI que processará o pedido de patente até sua decisão final (procedimento previsto no art. 19 a 37, LPI). A patente será concedida depois de deferido o pedido, e comprovado o pagamento da retribuição correspondente, expedindo-se a respectiva carta-patente (art. 38, LPI[18]), que é o documento que comprova a titularidade da patente de invenção ou modelo de utilidade ao criador.

4. PRAZO DE DURAÇÃO

A patente de invenção vigorará pelo prazo de 20 (vinte) anos e a de modelo de utilidade pelo prazo 15 (quinze) anos contados da data de depósito (art. 40, LPI[19]).[20]

---

ou, ainda, porque ausentes conhecimentos técnicos suficientes à sua industrialização. (NEGRÃO, Ricardo. *Direito Empresarial* – Estudo Unificado. São Paulo: Saraiva, 2008, p. 110).

17. Art. 18. Não são patenteáveis: I – o que for contrário à moral, aos bons costumes e à segurança, à ordem e à saúde públicas; II – as substâncias, matérias, misturas, elementos ou produtos de qualquer espécie, bem como a modificação de suas propriedades físico-químicas e os respectivos processos de obtenção ou modificação, quando resultantes de transformação do núcleo atômico; e III – o todo ou parte dos seres vivos, exceto os micro-organismos transgênicos que atendam aos três requisitos de patenteabilidade – novidade, atividade inventiva e aplicação industrial – previstos no art. 8º e que não sejam mera descoberta. Parágrafo único. Para os fins desta Lei, micro-organismos transgênicos são organismos, exceto o todo ou parte de plantas ou de animais, que expressem, mediante intervenção humana direta em sua composição genética, uma característica normalmente não alcançável pela espécie em condições naturais.

18. Art. 38. A patente será concedida depois de deferido o pedido, e comprovado o pagamento da retribuição correspondente, expedindo-se a respectiva carta-patente. § 1º O pagamento da retribuição e respectiva comprovação deverão ser efetuados no prazo de 60 (sessenta) dias contados do deferimento. § 2º A retribuição prevista neste artigo poderá ainda ser paga e comprovada dentro de 30 (trinta) dias após o prazo previsto no parágrafo anterior, independentemente de notificação, mediante pagamento de retribuição específica, sob pena de arquivamento definitivo do pedido. § 3º Reputa-se concedida a patente na data de publicação do respectivo ato.

19. Art. 40. A patente de invenção vigorará pelo prazo de 20 (vinte) anos e a de modelo de utilidade pelo prazo 15 (quinze) anos contados da data de depósito.

20. Houve uma discussão sobre o prazo de vigência mínima da patente que constava no parágrafo único do artigo 40 na ADI 5529 e que foi julgado procedente o pedido de inconstitucionalidade. Após esta

5. USO EXCLUSIVO

A proteção ao uso exclusivo da patente é garantido ao seu titular para impedir que terceiros, não autorizados, utilizem a patente (art. 42, LPI[21]) e, ainda, persiga indenização pelo uso indevido (art. 44, LPI[22]). O titular da patente pode ser tanto pessoa física quanto jurídica. Por exemplo, uma indústria farmacêutica investe recursos financeiros para pesquisa e desenvolvimento de novas invenções (remédios), sendo titular de inúmeras patentes cuja finalidade é o uso exclusivo, para recuperar o investimento e obter o lucro com de suas invenções.

6. CESSÃO DA PATENTE

Considerando que a patente é um bem móvel, esta pode ser transferida por meio de cessão. A cessão pode ocorrer por ato *inter vivos* ou por sucessão. Em qualquer um destes casos a transferência deve ser averbada no INPI para que os efeitos *erga omnes* sejam produzidos. Em relação ao objeto, os direitos de propriedade imaterial são indivisíveis, não podendo ser fracionados sem alteração do uso a que se destinam. Entretanto, a titularidade da cessão pode ser total ou parcial, sendo o INPI responsável por fazer as anotações necessárias.[23]

---

decisão do STF, o parágrafo foi revogado pela Lei 14.195/2021. (STF – ADI: 5529 DF, Relator: Dias Toffoli, Data de Julgamento: 12.05.2021, Tribunal Pleno, Data de Publicação: 1º.09.2021).

21. Art. 42. A patente confere ao seu titular o direito de impedir terceiro, sem o seu consentimento, de produzir, usar, colocar à venda, vender ou importar com estes propósitos: I – produto objeto de patente; II – processo ou produto obtido diretamente por processo patenteado. § 1º Ao titular da patente é assegurado ainda o direito de impedir que terceiros contribuam para que outros pratiquem os atos referidos neste artigo. § 2º Ocorrerá violação de direito da patente de processo, a que se refere o inciso II, quando o possuidor ou proprietário não comprovar, mediante determinação judicial específica, que o seu produto foi obtido por processo de fabricação diverso daquele protegido pela patente.
22. Art. 44. Ao titular da patente é assegurado o direito de obter indenização pela exploração indevida de seu objeto, inclusive em relação à exploração ocorrida entre a data da publicação do pedido e a da concessão da patente. § 1º Se o infrator obteve, por qualquer meio, conhecimento do conteúdo do pedido depositado, anteriormente à publicação, contar-se-á o período da exploração indevida para efeito da indenização a partir da data de início da exploração. § 2º Quando o objeto do pedido de patente se referir a material biológico, depositado na forma do parágrafo único do art. 24, o direito à indenização será somente conferido quando o material biológico se tiver tornado acessível ao público. § 3º O direito de obter indenização por exploração indevida, inclusive com relação ao período anterior à concessão da patente, está limitado ao conteúdo do seu objeto, na forma do art. 41.
23. (...) a cessão pode ser aperfeiçoada em documento público ou particular ou, ainda, se a transferência ocorrer em virtude de morte ou ausência do titular, mediante decisão judicial: certidão de homologação de partilha ou cópia da sentença que declarar a ausência (NEGRÃO, Ricardo. *Direito Empresarial – Estudo Unificado*. São Paulo: Saraiva, 2008, p. 116).

7. LICENÇA DA PATENTE

Ainda, a patente pode ter sua licença concedida a terceiros para a exploração do seu objeto. Desta maneira, o titular, o(s) herdeiro(s) ou sucessor(es) do pedido depositado ou da própria patente poderão conceder licença para a respectiva exploração à terceiro. No entanto, diferentemente do que ocorre na cessão, o contrato de licença não transfere a propriedade do direito imaterial, mas apenas o direito de usá-lo e explorá-lo, como uma locação de bem industrial. A licença pode ser exclusiva, quando o próprio titular é excluído do direito de exploração, ou não exclusiva, quando o titular fornece várias licenças a diferentes pessoas ou companhias, podendo concomitantemente explorar a patente por si próprio, caso seja possível e conveniente.

A Lei de Propriedade Industrial prevê 02 (duas) modalidades de licenças: (i) a voluntária (arts. 61 a 63 da LPI), na qual o titular da patente ou o depositante do pedido pode licenciar terceiros a fabricar e comercializar o produto ou o processo, e (ii) a compulsória (arts. 68 a 74 da LPI), instituída para evitar abusos do exercício do direito na exploração exclusiva da patente.

a) Licença voluntária

O titular de patente ou o depositante poderá celebrar contrato de licença para exploração (art. 61, LPI[24]), podendo o licenciado ser investido pelo titular de todos os poderes para agir em defesa da patente. Na concessão da licença deverão estar presentes as condições de remuneração, bem como as relacionadas com a exploração do privilégio e, para que produza efeitos com relação a terceiros, o contrato de licença deverá ser averbado no INPI (art. 62, LPI[25]).

Uma vez concedida a licença e explorada a patente pelo detentor, o titular da patente terá o direito de receber *royalties*, que nada mais é que a remuneração paga pelo detentor da licença pelo direito da exploração.

b) Licença compulsória

A licença compulsória, popularmente conhecida como "quebra de patente",[26] pode ocorrer de maneira não exclusiva e sem permissão de sublicenciamento

---

24. Art. 61. O titular de patente ou o depositante poderá celebrar contrato de licença para exploração. Parágrafo único. O licenciado poderá ser investido pelo titular de todos os poderes para agir em defesa da patente.
25. Art. 62. O contrato de licença deverá ser averbado no INPI para que produza efeitos em relação a terceiros. § 1º A averbação produzirá efeitos em relação a terceiros a partir da data de sua publicação. § 2º Para efeito de validade de prova de uso, o contrato de licença não precisará estar averbado no INPI.
26. Tecnicamente o termo "quebra de patente" está equivocado pois o licenciamento compulsório não acarreta a perda ou extinção da patente, mas um licenciamento sem concordância do titular.

(art. 72, LPI[27]), quando o INPI obriga o titular da patente a licenciar seu uso em favor de terceiros interessados, a fim de se evitar abusos no exercício do direito conferido pela patente (art. 68, LPI[28]).

A requisição da licença compulsória apenas ocorrerá após 03 (três) anos da concessão da patente e a legislação em vigor prevê nos artigos 68 a 74 uma série de licenças coativas: (i) exercício abusivo de direitos ou abuso de poder econômico comprovado nos termos da lei, por decisão administrativa ou judicial (art. 68, LPI); (ii) inércia do titular (art. 68, § 1º, I, LPI), isto é, insuficiência de exploração do objeto da patente no território brasileiro por falta de fabricação ou fabricação incompleta do produto, ou, ainda, a falta de uso integral do processo patenteado, ressalvados os casos de inviabilidade econômica, quando será admitida a importação; (iii) a comercialização não satisfaz a necessidade do mercado (art. 68, §1º, II, LPI) e; (iv) dependência de uma patente em relação a outra (art. 70, LPI[29]): é aquela patente cuja exploração depende obrigatoriamente da utilização do objeto de patente anterior, não tendo o titular realizado acordo com o titular da patente dependente para exploração da patente anterior.

---

27. Art. 72. As licenças compulsórias serão sempre concedidas sem exclusividade, não se admitindo o sublicenciamento.
28. Art. 68. O titular ficará sujeito a ter a patente licenciada compulsoriamente se exercer os direitos dela decorrentes de forma abusiva, ou por meio dela praticar abuso de poder econômico, comprovado nos termos da lei, por decisão administrativa ou judicial. § 1º Ensejam, igualmente, licença compulsória: I – a não exploração do objeto da patente no território brasileiro por falta de fabricação ou fabricação incompleta do produto, ou, ainda, a falta de uso integral do processo patenteado, ressalvados os casos de inviabilidade econômica, quando será admitida a importação; ou II – a comercialização que não satisfizer às necessidades do mercado. § 2º A licença só poderá ser requerida por pessoa com legítimo interesse e que tenha capacidade técnica e econômica para realizar a exploração eficiente do objeto da patente, que deverá destinar-se, predominantemente, ao mercado interno, extinguindo-se nesse caso a excepcionalidade prevista no inciso I do parágrafo anterior. § 3º No caso de a licença compulsória ser concedida em razão de abuso de poder econômico, ao licenciado, que propõe fabricação local, será garantido um prazo, limitado ao estabelecido no art. 74, para proceder à importação do objeto da licença, desde que tenha sido colocado no mercado diretamente pelo titular ou com o seu consentimento. § 4º No caso de importação para exploração de patente e no caso da importação prevista no parágrafo anterior, será igualmente admitida a importação por terceiros de produto fabricado de acordo com patente de processo ou de produto, desde que tenha sido colocado no mercado diretamente pelo titular ou com o seu consentimento. § 5º A licença compulsória de que trata o § 1º somente será requerida após decorridos 3 (três) anos da concessão da patente.
29. Art. 70. A licença compulsória será ainda concedida quando, cumulativamente, se verificarem as seguintes hipóteses: I – ficar caracterizada situação de dependência de uma patente em relação a outra; II – o objeto da patente dependente constituir substancial progresso técnico em relação à patente anterior; e III – o titular não realizar acordo com o titular da patente dependente para exploração da patente anterior. § 1º Para os fins deste artigo considera-se patente dependente aquela cuja exploração depende obrigatoriamente da utilização do objeto de patente anterior. § 2º Para efeito deste artigo, uma patente de processo poderá ser considerada dependente de patente do produto respectivo, bem como uma patente de produto poderá ser dependente de patente de processo. § 3º O titular da patente licenciada na forma deste artigo terá direito a licença compulsória cruzada da patente dependente.

Por conta da calamidade causada pela pandemia da Covid-19, foram alteradas as regras de licença compulsória nos casos de declaração de emergência nacional ou internacional ou de reconhecimento de estado de calamidade pública de âmbito nacional pela Lei 14.200/2021.

Deste modo, nos casos de emergência nacional ou internacional ou de interesse público declarados em lei ou em ato do Poder Executivo federal, ou de reconhecimento de estado de calamidade pública de âmbito nacional pelo Congresso Nacional, poderá ser concedida licença compulsória, de ofício, temporária e não exclusiva, para a exploração da patente ou do pedido de patente, sem prejuízo dos direitos do respectivo titular, desde que seu titular ou seu licenciado não atenda a essa necessidade (art. 71, LPI).

Poderá ser concedida, por razões humanitárias e nos termos de tratado internacional do qual a República Federativa do Brasil seja parte, licença compulsória de patentes de produtos destinados à exportação a países com insuficiente ou nenhuma capacidade de fabricação no setor farmacêutico para atendimento de sua população (art. 71-A, LPI)

Por exemplo, diante das dificuldades de negociação do titular da patente de remédio para o tratamento do HIV/AIDS com o Ministério da Saúde, foi decretada a licença compulsória mediante Decreto.[30]

8. EXTINÇÃO DA PATENTE

Com a extinção da patente esta cairá em domínio público e o titular perderá o direito de uso exclusivo de sua invenção ou modelo de utilidade (art. 78, LPI[31]). A extinção da patente pode ocorrer por: (i) expiração do prazo de vigência (art. 40, LPI[32]); (ii) renúncia de seu titular, ressalvado o direito de terceiros (art. 79, LPI[33]); (iii) caducidade (art. 80, LPI[34]); (iv) falta de pagamento da retribuição

---

30. Exemplo que pode ser citado é o Decreto 6.108, de 4 de maio 2007.
31. Art. 78. A patente extingue-se: I – pela expiração do prazo de vigência; II – pela renúncia de seu titular, ressalvado o direito de terceiros; III – pela caducidade; IV – pela falta de pagamento da retribuição anual, nos prazos previstos no § 2º do art. 84 e no art. 87; e V – pela inobservância do disposto no art. 217. Parágrafo único. Extinta a patente, o seu objeto cai em domínio público.
32. Art. 40. A patente de invenção vigorará pelo prazo de 20 (vinte) anos e a de modelo de utilidade pelo prazo 15 (quinze) anos contados da data de depósito.
33. Art. 79. A renúncia só será admitida se não prejudicar direitos de terceiros.
34. Art. 80. Caducará a patente, de ofício ou a requerimento de qualquer pessoa com legítimo interesse, se, decorridos 2 (dois) anos da concessão da primeira licença compulsória, esse prazo não tiver sido suficiente para prevenir ou sanar o abuso ou desuso, salvo motivos justificáveis. § 1º A patente caducará quando, na data do requerimento da caducidade ou da instauração de ofício do respectivo processo, não tiver sido iniciada a exploração. § 2º No processo de caducidade instaurado a requerimento, o INPI poderá prosseguir se houver desistência do requerente.

anual, nos prazos previstos no § 2º do artigo 84[35] e no artigo 87,[36] ambos da Lei de Propriedade Industrial; e (v) inobservância pelo titular domiciliado no exterior de constituir e manter procurador devidamente qualificado e domiciliado no País, com poderes para representá-lo administrativa e judicialmente, inclusive para receber citações (art. 217, LPI[37]).

É decorrente da extinção da patente que surge, na indústria farmacêutica, o chamado "remédio genérico", que decorre do uso de uma invenção que caiu em domínio público e, portanto, todas as indústrias farmacêuticas poderão fabricar aquele remédio, mas não sua marca, cuja proteção se dá por outra forma na Lei de Propriedade Industrial.

9. SEGREDO INDUSTRIAL

Por fim, cabe lembrar a possibilidade de o empresário manter sua invenção ou modelo de utilidade em segredo industrial, sem o registro no INPI do bem industrial. João da Gama Cerqueira lembra que *"(...) o inventor pode dar à sua invenção o destino que quiser. Pode conservá-la inédita, explorá-la como segredo de fábrica, cedê-la ou divulgá-la. É um direito que preexiste à concessão da patente".*[38] Considerando que o registro e a publicidade do ato são condições para a concessão da patente, muitos empresários preferem manter em segredo suas invenções, abrindo mão do registro e da sua consequente proteção legal do bem industrial.

Art. 81. O titular será intimado mediante publicação para se manifestar, no prazo de 60 (sessenta) dias, cabendo-lhe o ônus da prova quanto à exploração.

Art. 82. A decisão será proferida dentro de 60 (sessenta) dias, contados do término do prazo mencionado no artigo anterior.

Art. 83. A decisão da caducidade produzirá efeitos a partir da data do requerimento ou da publicação da instauração de ofício do processo.

35. Art. 84. O depositante do pedido e o titular da patente estão sujeitos ao pagamento de retribuição anual, a partir do início do terceiro ano da data do depósito. § 1º O pagamento antecipado da retribuição anual será regulado pelo INPI. § 2º O pagamento deverá ser efetuado dentro dos primeiros 3 (três) meses de cada período anual, podendo, ainda, ser feito, independente de notificação, dentro dos 6 (seis) meses subsequentes, mediante pagamento de retribuição adicional.
36. Art. 87. O pedido de patente e a patente poderão ser restaurados, se o depositante ou o titular assim o requerer, dentro de 3 (três) meses, contados da notificação do arquivamento do pedido ou da extinção da patente, mediante pagamento de retribuição específica.
37. Art. 217. A pessoa domiciliada no exterior deverá constituir e manter procurador devidamente qualificado e domiciliado no País, com poderes para representá-la administrativa e judicialmente, inclusive para receber citações.
38. CERQUEIRA, João da Gama. *Tratado da Propriedade Industrial*. São Paulo: Ed. RT, 1982, v. 1, p. 417.

C. MARCA

1. MARCA[39]

A marca é um sinal distintivo perceptível que diferencia produtos ou serviços (art. 122, LPI[40]). Para um mercado cada vez mais visual, a marca se torna um bem imaterial essencial para o agente econômico.

Muitas empresas, como Apple, Google, Amazon, Microsoft, Coca-Cola, Disney, Marvel, DC Comics etc., têm sua marca como grande ativo, reconhecida pelo mercado e consumidores.

Veja, por exemplo, um caso envolvendo a marca "Star Wars". A sociedade Jedi's Burger resolveu abrir um hamburgueria temática com os elementos da saga Star Wars, um verdadeiro *fanservice*.

Ocorre que não houve autorização do titular da marca Star Wars (Lucasfilm) para o uso da sociedade Jedi's Burges e, portanto, a Lucasfilm ingressou com um processo judicial para impedir o uso indevido da marca Star Wars com fundamento na Lei de Propriedade Industrial e Direitos Autorais.

O Tribunal paulista, nos autos do processo 1038430-6.2015.8.26.0002, julgou procedente o pedido de obrigação de não fazer, condenando a Jedi's Burger a deixar de usar sem autorização a marca Star Wars.[41]

---

39. Este tópico foi desenvolvido com base no "Manual de Marcas". Disponível no site do INPI – http://manualdemarcas.inpi.gov.br/projects/manual/wiki/PDF. Acesso em: 09 dez. 2023.
40. São suscetíveis de registro como marca os sinais distintivos visualmente perceptíveis, não compreendidos nas proibições legais.
41. Obrigação de não fazer c.c. Indenização – Abstenção, pelas demandadas, do uso da marca, sinais e imagens pertencentes às demandantes – Acolhimento – Necessidade – Demonstração de instalação de estabelecimento do ramo alimentício com uso de marca, imagens e personagens, na propaganda, decoração e no próprio serviço, pertencentes às autoras, sem assinatura de qualquer contrato de licenciamento – Conteúdo de filme de grande porte e conhecimento do público, cujo uso por terceiros exige prévia autorização contratual – Dano material que decorre da impossibilidade de as detentoras dos direitos autorais receberem valores pela exploração econômica de seu uso, independentemente do ramo de atuação de cada um dos envolvidos – Licenciamento que não se refere exclusivamente a vendas de produtos e sim a qualquer utilização da imagem da obra cinematográfica – Atração do público que decorre da própria marca, acreditando-se se tratar de serviço autorizado – Incontestável denominação semelhante com expressão de referência a famoso personagem da obra das autoras – Danos morais ausentes – Apesar do claro prejuízo financeiro decorrente da exploração econômica dos direitos autorais sem consentimento, inexiste narrativa de qualquer outro comportamento que tenha causado lesão moral, não constando que tenha sido feita qualquer modificação à obra e nem atos que tenham afetado a sua reputação ou honra de forma negativa – Inviabilidade de se punir por um eventual e futuro dano moral – Recursos improvidos. (TJ-SP – APL: 10384307620158260002 SP 1038430-76.2015.8.26.0002, Relator: Alvaro Passos, Data de Julgamento: 29.01.2019, 2ª Câmara de Direito Privado, Data de Publicação: 30.01.2019).

Além das marcas de produtos e serviços, a Lei de Propriedade Industrial permite o registro de marca de certificação e a coletiva (art. 123, LPI[42]).

a) A marca de produto ou serviço

Aquela usada para distinguir produto ou serviço de outro idêntico, semelhante ou afim, de origem diversa (art. 123, I, LPI), permitindo que o empresário distingue seus serviços e/ou produtos dos de outro. A intenção da lei é que terceiros possam diferenciar os produtos e serviços do mesmo ramo de atividade, evitando-se desvio de clientela de um empresário em detrimento de outro, o que poderia caracterizar concorrência desleal.

Por exemplo, uma indústria de cosméticos poderia produzir inúmeros perfumes com fragrâncias distintas (patentes de invenção) e cada um desses perfumes ter marcas próprias para atrair o público consumidor levando em consideração suas fragrâncias.

b) A marca de certificação

É aquela usada para atestar a conformidade de um produto ou serviço com determinadas normas ou especificações técnicas, notadamente quanto à qualidade, natureza, material utilizado e metodologia empregada (art. 123, II, LPI) como, por exemplo, uma certificadora acreditada pelo INMETRO para determinado produto ou serviços.[43]

c) A marca coletiva

É aquela usada para identificar produtos ou serviços provindos de membros de uma determinada entidade (art. 123, III, LPI) como, por exemplo, uma associação de produtores de laranja que cria uma marca para informar ao consumidor que determinado produtor é associado a ela. Por exemplo, suco elaborado com "laranjas do vale do paraíba" ou "laranjas valepar" ligada aos produtores de laranja reunidos no vale do paraíba no estado de São Paulo.

---

42. Art. 123. Para os efeitos desta Lei, considera-se: I – marca de produto ou serviço: aquela usada para distinguir produto ou serviço de outro idêntico, semelhante ou afim, de origem diversa; II – marca de certificação: aquela usada para atestar a conformidade de um produto ou serviço com determinadas normas ou especificações técnicas, notadamente quanto à qualidade, natureza, material utilizado e metodologia empregada; e III – marca coletiva: aquela usada para identificar produtos ou serviços provindos de membros de uma determinada entidade.
43. Disponível em: https://www.gov.br/inmetro/pt-br/assuntos/avaliacao-da-conformidade. Acesso em: 09 dez. 2023.

2. ESPÉCIES DE MARCA

A marca pode, ainda, ser (i) nominativa, que é aquela formada por palavras, neologismos e combinações de letras e números; (ii) figurativa, constituída por desenho, imagem, ideograma, forma fantasiosa ou figurativa de letra ou algarismo, e palavras compostas por letras de alfabetos como hebraico, cirílico, árabe etc.; (iii) mista, que combina imagem e palavra e; (iv) tridimensional, que pode ser considerada a forma de um produto, quando é capaz de distingui-lo de outros produtos semelhantes.[44]

3. REGISTRO DE MARCA

Em regra, toda e qualquer marca que seja nova pode ser registrada, exceto aquelas cujo sinal distintivo não seja registrável como marca conforme o rol do artigo 124 da Lei de Propriedade Industrial.[45] A vedação de registro de marca que

---

44. Disponível em: http://manualdemarcas.inpi.gov.br/projects/manual/wiki/02_O_que_%C3%A9_marca. Acesso em: 09 dez. 2023.
45. Art. 124. Não são registráveis como marca: I – brasão, armas, medalha, bandeira, emblema, distintivo e monumento oficiais, públicos, nacionais, estrangeiros ou internacionais, bem como a respectiva designação, figura ou imitação; II – letra, algarismo e data, isoladamente, salvo quando revestidos de suficiente forma distintiva; III – expressão, figura, desenho ou qualquer outro sinal contrário à moral e aos bons costumes ou que ofenda a honra ou imagem de pessoas ou atente contra liberdade de consciência, crença, culto religioso ou ideia e sentimento dignos de respeito e veneração; IV – designação ou sigla de entidade ou órgão público, quando não requerido o registro pela própria entidade ou órgão público; V – reprodução ou imitação de elemento característico ou diferenciador de título de estabelecimento ou nome de empresa de terceiros, suscetível de causar confusão ou associação com estes sinais distintivos; VI – sinal de caráter genérico, necessário, comum, vulgar ou simplesmente descritivo, quando tiver relação com o produto ou serviço a distinguir, ou aquele empregado comumente para designar uma característica do produto ou serviço, quanto à natureza, nacionalidade, peso, valor, qualidade e época de produção ou de prestação do serviço, salvo quando revestidos de suficiente forma distintiva; VII – sinal ou expressão empregada apenas como meio de propaganda; VIII – cores e suas denominações, salvo se dispostas ou combinadas de modo peculiar e distintivo; IX – indicação geográfica, sua imitação suscetível de causar confusão ou sinal que possa falsamente induzir indicação geográfica; X – sinal que induza a falsa indicação quanto à origem, procedência, natureza, qualidade ou utilidade do produto ou serviço a que a marca se destina; XI – reprodução ou imitação de cunho oficial, regularmente adotada para garantia de padrão de qualquer gênero ou natureza; XII – reprodução ou imitação de sinal que tenha sido registrado como marca coletiva ou de certificação por terceiro, observado o disposto no art. 154; XIII – nome, prêmio ou símbolo de evento esportivo, artístico, cultural, social, político, econômico ou técnico, oficial ou oficialmente reconhecido, bem como a imitação suscetível de criar confusão, salvo quando autorizados pela autoridade competente ou entidade promotora do evento; XIV – reprodução ou imitação de título, apólice, moeda e cédula da União, dos Estados, do Distrito Federal, dos Territórios, dos Municípios, ou de país; XV – nome civil ou sua assinatura, nome de família ou patronímico e imagem de terceiros, salvo com consentimento do titular, herdeiros ou sucessores; XVI – pseudônimo ou apelido notoriamente conhecidos, nome artístico singular ou coletivo, salvo com consentimento do titular, herdeiros ou sucessores; XVII – obra literária, artística ou científica, assim como os títulos que estejam protegidos pelo direito autoral e sejam suscetíveis de causar confusão ou associação, salvo com consentimento do autor ou titular;

reproduza ou imite elemento característico ou diferenciador de nome empresarial de terceiros, suscetível de causar confusão ou associação, deve ser interpretada restritivamente e em consonância com o art. 1.166 do Código Civil.[46]

4. PRINCÍPIOS RELACIONADOS À MARCA

São três os princípios fundamentais que regem o direito de marcas: (a) Territorialidade; (b) Especialidade e; (c) Sistema atributivo.

a) Princípio da territorialidade

Pelo princípio da territorialidade, o titular da marca tem proteção de seu uso exclusivo em todo território nacional (art. 129, LPI[47]). A exceção ao princípio da territorialidade é a marca notória (art. 126, LPI[48]), reconhecida por aquela que, mesmo sem registro no país, em virtude de ser notoriamente conhecida no exterior, terá sua proteção reconhecida e garantido que usurpadores não a registrem

---

XVIII – termo técnico usado na indústria, na ciência e na arte, que tenha relação com o produto ou serviço a distinguir; XIX – reprodução ou imitação, no todo ou em parte, ainda que com acréscimo, de marca alheia registrada, para distinguir ou certificar produto ou serviço idêntico, semelhante ou afim, suscetível de causar confusão ou associação com marca alheia; XX – dualidade de marcas de um só titular para o mesmo produto ou serviço, salvo quando, no caso de marcas de mesma natureza, se revestirem de suficiente forma distintiva; XXI – a forma necessária, comum ou vulgar do produto ou de acondicionamento, ou, ainda, aquela que não possa ser dissociada de efeito técnico; XXII – objeto que estiver protegido por registro de desenho industrial de terceiro; e XXIII – sinal que imite ou reproduza, no todo ou em parte, marca que o requerente evidentemente não poderia desconhecer em razão de sua atividade, cujo titular seja sediado ou domiciliado em território nacional ou em país com o qual o Brasil mantenha acordo ou que assegure reciprocidade de tratamento, se a marca se destinar a distinguir produto ou serviço idêntico, semelhante ou afim, suscetível de causar confusão ou associação com aquela marca alheia.

46. Enunciado 2 da 1ª Jornada De Direito Comercial – A vedação de registro de marca que reproduza ou imite elemento característico ou diferenciador de nome empresarial de terceiros, suscetível de causar confusão ou associação (art. 124, V, da Lei 9.279/1996), deve ser interpretada restritivamente e em consonância com o art. 1.166 do Código Civil.
47. Art. 129. A propriedade da marca adquire-se pelo registro validamente expedido, conforme as disposições desta Lei, sendo assegurado ao titular seu uso exclusivo em todo o território nacional, observado quanto às marcas coletivas e de certificação o disposto nos arts. 147 e 148. 1º. Toda pessoa que, de boa-fé, na data da prioridade ou depósito, usava no País, há pelo menos 6 (seis) meses, marca idêntica ou semelhante, para distinguir ou certificar produto ou serviço idêntico, semelhante ou afim, terá direito de precedência ao registro. § 2º O direito de precedência somente poderá ser cedido juntamente com o negócio da empresa, ou parte deste, que tenha direta relação com o uso da marca, por alienação ou arrendamento.
48. Art. 126. A marca notoriamente conhecida em seu ramo de atividade nos termos do art. 6º bis (I), da Convenção da União de Paris para Proteção da Propriedade Industrial, goza de proteção especial, independentemente de estar previamente depositada ou registrada no Brasil. § 1º A proteção de que trata este artigo aplica-se também às marcas de serviço. § 2º O INPI poderá indeferir de ofício pedido de registro de marca que reproduza ou imite, no todo ou em parte, marca notoriamente conhecida

no Brasil, por este ser signatária da Convenção da União de Paris (CUP) para Proteção da Propriedade Industrial (art. 6º da CUP[49]).

Também por conta Convenção da União de Paris, é garantida a reivindicação de prioridade unionista contemplada no art. 127 da Lei da Propriedade Industrial.[50]

b) Princípio da especialidade

Pelo princípio da especialidade, a proteção assegurada à marca recai sobre produtos ou serviços correspondentes à atividade do requerente, visando a distingui-los de outros idênticos ou similares, de origem diversa.

(i) Marca de alto renome. A exceção ao princípio da especialidade é a marca de alto renome protegidas em todos os segmentos mercadológicos, nos termos do art. 125 da Lei de Propriedade Industrial: "*À marca registrada no Brasil considerada de alto renome será assegurada proteção especial, em todos os ramos de atividade.*". A declaração de alto renome de uma marca só é possível se a ela já estiver devidamente registrada nos termos da Lei de Propriedade Industrial. Reconhecido o alto renome da marca, consoante a Resolução INPI/PR 107/2013, o INPI fará a anotação correspondente em seus cadastros e toda reprodução ou imitação da marca, suscetível de causar confusão ou prejuízo para sua reputação, será proibida.

(ii) Marca notória. A marca notória independente de registro no INPI para seu reconhecimento, pois trata-se de atributo próprio do sinal distintivo. A legislação protege a marca notória independentemente da obrigatoriedade de registro prévio no Brasil para a observância do disposto no artigo 6 bis da Convenção da União de Paris, esta proteção especial, que derroga o princípio da especialidade.

---

49. Art. 6 Bis. Os países da União comprometem-se a recusar ou invalidar o registro, quer administrativamente, se a lei do país o permitir, quer a pedido do interessado e a proibir o uso de marca de fábrica ou de comércio que constitua reprodução, imitação ou tradução, suscetíveis de estabelecer confusão, de uma marca que a autoridade competente do país do registro ou do uso considere que nele é notoriamente conhecida como sendo já marca de uma pessoa amparada pela presente Convenção, e utilizada para produtos idênticos ou similares. O mesmo sucederá quando a parte essencial da marca constitui reprodução de marca notoriamente conhecida ou imitação suscetível de estabelecer confusão com esta.

50. Art. 127. Ao pedido de registro de marca depositado em país que mantenha acordo com o Brasil ou em organização internacional, que produza efeito de depósito nacional, será assegurado direito de prioridade, nos prazos estabelecidos no acordo, não sendo o depósito invalidado nem prejudicado por fatos ocorridos nesses prazos. § 1º A reivindicação da prioridade será feita no ato de depósito, podendo ser suplementada dentro de 60 (sessenta) dias, por outras prioridades anteriores à data do depósito no Brasil. § 2º A reivindicação da prioridade será comprovada por documento hábil da origem, contendo o número, a data e a reprodução do pedido ou do registro, acompanhado de tradução simples, cujo teor será de inteira responsabilidade do depositante. § 3º Se não efetuada por ocasião do depósito, a comprovação deverá ocorrer em até 4 (quatro) meses, contados do depósito, sob pena de perda da prioridade. § 4º Tratando-se de prioridade obtida por cessão, o documento correspondente deverá ser apresentado junto com o próprio documento de prioridade.

Assim, a marca notória difere da marca de alto renome no exato termos de que aquela independente de registro no INPI, sendo que para o reconhecimento do alto renome é necessário o registro e decisão administrativa do INPI.

Evidentemente que o titular uma marca, mesmo sabendo de sua notoriedade, para evitar discussão de cunho subjetivo, pode requerer o registro do sinal distintivo no INPI, buscando proteção mais efetiva de sua marca por conta do efeito *erga omnes* do registro.

c) Princípio atributivo

Pelo princípio do sistema atributivo significa dizer que a proteção ao uso exclusivo da marca depende, necessariamente, de seu registro no INPI que terá por fim declarar a propriedade da marca ao seu titular (art. 129, LPI[51]). Como regra geral, àquele que primeiro depositar um pedido deve-se a prioridade ao registro, porém essa regra comporta uma exceção denominada direito do usuário anterior que ocorre quando o usuário de boa-fé que comprovar a utilização anterior, há pelo menos 6 (seis) meses, de marca idêntica ou semelhante, para o mesmo fim, capaz de causar confusão ou associação indevida (art. 129, § 1º, LPI[52]).

5. USO EXCLUSIVO

Da mesma forma que a patente, o registro da marca permite o uso exclusivo pelo seu titular, podendo afastar qualquer violação do seu direito marcatório.

6. CESSÃO E LICENÇA DE MARCA

Ao titular da marca ou ao depositante é ainda assegurado o direito de (art. 130, LPI[53]): (i) ceder seu registro ou pedido de registro para terceiro com a transmissão de propriedade (art. 134[54] e 135,[55] LPI); (ii) licenciar seu uso para terceiro

---

51. Art. 129. A propriedade da marca adquire-se pelo registro validamente expedido, conforme as disposições desta Lei, sendo assegurado ao titular seu uso exclusivo em todo o território nacional, observado quanto às marcas coletivas e de certificação o disposto nos arts. 147 e 148.
52. At. 129, § 1º Toda pessoa que, de boa-fé, na data da prioridade ou depósito, usava no País, há pelo menos 6 (seis) meses, marca idêntica ou semelhante, para distinguir ou certificar produto ou serviço idêntico, semelhante ou afim, terá direito de precedência ao registro. § 2º O direito de precedência somente poderá ser cedido juntamente com o negócio da empresa, ou parte deste, que tenha direta relação com o uso da marca, por alienação ou arrendamento.
53. Art. 130. Ao titular da marca ou ao depositante é ainda assegurado o direito de: I – ceder seu registro ou pedido de registro; II – licenciar seu uso; III – zelar pela sua integridade material ou reputação.
54. Art. 134. O pedido de registro e o registro poderão ser cedidos, desde que o cessionário atenda aos requisitos legais para requerer tal registro.
55. Art. 135. A cessão deverá compreender todos os registros ou pedidos, em nome do cedente, de marcas iguais ou semelhantes, relativas a produto ou serviço idêntico, semelhante ou afim, sob pena de cancelamento dos registros ou arquivamento dos pedidos não cedidos.

sem, no entanto, o titular ceder sua propriedade sobre a marca (art. 139, LPI[56]) e; (iii) zelar pela sua integridade material ou reputação utilizando-se de todas as medidas legais para sua proteção.

7. TRADE DRESS

O *trade dress* significa a imagem total ou aparência geral de um produto ou serviço, incluindo, mas não limitado a, desenho da embalagem, rótulos, recipientes, mostruários, à característica do produto ou à combinação de elementos ou figuras que são ou se tornam associadas exclusivamente com uma existência particular que permitem funcionar como sendo um indicador de origem do produto; o *trade dress* compreende um única seleção de elementos que imediatamente estabelecem que o produto se distancia dos outros, por isso se torna inconfundível. *Trade dress* e/ou 'Conjunto-Imagem', para nós é a exteriorização do objeto, do produto ou sua embalagem, é a maneira peculiar pela qual se apresenta e se torna conhecido. É pura e simplesmente a 'vestimenta', e/ou o 'uniforme', isto é, um traço peculiar, uma roupagem ou a maneira particular de alguma coisa se apresentar ao mercado consumidor ou diante dos usuários com habitualidade. Na generalidade da expressão 'alguma coisa' pode-se incluir mas, logicamente, não limitar às marcas figurativas ou mistas; tridimensionais; a todos os objetos que foram ou não suscetíveis de patentes, mas que se apresentam mediante uma forma de exteriorização característica; a toda e qualquer forma de produto ou de sua embalagem, desde que constituída de características particulares; a toda e qualquer decoração interna ou externa de estabelecimentos; a toda e qualquer publicidade desde que elaborada e apresentada com particularidades a torne conhecida como procedente de uma determinada origem. Por todos esses e muitos outros elementos e componentes, o *trade dress* nada mais é do que aquilo que já denominamos, desde há muito, ou seja, o conjunto-imagem.[57]

O conjunto-imagem é complexo e formado por diversos elementos. Dados a ausência de tipificação legal e o fato de não ser passível de registro, a ocorrência de imitação e a conclusão pela concorrência desleal deve ser feita caso a caso. Imprescindível, para tanto, o auxílio de perito que possa avaliar aspectos de mercado, hábitos de consumo, técnicas de propaganda e marketing, o grau de atenção do consumidor comum ou típico do produto em questão, a época em que o produto

---

56. Art. 139. O titular de registro ou o depositante de pedido de registro poderá celebrar contrato de licença para uso da marca, sem prejuízo de seu direito de exercer controle efetivo sobre as especificações, natureza e qualidade dos respectivos produtos ou serviços.
Parágrafo único. O licenciado poderá ser investido pelo titular de todos os poderes para agir em defesa da marca, sem prejuízo dos seus próprios direitos.
57. SOARES, Tinoco. *Concorrência Desleal Vs. Trade Dress e/ou Conjunto-imagem*. Editora Tinoco Soares, 2004. p. 213.

foi lançado no mercado, bem como outros elementos que confiram identidade à apresentação do produto ou serviço.[58-59]

---

58. Recurso especial. Propriedade intelectual e concorrência desleal. Ação de abstenção de uso e indenizatória. Peças de vestuário íntimo feminino. Possibilidade, em tese, de incidência da Lei 9.610/98. Direito autoral. Ausência de violação. Originalidade não constatada. Concorrência desleal. Violação de trade dress. Distintividade. Ausência. Confusão no público consumidor não verificada. Súmula 211/STJ. Súmula 284/STF. Súmula 7/STJ. 1. Ação ajuizada em 11/5/2017. Recurso especial interposto em 11.03.2021. Autos conclusos ao gabinete da Relatora em 22.06.2021. 2. O propósito recursal consiste em definir se a recorrida deve se abster de comercializar peças de vestuário que se assemelham à linha de produtos fabricada pelas recorrentes, bem como se tal prática é causadora de danos indenizáveis. 3. São passíveis de proteção pela Lei 9.610/98 as criações que configurem exteriorização de determinada expressão intelectual, com ideia e forma concretizadas pelo autor de modo original. 4. O rol de obras intelectuais apresentado no art. 7º da Lei de Direitos Autorais é meramente exemplificativo. 5. O direito de autor não toma em consideração a destinação da obra para a outorga de tutela. Obras utilitárias são igualmente protegidas, desde que nelas se possa encontrar a exteriorização de uma "criação de espírito". Doutrina. 6. Os arts. 95 e 96 da Lei 9.279/96 não foram objeto de deliberação pelo Tribunal de origem, de modo que é defeso o pronunciamento desta Corte Superior quanto a seus conteúdos normativos (Súmula 211/STJ). Ademais, as recorrentes sequer demonstraram de que modo teriam sido eles violados pelo acórdão recorrido, o que atrai a incidência da Súmula 284/STF. 7. A despeito da ausência de expressa previsão no ordenamento jurídico pátrio acerca da proteção ao trade dress, é inegável que o arcabouço legal brasileiro confere amparo ao conjunto-imagem, sobretudo porque sua imitação encontra óbice na repressão à concorrência desleal. Precedentes. 8. Para configuração da prática de atos de concorrência desleal derivados de imitação de trade dress, não basta que o titular, simplesmente, comprove que utiliza determinado conjunto-imagem, sendo necessária a observância de alguns pressupostos para garantia da proteção jurídica (ausência de caráter meramente funcional; distintividade; confusão ou associação indevida, anterioridade de uso). 9. Hipótese concreta em que o Tribunal de origem, soberano no exame do conteúdo probatório, concluiu que (i) há diferenças significativas entre as peças de vestuário comparadas; (ii) o uso de elementos que constam da linha estilística das recorrentes revela tão somente uma tendência do segmento da moda íntima feminina; e (iii) não foi comprovada a prática de atos anticoncorrenciais que pudessem ensejar confusão no público consumidor. 10. Não sendo cabível o revolvimento do acervo fático e das provas produzidas nos autos em sede de recurso especial, a teor do entendimento consagrado na Súmula 7/STJ, é de rigor o desacolhimento da pretensão recursal. Recurso Especial parcialmente conhecido e não provido. (REsp 1.943.690/SP, relatora Ministra Nancy Andrighi, Terceira Turma, julgado em 19.10.2021, DJe de 22.10.2021).
59. Agravo de Instrumento – Ação cominatória cumulada com pedido de indenização por perdas e danos e pedido de antecipação de tutela – Decisão de primeiro grau que indeferiu tutela de urgência requerida para que a agravada fosse compelida a não utilizar a embalagem com trade dress próximo ao da agravante – Insurgência da autora – Acolhimento – Alegação de violação ao trade dress – Aferição da presença dos pressupostos do artigo 300 do CPC de 2015 – Presença, em uma primeira cognição, de prova suficiente da cópia do trade dress das embalagens da agravante – Disposição da marca e informações textuais na embalagem, com uso de fonte e cores semelhantes, reconhecida a existência de conjunto-imagem – Possibilidade de confusão ao consumidor médio – Não é necessária cópia integral para que se reconheça a reprodução indevida de trade dress, sendo necessário que o Poder Judiciário coíba o parasitismo marcário – Dilação probatória que não pode ser óbice a concessão de tutela quando verificado, acima da dúvida razoável, que houve cópia indevida do trade dress – Afastamento da tese de dano reverso – Tutela deferida nessa sede recursal, sob pena de multa diária de R$ 10.000,00 limitada ao valor da causa originária de R$ 150.000,00 – Indicação de terem sido adotadas medidas junto à ANVISA, para alteração do conjunto de imagem das embalagens dos seus produtos "DORTRIRELAX" e "TARGIVIRON", como produtos similares, sendo que a analise definitiva sobre o acatamento da ordem judicial deverá ser exercida pelo juízo de origem em análise de mérito final – Decisão reformada - Recurso provido. (TJSP. Agravo de Instrumento 2194232-46.2021.8.26.0000.1ª

O *trade dress* ou conjunto-imagem configura-se na soma de elementos visuais e sensitivos que traduzem uma forma peculiar e suficientemente distintiva de apresentação do bem no mercado consumidor. Embora não disciplinado na Lei 9.279/1996, o conjunto-imagem de bens e produtos é passível de proteção judicial quando a utilização de conjunto similar resulte em ato de concorrência desleal, em razão de confusão ou associação com bens e produtos concorrentes (art. 209 da LPI).

8. EXTINÇÃO DA MARCA

Com a extinção da marca o titular perderá o direito de uso exclusivo e outro poderá reivindicá-la (art. 142, LPI[60]). A extinção do registro de marca pode ocorrer: (i) pela expiração do prazo de vigência de 10 (dez) anos contados da data da concessão do registro, que embora seja prorrogável por períodos iguais e sucessivos (art. 133, LPI[61]), pode vir a não ser renovada pelo titular; (ii) pela renúncia, que poderá ser total ou parcial em relação aos produtos ou serviços assinalados pela marca; (iii) pela caducidade (arts. 143[62] e 144,[63] LPI); ou (iv) pela inobservância pelo titular domiciliado no exterior de constituir e manter procurador devidamente qualificado e domiciliado no País, com poderes para representá-lo administrativa e judicialmente, inclusive para receber citações (art. 217, LPI[64]).

Câmara Reservada de Direito Empresarial. Agravante: Sanofi Medley Farmacêutica LTDA. Agravada: Pharmascience Indústria Farmacêutica S/A. Relator: Jane Franco Martins, 27 abr. 2022).

60. Art. 142. O registro da marca extingue-se: I – pela expiração do prazo de vigência; II – pela renúncia, que poderá ser total ou parcial em relação aos produtos ou serviços assinalados pela marca; III – pela caducidade; ou IV – pela inobservância do disposto no art. 217.

61. Art. 133. O registro da marca vigorará pelo prazo de 10 (dez) anos, contados da data da concessão do registro, prorrogável por períodos iguais e sucessivos. § 1º O pedido de prorrogação deverá ser formulado durante o último ano de vigência do registro, instruído com o comprovante do pagamento da respectiva retribuição. § 2º Se o pedido de prorrogação não tiver sido efetuado até o termo final da vigência do registro, o titular poderá fazê-lo nos 6 (seis) meses subsequentes, mediante o pagamento de retribuição adicional. § 3º A prorrogação não será concedida se não atendido o disposto no art. 128.

62. Art. 143. Caducará o registro, a requerimento de qualquer pessoa com legítimo interesse se, decorridos 5 (cinco) anos da sua concessão, na data do requerimento: I – o uso da marca não tiver sido iniciado no Brasil; ou II – o uso da marca tiver sido interrompido por mais de 5 (cinco) anos consecutivos, ou se, no mesmo prazo, a marca tiver sido usada com modificação que implique alteração de seu caráter distintivo original, tal como constante do certificado de registro. § 1º Não ocorrerá caducidade se o titular justificar o desuso da marca por razões legítimas. § 2º O titular será intimado para se manifestar no prazo de 60 (sessenta) dias, cabendo-lhe o ônus de provar o uso da marca ou justificar seu desuso por razões legítimas.

63. Art. 144. O uso da marca deverá compreender produtos ou serviços constantes do certificado, sob pena de caducar parcialmente o registro em relação aos não semelhantes ou afins daqueles para os quais a marca foi comprovadamente usada.

64. Art. 217. A pessoa domiciliada no exterior deverá constituir e manter procurador devidamente qualificado e domiciliado no País, com poderes para representá-la administrativa e judicialmente, inclusive para receber citações.

D. DESENHO INDUSTRIAL

1. DESENHO INDUSTRIAL

O registro de Desenho Industrial protege a configuração externa de um objeto tridimensional ou um padrão ornamental (bidimensional) que possa ser aplicado a uma superfície ou a um objeto (art. 95, LPI[65]), trata-se do *design* de um produto. Ou seja, o registro protege a aparência que diferencia o produto dos demais. São exemplos de desenhos industriais: um conjunto de talher onde garfo, faca, colher, entre outros, mantenham a mesma característica ou ainda uma cadeira de escritório e a mesma cadeira com apoio para copos.

Todavia, não são protegidos pelo registro de desenho industrial as funcionalidades, vantagens práticas, materiais ou formas de fabricação, assim como também não se pode protege cores ou a associação destas a um objeto. Não se considera desenho industrial qualquer obra de caráter puramente artístico (art. 98, LPI[66]).

Podemos citar como exemplo o *design* de veículo, o modelo de telefone celular, de uma máquina de lavar roupa etc.

2. REQUISITOS DO DESENHO INDUSTRIAL

De acordo com a Lei de Propriedade Industrial (LPI), o desenho industrial possui 03 (quatro) requisitos: (a) a novidade (art. 96, LPI[67]); (b) originalidade (art. 97, LPI[68]); (c) aplicação industrial; e (d) não estar impedido pela lei.

---

65. Art. 95. Considera-se desenho industrial a forma plástica ornamental de um objeto ou o conjunto ornamental de linhas e cores que possa ser aplicado a um produto, proporcionando resultado visual novo e original na sua configuração externa e que possa servir de tipo de fabricação industrial.
66. Art. 98. Não se considera desenho industrial qualquer obra de caráter puramente artístico.
67. Art. 96. O desenho industrial é considerado novo quando não compreendido no estado da técnica. § 1º O estado da técnica é constituído por tudo aquilo tornado acessível ao público antes da data de depósito do pedido, no Brasil ou no exterior, por uso ou qualquer outro meio, ressalvado o disposto no § 3º deste artigo e no art. 99. § 2º Para aferição unicamente da novidade, o conteúdo completo de pedido de patente ou de registro depositado no Brasil, e ainda não publicado, será considerado como incluído no estado da técnica a partir da data de depósito, ou da prioridade reivindicada, desde que venha a ser publicado, mesmo que subsequentemente. § 3º Não será considerado como incluído no estado da técnica o desenho industrial cuja divulgação tenha ocorrido durante os 180 (cento e oitenta) dias que precederem a data do depósito ou a da prioridade reivindicada, se promovida nas situações previstas nos incisos I a III do art. 12.
68. Art. 97. O desenho industrial é considerado original quando dele resulte uma configuração visual distintiva, em relação a outros objetos anteriores. Parágrafo único. O resultado visual original poderá ser decorrente da combinação de elementos conhecidos.

a) Novidade

Um desenho industrial atende ao requisito da novidade quando não compreendido no estado da técnica, isto é, constituído por tudo aquilo tornado acessível ao público antes da data de depósito do pedido, no Brasil ou no exterior, por uso ou qualquer outro meio.

b) Originalidade

O desenho industrial é considerado original quando dele resulte uma configuração visual distintiva, em relação a outros objetos ou padrões conhecidos, podendo o resultado visual original ser decorrente da combinação de elementos conhecidos.

c) Aplicação Industrial

O objeto ou padrão reivindicado deve poder ser reproduzido industrialmente, em todos os seus detalhes. No Brasil, não são protegidas partes de um objeto que não sejam objetos independentes. Por exemplo, não são aceitos pedidos que reivindiquem apenas a cabeça de uma escova de dentes, já que esta é geralmente fabricada com o cabo. Por outro lado, seria plenamente possível o pedido de um pneu de automóvel, já que este consiste em um objeto autônomo, passível de ser fabricado separadamente.

d) Impedimentos legais

Por fim, mesmo que preenchido os requisitos acima, também não pode ser registrado o desenho industrial enquadrado dentre os impedimentos legais (art. 100, LPI[69]).

3. EXTINÇÃO DO DESENHO INDUSTRIAL

Com a extinção de registro de desenho industrial o titular perderá o direito de uso exclusivo (art. 119, LPI[70]). A extinção do registro de desenho industrial

---

69. Art. 100. Não é registrável como desenho industrial: I – o que for contrário à moral e aos bons costumes ou que ofenda a honra ou imagem de pessoas, ou atente contra liberdade de consciência, crença, culto religioso ou ideia e sentimentos dignos de respeito e veneração; II – a forma necessária comum ou vulgar do objeto ou, ainda, aquela determinada essencialmente por considerações técnicas ou funcionais.
70. Art. 119. O registro extingue-se: I – pela expiração do prazo de vigência; II – pela renúncia de seu titular, ressalvado o direito de terceiros; III – pela falta de pagamento da retribuição prevista nos arts.

pode ocorrer: (i) pela expiração do prazo de vigência de 10 (dez) anos contados da data do depósito, prorrogável por 3 (três) períodos sucessivos de 5 (cinco) anos cada. (art. 108 LPI[71]); (ii) pela renúncia de seu titular, ressalvado o direito de terceiros; (iii) pela falta de pagamento da retribuição prevista nos artigos 108, § 1º,[72] e 120,[73] ambos da Lei de Propriedade Industrial; ou (iv) pela inobservância pelo titular domiciliado no exterior de constituir e manter procurador devidamente qualificado e domiciliado no País, com poderes para representá-lo administrativa e judicialmente, inclusive para receber citações (art. 217, LPI[74]).

---

108 e 120; ou IV – pela inobservância do disposto no art. 217.

71. Art. 108. O registro vigorará pelo prazo de 10 (dez) anos contados da data do depósito, prorrogável por 3 (três) períodos sucessivos de 5 (cinco) anos cada. § 1º O pedido de prorrogação deverá ser formulado durante o último ano de vigência do registro, instruído com o comprovante do pagamento da respectiva retribuição. § 2º Se o pedido de prorrogação não tiver sido formulado até o termo final da vigência do registro, o titular poderá fazê-lo nos 180 (cento e oitenta) dias subsequentes, mediante o pagamento de retribuição adicional. § 2º Se o pedido de prorrogação não tiver sido efetuado até o termo final da vigência do registro, o titular poderá fazê-lo nos 6 (seis) meses subsequentes, mediante o pagamento de retribuição adicional. § 3º A prorrogação não será concedida se não atendido o disposto no art. 128.
72. Art. 108, § 1º O pedido de prorrogação deverá ser formulado durante o último ano de vigência do registro, instruído com o comprovante do pagamento da respectiva retribuição.
73. Art. 120. O titular do registro está sujeito ao pagamento de retribuição quinquenal, a partir do segundo quinquênio da data do depósito. § 1º O pagamento do segundo quinquênio será feito durante o 5º (quinto) ano da vigência do registro. § 2º O pagamento dos demais quinquênios será apresentado junto com o pedido de prorrogação a que se refere o art. 108. § 3º O pagamento dos quinquênios poderá ainda ser efetuado dentro dos 6 (seis) meses subsequentes ao prazo estabelecido no parágrafo anterior, mediante pagamento de retribuição adicional.
74. Art. 217. A pessoa domiciliada no exterior deverá constituir e manter procurador devidamente qualificado e domiciliado no País, com poderes para representá-la administrativa e judicialmente, inclusive para receber citações.

Capítulo VI
DIREITO CONCORRENCIAL

A. INTRODUÇÃO – DIREITO CONCORRENCIAL

1. PRINCÍPIO DA LIVRE CONCORRÊNCIA

Esta obra tratou dos princípios do Direito Comercial e destacou que, dentre eles, está o princípio da livre concorrência. O princípio da livre concorrência decorre do princípio da livre iniciativa e, como tal, serve de fundamento à ordem econômica (art. 170, IV, CF). A liberdade de iniciativa e atuação empresarial, inserida em um contexto constitucional, há de ser exercida não somente com vistas ao lucro, mas também como instrumento de realização da justiça social, como forma de assegurar a todos uma existência digna.

2. DIREITO CONCORRENCIAL

O Direito Concorrencial provém exatamente dos princípios fundantes à ordem econômica – livre iniciativa e livre concorrência, pois é a matéria que tem por objeto o estudo dos três interesses protegidos pelas normas de concorrência: o dos consumidores, o dos participantes do mercado (concorrentes) e o interesse institucional da ordem concorrencial.[1]

Diante dos interesses protegidos, a doutrina tem dividido o estudo do Direito Concorrencial em duas esferas: (i) a concorrência desleal e (ii) a infração à ordem econômica (Direito Antitruste).[2] Em ambos os casos, seja na ocorrência de concorrência desleal ou no caso de infração à ordem econômica, haverá a intervenção estatal para proteção dos interesses atingidos, porém a concorrên-

---
1. SALOMÃO FILHO, Calixto. *Direito Concorrencial* – As Condutas. São Paulo: Malheiros, 2003, p. 61.
2. Em consonância com a definição de um regime econômico de inspiração neoliberal, pela Constituição, o legislador ordinário estabeleceu mecanismos de amparo à liberdade de competição e de iniciativa. Estes mecanismos, basicamente, configuram a coibição de práticas empresariais incompatíveis com o referido regime, as quais se encontram agrupadas em duas categorias: infração à ordem econômica e concorrência desleal. (COELHO, Fábio Ulhoa. *Manual de Direito Comercial*: Direito de Empresa. 25. ed. São Paulo: Saraiva, 2013, p. 46).

cia desleal, por ser caracterizada entre empresários (tutela individual), tem sua repressão reduzida à ordem penal e civil, enquanto que a repressão à infração à ordem econômica, por ser mais ampla e letal a sociedade (tutela coletiva), além das repressões penal e civil, também contempla repressão no campo administrativo, exercido pelo Conselho Administrativo de Defesa Econômica (CADE), autarquia federal vinculada ao Ministério da Justiça.

As regras de repressão as infrações à ordem econômica estão previstas, principalmente, na Lei 12.529/2011 (Lei Antitruste) que estrutura o Sistema Brasileiro de Defesa da Concorrência e dispõe sobre a prevenção e repressão às infrações contra a ordem econômica e na Lei 8.137/1990 que define crimes contra a ordem tributária, econômica e contra as relações de consumo, enquanto as regras de concorrência desleal estão postas na Lei 9.279/1996 (Lei de Propriedade Industrial).

Neste capítulo iremos tratar apenas a questão da concorrência desleal, por estar vinculada à Propriedade Industrial, enquanto o Direito da Concorrência com relação a infração à ordem econômica será tratado em capítulo próprio na parte 2 deste livro, pois está mais próximo as questões de Direito das Sociedades.

B. CONCORRÊNCIA

1. LIVRE CONCORRÊNCIA

A livre-iniciativa se corporifica na livre concorrência que vem a ser e efetivação de uma estrutura econômica democrática, impondo uma disputa legal e igual na exploração de uma atividade negocial.[3] A livre concorrência se encontra intimamente relacionada à ideia de competição honesta entre os empresários. A concorrência é essencial ao mercado e o consumidor, que deseja adquirir bens e serviços com melhor qualidade e com preços justos.

O principal objetivo da competição empresarial é a conquista de mercado, ou seja, o intuito de aumentar a clientela, fazendo concorrência às empresas dedicadas ao mesmo segmento de negócio. Empresários em competição desejam atrair consumidores, utilizando os mais variados recursos para cooptar a preferência de seus clientes na aquisição do produto ou do serviço que fornecem.[4]

---

3. DE ALMEIDA, Marcus Elidius Michelli. *Abuso do Direito e Concorrência Desleal* – atualizado com o Novo Código Civil. São Paulo: Editora Quartier Latin, 2004, p. 110.
4. COELHO, Fábio Ulhoa. *Curso de Direito Comercial.* 6. ed. São Paulo: Saraiva, 2002, p. 189-190.

2. ELEMENTOS DA CONCORRÊNCIA

Para que se verifique a existência de concorrência, é essencial a presença de 03 (três) identidades: (i) tempo – a concorrência deve estar acontecendo na mesma época, não existindo quando houver uma distância temporal entre os atos praticados entre os concorrentes; (ii) objeto – só há concorrência entre um mesmo produto ou serviço (concorrência direta) ou semelhantes, que são aqueles em que o original (chocolate em pó) pode ser substituído (achocolatado) (concorrência indireta) e; (iii) mercado – que caracteriza a identidade espacial do mercado atingido pelo produto ou serviço.[5]

As identidades para caracterizar a concorrência estão, na realidade, presentes tanto na concorrência lícita (concorrência leal) quanto na ilícita (concorrência desleal), porém são os meios empregados que distinguem uma da outra. Na concorrência leal, o empresário se utiliza de meios lícitos para atração da clientela, enquanto na desleal os meios são ilícitos.

3. ELEMENTOS DA LIVRE CONCORRÊNCIA

Assim, a livre concorrência pressupõe a existência de dois elementos essenciais, quais sejam: (i) a intervenção estatal nas relações económicas, com o fim de coibir eventuais abusos, de modo a preservar o livre jogo dos mercados, e (ii) a honestidade na competição, com obediência às leis de mercado e às normas jurídicas que as disciplinam.[6]

C. CONCORRÊNCIA DESLEAL

1. CONCORRÊNCIA DESLEAL

Constitui concorrência desleal qualquer ato de concorrência contrário aos usos honestos em matéria negocial[7-8] ou seja, a caracterização da concorrência desleal ocorre não pela finalidade de desviar a clientela do concorrente, mas

---

5. DE ALMEIDA, Marcus Elidius Michelli. *Abuso do Direito e Concorrência Desleal* – atualizado com o Novo Código Civil. São Paulo: Editora Quartier Latin, 2004, p. 114-116.
6. REALE JR., Miguel. Desvio de clientela e violação de segredo. *Revista Brasileira de Ciências Criminais*. p. 112-113, 1944.
7. Convenção da União de Paris, de 1883, para a proteção da propriedade industrial, art. 10 bis – *Constitui ato de concorrência desleal qualquer ato de concorrência contrário aos usos honestos em matéria industrial e comercial.*
8. Percebe-se que se pode ampliar o leque da concorrência desleal em situações envolvendo outros que não são necessariamente os comerciantes ou empresários.

pelo meio empregado para esse fim. São os meios empregados com finalidade de conquistar o consumidor que distinguem a concorrência leal da desleal, e a análise dos recursos utilizados irá identificá-las.[9]

Diante da necessidade do Estado tutelar os bens industriais, a Lei de Propriedade Industrial trata de disciplinar a concorrência desleal, tanto na esfera penal como na civil.

2. CRIME DE CONCORRÊNCIA DESLEAL

Pelo princípio da tipicidade em matéria penal, o artigo 195 da Lei de Propriedade Industrial arrolou os crimes de concorrência desleal, com pena de detenção, de 3 (três) meses a 1 (um) ano, ou multa, para quem: (i) publica, por qualquer meio, falsa afirmação, em detrimento de concorrente, com o fim de obter vantagem; (ii) presta ou divulga, acerca de concorrente, falsa informação, com o fim de obter vantagem; (iii) emprega meio fraudulento, para desviar, em proveito próprio ou alheio, clientela de outrem; (iv) usa expressão ou sinal de propaganda alheios, ou os imita, de modo a criar confusão entre os produtos ou estabelecimentos; (v) usa, indevidamente, nome comercial, título de estabelecimento ou insígnia alheios ou vende, expõe ou oferece à venda ou tem em estoque produto com essas referências; (vi) substitui, pelo seu próprio nome ou razão social, em produto de outrem, o nome ou razão social deste, sem o seu consentimento; (vii) atribui-se, como meio de propaganda, recompensa ou distinção que não obteve; (viii) vende ou expõe ou oferece à venda, em recipiente ou invólucro de outrem, produto adulterado ou falsificado, ou dele se

---

Esse é o nosso pensamento, uma vez que entendemos que a concorrência desleal, não deve limitar-se às questões dos empresários. Estes os mais atingidos sem dúvida, porém não são os únicos. (DE ALMEIDA, Marcus Elidius Michelli. *Abuso do Direito e Concorrência Desleal* – atualizado com o Novo Código Civil. São Paulo: Quartier Latin, 2004, p. 134).

9. A concorrência desleal está intimamente relacionada a propriedade intelectual e, por consequência, aos elementos imateriais do estabelecimento, o que justifica o estudo neste momento do trabalho, deixando para o momento oportuno o estudo das infrações à ordem econômica (Direito Antitruste) que se relacionam não só a propriedade intelectual, mas também a operações societárias. O problema da concorrência desleal e de sua repressão só se impôs à consideração dos juristas, de modo mais agudo, nos tempos modernos, depois que o crescente progresso das indústrias e do comércio, aliado a outros múltiplos fatores que aqui não poderíamos examinar, deu lugar ao aparecimento de uma competição sem regras e sem limites, entre comerciantes e industriais, empenhados em obter vantagens cada vez maiores sobre seus concorrentes. A livre concorrência econômica é consequência da liberdade de comércio e indústria e age como elemento do progresso econômico de cada país. Mas degenera, transformando-se em agente perturbador desse progresso, quando os comerciantes e industriais, no afã de vencerem seus competidores, lançam mão de práticas e métodos ilícitos ou desleais. Daí a necessidade da intervenção do Estado para regulamentar a concorrência, coibindo os abusos da liberdade individual e mantendo a livre concorrência dentro de seus limites naturais. (CERQUERIA, João da Gama, *Tratado da Propriedade Industrial*. Rio de Janeiro: Forense, 1946, v. I, Parte 1, p. 81)

utiliza para negociar com produto da mesma espécie, embora não adulterado ou falsificado, se o fato não constitui crime mais grave; (ix) dá ou promete dinheiro ou outra utilidade a empregado de concorrente, para que o empregado, faltando ao dever do emprego, lhe proporcione vantagem; (x) - recebe dinheiro ou outra utilidade, ou aceita promessa de paga ou recompensa, para, faltando ao dever de empregado, proporcionar vantagem a concorrente do empregador; (xi) divulga, explora ou utiliza-se, sem autorização, de conhecimentos, informações ou dados confidenciais, utilizáveis na indústria, comércio ou prestação de serviços, excluídos aqueles que sejam de conhecimento público ou que sejam evidentes para um técnico no assunto, a que teve acesso mediante relação contratual ou empregatícia, mesmo após o término do contrato; (xii) divulga, explora ou utiliza-se, sem autorização, de conhecimentos ou informações a que se refere o inciso anterior, obtidos por meios ilícitos ou a que teve acesso mediante fraude; ou (xiii) vende, expõe ou oferece à venda produto, declarando ser objeto de patente depositada, ou concedida, ou de desenho industrial registrado, que não o seja, ou menciona-o, em anúncio ou papel comercial, como depositado ou patenteado, ou registrado, sem o ser e; (xiv) divulga, explora ou utiliza-se, sem autorização, de resultados de testes ou outros dados não divulgados, cuja elaboração envolva esforço considerável e que tenham sido apresentados a entidades governamentais como condição para aprovar a comercialização de produtos.

3. REPRESSÃO CIVIL À CONCORRÊNCIA DESLEAL

A repressão civil à concorrência desleal pode ter com fundamento (a) contratual ou (b) extracontratual.[10]

a) Contratual

Nas relações comerciais, pelo princípio da autonomia da vontade, podem os empresários contratantes inserir cláusulas contratuais prevendo vedação de concorrência como, por exemplo, quando um fornecedor se obriga a não fornecer determinado produto para um concorrente do contratante, mesmo após o término do vínculo contratual. Caberá também aos contratantes delimitarem as

---

10. No plano civil, a repressão à concorrência desleal pode ter fundamento contratual ou extracontratual. No caso de repressão civil com fundamento contratual, o concorrente desleal deve indenizar o empresário prejudicado, por ter descumprido a obrigação decorrente de contrato entre eles. (COELHO, Fábio Ulhoa. *Manual de Direito Comercial*: Direito de Empresa. 25. ed. São Paulo: Saraiva, 2013, p. 49).

penalidades pelo descumprimento da clausula de não concorrência como multa, indenizações, limites de responsabilidade etc.

No caso da alienação do estabelecimento, como visto no capítulo anterior, na omissão do contrato de trespasse, haverá implícita cláusula de não concorrência, por 5 (cinco) anos, do alienante para com o adquirente, nos termos do artigo 1.147 do Código Civil.[11]

O primeiro caso de repercussão nacional em que se defendeu a preservação do concorrente foi enfrentado pelo Supremo Tribunal Federal, em 1914, que tratou exatamente da não concorrência pelo alienante de estabelecimento. O Conde Antônio Álvares Leite Penteado alienou a Companhia Nacional de Tecidos de Juta, no entanto, pouco tempo após, o alienante, Conde Penteado, construiu nova fábrica (Companhia Paulista Aniagem) para atuar exatamente no mesmo ramo da Companhia Nacional de Tecidos de Juta, e ainda vizinha desta. Na época, o contrato nada previa quanto à possibilidade de o alienante constituir novo fundo de comércio vindo a concorrer com a fábrica que alienou. Advogando para a Companhia Nacional de Tecidos de Juta estava o Dr. José Xavier Carvalho de Mendonça, e atuando em favor da Companhia Paulista Aniagem, o Dr. Rui Barbosa. Dada a ausência de previsão contratual de não concorrência, a demanda foi julgada em favor do Conde Penteado. Pouco tempo depois, a doutrina começou a defender majoritariamente o contrário, tendo à frente José Xavier Carvalho de Mendonça, que advogava *"fazer boa ao comprador a coisa vendida"*, ou seja, a venda teria de aproveitar ao comprador, e evidentemente a fundação de novo estabelecimento em concorrência ao adquirente, no mínimo, o privaria parcialmente da coisa vendida.[12] Como visto acima, hoje o tema consta a vedação no texto do artigo 1.147 do Código Civil.

b) Extracontratual

Quanto à repressão à concorrência desleal com fundamento extracontratual, essa pode ser (a) típica ou (b) atípica.

(i) Típica. As hipóteses de concorrência desleal típica são aquelas previstas como crimes de concorrência desleal (art. 195, LPI), pois resta evidenciado como

---
11. Art. 1.147. Não havendo autorização expressa, o alienante do estabelecimento não pode fazer concorrência ao adquirente, nos cinco anos subsequentes à transferência.
    Parágrafo único. No caso de arrendamento ou usufruto do estabelecimento, a proibição prevista neste artigo persistirá durante o prazo do contrato.
12. OLIVEIRA NETO, Célio Pereira. *Cláusula de Não Concorrência no Contrato de Emprego. Efeitos do Princípio da Proporcionalidade*. LTr, 2015, p. 17.

ato considerado criminoso o ato ilícito (arts. 186[13] e 187,[14] CC) caracterizador da responsabilidade civil e do dever de reparar (art. 927, CC[15]).

(ii) Atípica. Pode o meio fraudulento caracterizador da concorrência desleal ocorrer por ato não tipificado como crime, ficando assim ressalvado ao prejudicado o direito de haver perdas e danos em ressarcimento de prejuízos causados por atos de violação de direitos de propriedade industrial e atos de concorrência desleal não previstos na Lei de Propriedade Industrial, tendentes a prejudicar a reputação ou os negócios alheios, a criar confusão entre estabelecimentos comerciais, industriais ou prestadores de serviço, ou entre os produtos e serviços postos no comércio (art. 209, LPI[16]).[17]

4. PROTEÇÃO JUDICIAL

Seja na concorrência desleal típica ou atípica, o prejudicado, independentemente da ação criminal, poderá intentar as ações cíveis que considerar cabíveis na forma do Código de Processo Civil (art. 207, LPI[18]).

---

13. Art. 186. Aquele que, por ação ou omissão voluntária, negligência ou imprudência, violar direito e causar dano a outrem, ainda que exclusivamente moral, comete ato ilícito.
14. Art. 187. Também comete ato ilícito o titular de um direito que, ao exercê-lo, excede manifestamente os limites impostos pelo seu fim econômico ou social, pela boa-fé ou pelos bons costumes.
15. Art. 927. Aquele que, por ato ilícito (arts. 186 e 187), causar dano a outrem, fica obrigado a repará-lo.
16. Art. 209. Fica ressalvado ao prejudicado o direito de haver perdas e danos em ressarcimento de prejuízos causados por atos de violação de direitos de propriedade industrial e atos de concorrência desleal não previstos nesta Lei, tendentes a prejudicar a reputação ou os negócios alheios, a criar confusão entre estabelecimentos comerciais, industriais ou prestadores de serviço, ou entre os produtos e serviços postos no comércio. § 1º Poderá o juiz, nos autos da própria ação, para evitar dano irreparável ou de difícil reparação, determinar liminarmente a sustação da violação ou de ato que a enseje, antes da citação do réu, mediante, caso julgue necessário, caução em dinheiro ou garantia fidejussória. § 2º Nos casos de reprodução ou de imitação flagrante de marca registrada, o juiz poderá determinar a apreensão de todas as mercadorias, produtos, objetos, embalagens, etiquetas e outros que contenham a marca falsificada ou imitada.
17. O problema é que a teoria clássica da responsabilidade civil, baseada na culpa, não confere solução satisfatória para a aplicação desse dispositivo legal. Ressalte-se, com efeito, que todo empresário, em regime de competição, está com a deliberada intenção de atrair clientela alheia ao seu estabelecimento, provocando, com isso, dano aos demais empresários do mesmo setor. Tanto a concorrência regular quanto a desleal reúnem os elementos que a teoria clássica da responsabilidade civil elegeu para caracterizar a obrigação de indenizar (dolo, dano e relação causal). Contudo, somente uma dessas modalidades de concorrência – a desleal – está apta a gerar responsabilidade civil. A distinção entre a concorrência regular e a concorrência desleal é bastante imprecisa e depende de uma apreciação especial e subjetiva das relações costumeiras entre os empresários, não havendo, pois, critério geral e objetivo para a caracterização da concorrência desleal não criminosa. (COELHO, Fábio Ulhoa. *Manual de Direito Comercial*: Direito de Empresa. 25. ed. São Paulo: Saraiva, 2013, p. 51).
18. Art. 207. Independentemente da ação criminal, o prejudicado poderá intentar as ações cíveis que considerar cabíveis na forma do Código de Processo Civil.

a) Tutela provisória

A lei destaca a possiblidade de deferimento de tutela provisória de urgência (art. 300, CPC[19]), permitindo ao juiz, para evitar dano irreparável ou de difícil reparação, determinar liminarmente a sustação da violação ou de ato que a enseje, antes da citação do réu, mediante, caso julgue necessário, caução em dinheiro ou garantia fidejussória. Nos casos de reprodução ou de imitação flagrante de marca registrada, o juiz poderá determinar a apreensão de todas as mercadorias, produtos, objetos, embalagens, etiquetas e outros que contenham a marca falsificada ou imitada (art. 209, §§ 1º e 2º, LPI c.c. art. 301, CPC[20]).

b) Ressarcimento de danos

Verificada ocorrência de concorrência desleal, o pedido será acolhido e caberá ao juiz apurar, pelos meios processuais, a indenização que será determinada pelos benefícios que o prejudicado teria auferido se a violação não tivesse ocorrido (art. 208, LPI[21]). Os lucros cessantes são obtidos pelo critério mais favorável ao prejudicado, dentre os seguintes: (i) os benefícios que o prejudicado teria auferido se a violação não tivesse ocorrido; ou (ii) os benefícios que foram auferidos pelo autor da violação do direito; ou (iii) a remuneração que o autor da violação teria pago ao titular do direito violado pela concessão de uma licença que lhe permitisse legalmente explorar o bem (art. 210, LPI).

---

19. Art. 300. A tutela de urgência será concedida quando houver elementos que evidenciem a probabilidade do direito e o perigo de dano ou o risco ao resultado útil do processo. § 1º Para a concessão da tutela de urgência, o juiz pode, conforme o caso, exigir caução real ou fidejussória idônea para ressarcir os danos que a outra parte possa vir a sofrer, podendo a caução ser dispensada se a parte economicamente hipossuficiente não puder oferecê-la. § 2º A tutela de urgência pode ser concedida liminarmente ou após justificação prévia. § 3º A tutela de urgência de natureza antecipada não será concedida quando houver perigo de irreversibilidade dos efeitos da decisão.
20. Art. 301. A tutela de urgência de natureza cautelar pode ser efetivada mediante arresto, sequestro, arrolamento de bens, registro de protesto contra alienação de bem e qualquer outra medida idônea para asseguração do direito.
21. Art. 208. A indenização será determinada pelos benefícios que o prejudicado teria auferido se a violação não tivesse ocorrido.

REFERÊNCIAS

ALEXY, Robert. *Teoria dos direitos fundamentais*. São Paulo: Malheiros, 2008.

ASQUINI, Alberto. Perfis da empresa (Profili dell'impresa). Trad. Fábio Konder Comparato. *Revista de Direito Mercantil, Econômico e Financeiro*, São Paulo, n. 104, p. 109-114 out./dez. 1996.

BANDEIRA DE MELLO, Celso Antônio. *Curso de direito administrativo*. 22. ed. São Paulo: Malheiros, 2007.

BARBOSA, Denis Borges. *Tratado da Propriedade Intelectual*. Rio de Janeiro: Ed. Lumen Juris, 2013.

BARRETO FILHO, Oscar. *Teoria do Estabelecimento Comercial*. 2. ed. São Paulo, Saraiva, 1988.

BERTOLDI, Marcelo M.; RIBEIRO, Marcia Carla Pereira. *Curso avançado de Direito Comercial*. 4. ed., atual. e rev. São Paulo: Ed. RT, 2008.

BORGES, João Eunápio. *Curso de direito comercial terrestre*. 5. ed. Rio de Janeiro: Forense, 1971.

BULGARELLI, Waldirio. *A teoria jurídica da empresa*: análise jurídica da empresarialidade. 8. ed. São Paulo: Ed. RT, 1985.

CAMPINHO, Sérgio. *O Direito de Empresa à Luz do Novo Código Civil*. Rio de Janeiro: Renovar, 2002.

CANETTI, Elias. *A língua absolvida*: história de uma juventude. São Paulo: Companhia das letras, 2010.

CERQUEIRA, João da Gama. *Tratado da Propriedade industrial*. São Paulo: Ed. RT, 1982. v. 1.

COELHO, Fábio Ulhoa. A alocação de riscos e a segurança jurídica na proteção do investimento privado. *Revista de Direito Brasileira*, São Paulo, v. 16, n. 7, p. 291-304. jan./abr. 2017.

COELHO, Fábio Ulhoa. *Curso de direito comercial*. 15. ed. São Paulo: Saraiva, 2011. v. I: Direito de empresa.

COELHO, Fábio Ulhoa. *Curso de Direito Comercial*. 6. ed. São Paulo: Saraiva, 2002.

COELHO, Fábio Ulhoa. *Curso de direito Comercial:* Direito de Empresa. 13. ed. São Paulo: Saraiva, 2012. v. 1.

COELHO, Fábio Ulhoa. *Manual de Direito Comercial*. São Paulo: Saraiva, 2003.

COELHO, Fábio Ulhoa. *Manual de Direito Comercial*: Direito de Empresa. 25. ed. São Paulo: Saraiva, 2013.

COELHO, Fabio Ulhoa. *Princípios do direito comercial*: com anotações ao Projeto de Código Comercial. São Paulo: Saraiva, 2012.

COSTAGLIOLA, Anna. *Compendio di Diritto commerciale*: Riferimenti dottirnali e giuriprudenziali. Santarcangelo di Romagna: Maggiola Editore, 2016.

CRETELLA JÚNIOR, José. Os cânones do direito administrativo. *Revista de Informação Legislativa*, Brasília, ano 25, n. 97, p. 5, 1988.

DE ALMEIDA, Marcus Elidius Michelli. *Abuso do Direito e Concorrência Desleal* – atualizado com o Novo Código Civil. São Paulo: Editora Quartier Latin, 2004.

DELGADO, Maurício Godinho. *Curso de direito do trabalho*. 15. ed. São Paulo: Saraiva, 2016.

DINIZ, Maria Helena. *Curso de Direito Civil Brasileiro*. São Paulo: Saraiva, 2012. v. 1. Teoria Geral do Direito Civil.

DINIZ, Maria Helena. Direito de empresa. *Curso de direito civil brasileiro*. São Paulo: Saraiva, 2008. 8v.

FAZZIO JÚNIOR, Waldo. *Manual de Direito Comercial*. 8. ed. São Paulo: Atlas, 2007.

FÉRES, Marcelo Andrade. *Sociedade em Comum*: disciplina jurídica e institutos afins. São Paulo: Saraiva, 2011.

FERRAZ JÚNIOR, Tercio Sampaio. *Introdução ao estudo do direito*: técnica, decisão, dominação. 4. ed. São Paulo: Atlas, 2003.

FERREIRA, Rodrigo Eduardo. *A segurança jurídica no processo administrativo tributário*: decisões conflitantes à luz dos princípios da Administração Pública e do Código de Processo Civil. Dissertação de Mestrado. Pontifícia Universidade Católica de São Paulo. São Paulo. 2016.

FERREIRA, Waldemar. *Instituições de Direito Comercial*. Rio de Janeiro: Freitas Bastos, 1947. v. 2.

FINKELSTEIN, Maria Eugênia. *Manual de direito empresarial*. 8. ed. rev., ampl. e reform. São Paulo: Atlas, 2016.

FORGIONI, Paula A. *A evolução do direito comercial brasileiro*: da mercancia ao mercado. São Paulo: Ed. RT, 2009.

FORGIONI, Paula A. *A evolução do direito comercial brasileiro*: da mercancia ao mercado. 3. ed. rev. atual. e ampl. São Paulo: Ed. RT, 2016.

FRAZÃO, Ana. *Função social da empresa*: repercussões sobre a responsabilidade civil de controladores e administradores de SAs. Rio de Janeiro: Renovar, 2011.

GAMA, Guilherme Calmon Nogueira da e BARTHOLO, Bruno Paiva. Função Social Da Empresa. *Revista dos Tribunais*, v. 857, p. 11-28, mar. 2007, Doutrinas Essenciais de Direito Empresarial, v. 2, p. 101-124, dez. 2010, DTR\2007\202.

GONÇALVES NETO, Alfredo de Assis. *Lições de Direito Societário*. 2. ed. São Paulo: Juarez de Freitas, 2004.

GONÇALVES, Carlos Roberto. *Direito Civil Brasileiro*. 7. ed., rev. e atual. São Paulo: Saraiva, 2009, v. I: Parte Geral.

GRAU, Eros Roberto. *A ordem econômica na Constituição de 1988*: interpretação e crítica. São Paulo: Ed. RT, 1990.

HAWKING S. W. *Uma Breve História do Tempo*: do big ben aos buracos negros. Rio de Janeiro: Rocco, 1988.

HEINEMANN FILHO, André Nicolau. *Impactos das cláusulas gerais sobre o Regime Jurídico Societário Brasileiro*: boa-fé e função social no Contrato de Sociedade, Dissertação (Mestrado). PUC-SP, São Paulo, 2010.

JOVETTA, Diogo Cressoni. *A natureza jurídica do poder de controle de sociedade anônima*. Tese de Doutorado em Direito Comercial. Faculdade de Direito da Pontifícia Universidade Católica de São Paulo. São Paulo. 2016.

LEMOS JUNIOR, Eloy Pereira. *Empresa & Função Social*. Curitiba: Juruá, 2009.

LISBOA, Roberto Senise. *Manual de Direito Civil*. 6. ed. São Paulo: Saraiva, 2010. v. 1: Parte Geral do Direito Civil.

MAMEDE, Gladston. *Direito empresarial brasileiro*: empresa e atuação empresarial. 4. ed. São Paulo: Atlas, 2010. v. 1.

MARTINS, Fran. *Curso de direito comercial:* empresa comercial, empresários individuais microempresas, sociedades empresárias, fundo de comércio. 35. ed. rev. atual. e ampl. Rio de Janeiro: Forense, 2012.

MARTINS, Ives Gandra da Silva. A economia e a Constituição Federal. *Revista de Direito Bancário e do Mercado de Capitais*, v. 60, p. 249, abr. 2013.

MARTINS, Ives Gandra da Silva. A Natureza Jurídica das Locações Comerciais dos "Shopping Centes". In: PINTO, Roberto Wilson Renault; OLIVEIRA, Fernando Albino de (Coord.). *"Shopping Centers"*: questões jurídicas: doutrina e jurisprudência. São Paulo: Saraiva, 1991.

MENDONÇA, José Xavier Carvalho de. *Tratado de Direito Comercial Brasileiro*. Rio de Janeiro: Freitas Bastos,

MONTEIRO, Washington de Barros. *Curso de direito civil*. 5. ed. São Paulo: Saraiva, 1963.

NEGRÃO, Ricardo, *Manual de Direito Comercial e de Empresa*. 5. ed. rev. e atual. São Paulo: Saraiva, 2007. v. 1.

NEGRÃO, Ricardo. *Direito Empresarial* – Estudo Unificado. São Paulo: Saraiva, 2008.

NEGRÃO, Ricardo. *Preservação da empresa*: princípio? Tese de Doutorado em Direito Comercial. Pontifícia Universidade Católica de São Paulo, 2016.

OLIVEIRA NETO, Célio Pereira. *Cláusula de Não Concorrência no Contrato de Emprego. Efeitos do Princípio da Proporcionalidade*. São Paulo: LTr, 2015.

OLIVEIRA NETO, Célio Pereira. *Cláusula de Não Concorrência no Contrato de Emprego. Efeitos do Princípio da Proporcionalidade*. LTr, 2015.

PASQUALINI, Alexandre. *O público e o privado*. In: SARLET, Ingo (Org.). *O direito público em tempos de crise*. Porto Alegre: Livraria do Advogado, 1999.

PEREIRA, Ademar. ALMEIDA, Amador Paes de. *Manual do estabelecimento comercial*. São Paulo: Saraiva, 2011

PEREIRA, Caio Mário da Silva. *Instituições de Direito Civil*. 23. ed. Rio de Janeiro: Forense, 2010, v. I.

PRAGMÁCIO FILHO, Eduardo. Um breve diálogo entre a teoria da empresa e a sucessão trabalhista. In: ALMEIDA, Renato Rua de (Coord.). *Aplicação da teoria do diálogo das fontes no direito do trabalho*. São Paulo: LTr, 2015.

PROENÇA, José Marcelo Martins. A exclusão de sócio nas sociedades limitadas. In: FINKELSTEIN. Maria Eugênia Reis; PROENÇA, José Marcelo Martins (Coord.). *Direito Societário*: tipos societários. São Paulo: Saraiva, 2009.

REALE JR., Miguel. Desvio de clientela e violação de segredo. *Revista Brasileira de Ciências Criminais*. p. 112-113, 1944.

REQUIÃO, Rubens, *Curso de Direito Comercial*. 31. ed. São Paulo: Saraiva, 2012, v. 1.

ROQUE, Sebastião José. *Direito de recuperação de empresas*. São Paulo: Ícone, 1994.

ROVAI, Armando Luiz. *Aplicação dos princípios da liberdade econômicas no Brasil*, Belo Horizonte: Editora D'Plácido, 2019.

SALOMÃO FILHO, Calixto. *Direito Concorrencial* – As Condutas. São Paulo: Malheiros, 2003.

SOARES, Tinoco. *Concorrência Desleal Vs. Trade Dress e/ou Conjunto-imagem*. Editora Tinoco Soares, 2004. SZTAJN, Raquel. *Teoria Jurídica da Empresa*: atividade empresária e mercados. 2. ed. São Paulo, Atlas, 2010.

TEIXEIRA, Tarcisio. *Direito Empresarial Sistematizado*. São Paulo: Saraiva, 2011.

TOLKIEN, John Ronald Reuel. *O Senhor dos Anéis*: A Sociedade do Anel. São Paulo: Martins Editora. 2012.

TOMAZETTE, Marlon. O estabelecimento empresarial. Estabelecimento empresarial. *Revista do Programa de Mestrado em Direito do UniCEUB*, Brasília, v. 2, n. 1, p. 301-333, jan./jun. 2005.

VERÇOSA, Haroldo Malheiros Dulclerc. *Curso de Direto Comercial*: Teoria Geral do Direito Comercial e das Atividades Empresariais Mercantis. Introdução à Teoria Geral da Concorrência e dos Bens Imateriais. 2. ed. São Paulo: Malheiros Editores, 2008.

ANOTAÇÕES